中学地理实践力培养研究

魏学峰 ◎ 著

中国商业出版社

图书在版编目（CIP）数据
中学地理实践力培养研究 / 魏学峰著. -- 北京 : 中国商业出版社, 2024. 12. -- ISBN 978-7-5208-3294-6
Ⅰ. G633. 552
中国国家版本馆CIP数据核字第20246TV404号

责任编辑:葛 伟

中国商业出版社出版发行
（www.zgsycb.com 100053 北京广安门内报国寺1号）
总编室:010-63180647 编辑室:010-83118925
发行部:010-83120835/8286
新华书店经销
廊坊市林樾印刷包装有限公司印刷
*
710毫米×1000毫米 16开 14.5印张 248千字
2024年12月第1版 2024年12月第1次印刷
定价:60.00元
****
（如有印装质量问题可更换）

前　言

地理，是一门研究人类与自然环境关系的学科，它不仅关乎知识的传授，更关乎学生综合素质的培养。在中学地理教育中，培养学生的地理实践力具有重要意义，它不仅能够帮助学生更好地理解地理知识，提高学习效率，还能够培养学生的创新思维、实践能力和社会责任感，为学生的未来发展奠定坚实的基础。

中学地理实践力的重要性不言而喻。通过实践活动，学生能够亲身体验地理现象，感受自然环境的魅力，从而激发他们对地理学科的兴趣。此外，地理实践力的培养还能够帮助学生提高地理观察、分析和解决问题的能力，使他们能够更好地应对现实生活中的各种挑战。

开展中学地理实践力研究具有重要的意义。从教育理念来说，它推动了理论与实践结合的教育理念的发展，将书本知识与课外实践相融合。从教学方法来说，它促使教师采用多样化教学方法，提高了学生参与度。从学生发展来看，它有助于提升学生对地理知识的理解和应用能力。同时也能培养学生的社会责任感、创新精神等核心素养，促进学生树立可持续发展理念与爱国情怀。

然而，当前中学地理实践力培养面临一些挑战。一方面，由于考试压力等原因，部分学校和教师对地理实践教学重视不够，导致学生缺乏实践机会。另一方面，地理实践教学资源不足，限制了学生实践能力的培养。此外，学生的个体差异和安全问题也给地理实践力培养带来了一定的困难。

为了突破中学地理实践力培养的困境，我们需要采取一系列措施。学校和教师应转变教育观念，认识到地理实践力培养的重要性，将其纳入教学计划并切实落实；要加强地理实践教学资源的建设，包括实验室建设、校外实践基地的开发等。同时，可以利用现代信息技术，丰富地理实践教学的形式和内容。此外，还应注重学生的个体差异，因材施教，确保每个学生都能在实践中得到充分发展。

在本书中，我们将深入探讨中学地理实践力培养的相关问题。通过理论研究、案例分析和实践探索等方式，为广大地理教育工作者提供有益的参考和启示。我们相信，只要我们共同努力，不断探索创新，中学地理实践力培养一定能够取得更好的成效，为培养具有创新精神和实践能力的新一代人才作出贡献。

编写这本书的过程是一次充满探索与挑战的旅程，在本书即将付梓之际，我的心情既充满了期待，又怀揣着些许忐忑。由于自身能力与学识的局限，尽管我已竭尽全力，但难免存在一些不足之处，诚恳地希望广大读者不吝赐教，提出宝贵的意见和建议，让我们在追求知识的道路上能够走得更加稳健与扎实。

最后，希望本书能够引发更多人对中学地理实践力培养的关注和思考，让我们携手共进，为推动中学地理教育的发展而努力！

目 录

第一章　中学地理实践力概述

中学阶段是学生成长与发展的重要时期，在中学地理教学中着力培养学生的地理实践力意义重大。首先，地理实践力的培养可以为学生更好地理解和掌握地理知识提供切实有效的途径。学生通过亲身参与地理实践活动，能够将抽象的地理理论知识与具体的实际情境相结合，使知识变得更加鲜活、立体。其次，地理实践力的培养能极大地提高学生的实践能力，让学生在实际操作中学会运用地理工具、收集处理地理信息，提高学生解决实际问题的能力。再次，地理实践力的培养能激发学生的创新思维，鼓励他们在面对不同的地理现象和问题时，勇于尝试新方法、提出新见解。最后，地理实践力的培养有助于增强学生的社会责任感。在地理实践活动中，学生能够接触到社会与环境的现实问题，从而更加关注自然、关注社会，为推动可持续发展贡献自己的力量。

本章将对中学地理实践力进行全面概述，深入剖析其内涵、构成要素及开展相关研究的意义，以期为中学地理教学提供有益的指导和参考。

第一节　中学地理实践力的内涵与解读

在全球化的时代背景下，国际地理教育正经历着深刻的变革和发展。自 1992 年以来，伴随经济与科技的迅猛进步及社会生活的重大变化，地理教育和地理学科也积极响应着时代变迁。国际地理联合会地理教育委员会对宪章进行了适时的调整，以更好地适应新的形势和需求。《地理教育国际宪章 2016》（以下简称《宪章》）着重强调了地理教育应注重在实践中获得发展与创新。《宪章》指出，地理学习可以帮助人们更全面地认识问题，清晰地表达问题，发展思维能力，培养解决问题的能力，进一步强化地理教育的实践作用。在《宪章》的指引下，世界各国均认识到培养具备地理实践能力的人才对国家及社会发展的重要性，纷纷作出相应改革。

一、地理实践力的概念界定

（一）我国地理课程标准对地理实践力的定义

在中学地理教育中，地理实践力作为核心素养之一，具有至关重要的地位。《普通高中地理课程标准（2017年版）》对地理实践力进行了明确的定义，将其界定为人们在考察、实验和调查等地理实践活动中所具备的意志品质和行动能力。这一概念的提出，为中学地理教学指明了方向，强调了学生在实践活动中的主体地位，注重了培养学生的实际操作能力和创新精神。

地理实践力主要表现在三个方面：首先，能够运用观察、调查等方法收集和处理地理信息，能够发现问题。在地理学习中，学生需要通过实地观察、问卷调查、数据分析等方式，获取地理信息，并对这些信息进行整理、分析和归纳，从而发现地理问题。其次，针对该问题，能够与人合作设计地理实践活动的方案，独立思考并选择适当的地理工具。学生在发现地理问题后，需要与同学合作，共同设计地理实践活动的方案，选择合适的地理工具，如地图、地理仪器等，以解决问题。最后，能够实施活动方案，从反思中学习，实事求是，有克服困难的勇气和方法。在实施地理实践活动方案的过程中，学生需要具备克服困难的勇气和方法，不断反思自己的行为，总结经验教训，以提高自己的地理实践能力。

（二）国外地理课程标准对地理实践力的定义

目前，国外地理课程标准对地理实践力尚无统一明确的定义。本书通过梳理最新版课程标准相关内容，总结归纳了国外部分国家的课程标准对地理实践力的定义。印度地理课程标准提出“地理实践能力”，包含技能性知识、计算机技术、制图能力和沟通能力。这一定义强调了地理实践力的技能性和综合性，要求学生掌握技能性知识、计算机技术、制图能力和沟通能力，以提高自己的地理实践能力。新加坡地理课程标准提出地理探究能力，包括“培育具有探究性的公民”“以地理问题为中心”的教学内容，并在实地考察中渗透“地理学”素养。这一定义强调了地理实践力的探究性和素养性，要求学生具备探究地理问题的能力，以地理问题为中心进行学习，并在实地考察中渗透地理学素养。德国课程标准将地理实践力定义为“地理实践素养”，从“能力”的观点出发，对“空间定位”“信息收集”“方法收集”“交流”“评价”“行动”六大维度进行了论述。这一定义强调了地理实践力的素养性和维度性，要求学生具备空间定位、信息收集、方法收集、交流、评价和行动六大维度的地理实践素养。

（三）国内学者对地理实践力的定义及相关研究

近年来，许多学者结合自身研究实践对地理实践力进行了定义。韦志榕认为地理实践力是学生可以在具体情境中有效运用所学的地理知识和技能，观察、思考、理解人的关系状况的能力。这一定义强调了地理实践力的情境性和综合性，要求学生在具体情境中运用地理知识和技能，观察、思考和理解人与地理环境的关系。陈实认为地理实践力主要表现在学生感知地理问题的敏锐性和选择视角的独特性，是在地理实践过程中主动保护生态环境的责任感与意识。这一定义强调了地理实践力的敏感性和责任感，要求学生在地理实践过程中，敏锐地感知地理问题，选择独特的视角进行分析，并主动保护生态环境。周海瑛认为地理实践力是学生能够借助地图、地理仪器等工具来进行地理野外考察及社会调查等活动的实践能力与品质素养。这一定义强调了地理实践力的工具性和素养性，要求学生能够借助地图、地理仪器等工具，进行地理野外考察和社会调查等活动，提高自己的实践能力和品质素养。

许多学者认为地理实践力是素质与能力的综合体现。段玉山认为，地理实践力包括两个层次：一是技能与手段；二是学生在实践中所体现的科学精神与意志素质。这一定义强调了地理实践力的层次性和综合性，要求学生具备技能与手段，同时体现科学精神和意志素质。董乔生等将地理实践力作为一种基本的地理行为体验和学习方法。这一定义强调了地理实践力的体验性和基础性，要求学生将地理实践力作为一种基本的地理行为体验和学习方法，提高自己的地理基础知识水平。杜家伟指出，地理实践力是指在野外地理、社会调查、模拟实验、地理观察等方面的实际应用能力。这一定义强调了地理实践力的应用性和实践性，要求学生在野外地理、社会调查、模拟实验、地理观察等方面提高自己的实际应用能力。陆止茗认为，地理实践力是指对地理知识的应用，也是指实际实验、实际操作和调查研究的能力，还是一种习惯和文化修养。这一定义强调了地理实践力的应用性、实践性和素养性，要求学生将地理知识应用于实际实验、实际操作和调查研究中，提高自己的能力，并培养良好的习惯和文化修养。

综上所述，本书对地理实践力的概念界定为：在实际的校园、野外和社会中，通过实地考察、实验、调查等实践活动，在实践活动中所表现出的地理实践知识、地理实践能力和地理实践意志品质。其内涵包括以下关键点。

首先，地理实践知识是学生进行地理实践活动的基础，只有掌握了丰富的地理实践知识，学生才能在实践活动中更好地运用地理实践工具，提高自己的地理实践能力。其次，地理实践能力是地理实践力的支撑桥梁，推动着地理实践力的培养和发展。地理实践能力是学生在地理实践活动中所表现出的实际操作能力和创新精神，只有具备了较强的地理实践能力，学生才能更好地完成地理实践活动，提高自己的地理实践力。再次，地理实践意志品质是地理实践力的内隐素质，是一种意识、态度和精神。地理实践意志品质是学生在地理实践活动中所表现出的意识、态度和精神，只有具备了良好的地理实践意志品质，学生才能在地理实践活动中克服困难，坚持到底，提高自己的地理实践力。最后，地理实践力的培养需要通过实地考察、实验、调查等实践活动来实现，只有让学生亲身参与地理实践活动中，才能让学生更好地掌握地理实践知识和地理实践工具，提高自己的地理实践能力和地理实践意志品质。

总之，地理实践力是中学地理教育中的重要内容，它不仅能够提高学生的地理实践能力和创新精神，还能够培养学生的科学精神和意志素质。在中学地理教学中，我们应该注重培养学生的地理实践力，让学生在实践中学习，在学习中实践，提高自己的综合素质。

二、多角度解读地理的实践力

（一）连接知识与活动，铸就坚实地理教育基础

在地理教育中，地理实践知识占据着至关重要的地位。它涵盖了地理实验类、地理调查类、地理考察类及地理观测观察类等多个方面的知识，对于培养学生的核心素养和提升地理实践力具有不可替代的作用。

1.地理实验类知识

地理实验类知识主要涉及课内动手实验及课外实践中所涉及的地理学科知识，学生通过地理实验仪器或实践工具，模拟地理现象或分析地理数据，从而得出地理学科知识。与化学、物理、生物实验相似，地理实验具有实践性、直观性和科学性。在地理实验中，学生能够亲身体验地理现象的发生过程，加深对地理概念的理解。地理实验有利于提高学生的学习方法，促进学生核心素质的培养。在实验过程中，学生需要运用观察、分析、归纳等方法，培养科学思维和探究能力。同时，地理实验还能够培养学生的团队合作精神和实践操作能力，为学生的未来发展奠定坚实的基础。

2.地理调查类知识

地理调查类知识主要是指在社会调查中所需的地理学科知识，具体包括土地利用、城市功能分区、环境污染、旅游资源等几个方面。在土地利用调查中，学生可以实地走访，了解不同土地利用类型的分布和特点，分析其影响因素；在城市功能分区

调查中，学生可以观察不同功能区的分布和特点，分析其形成原因；在环境污染调查中，学生可以采集样本，分析污染物的种类和来源，提出治理建议；在旅游资源调查中，学生可以实地考察旅游景点的自然和人文景观，分析其旅游价值和开发潜力。此外，学生还可以通过网络、杂志等渠道获取有关社会热点问题的资讯，进行调研分析。例如，在学习过“交通运输方式”后，学生可以了解本区域的主要交通工具，并画出各大交通枢纽与各大交通要道之间的关系；在学习“农业地理位置的选择”后，可以进行社会调研，分析影响农业区位选择的因素。

3.地理考察类知识

地理考察类知识是指学生对地理事物或地理分布等进行实际考察时，需要用到或获取到的地理学科知识，主要分为野外考察和社会考察等。野外考察包括考察地貌地质、水文和土壤等。例如，考察地貌地质可以让学生了解地球的演化历史和地质构造；考察水文可以让学生了解河流、湖泊的水文特征和水资源分布；考察土壤可以让学生了解土壤的类型、分布和肥力状况。社会调查主要涉及工厂的位置、交通设施、科技馆、景点等。以“地质地貌”为例，学校或教师可以组织学生进行实地考察，包括采集矿物标本、观察岩层、发掘化石等，这样的考察活动可以培养学生的实际地理能力，加深学生对家乡自然环境与地区发展的关系的理解及对人地和谐观念的培养。

4.地理观测观察类知识

地理观测观察类知识包括观测天象、气象、云、土壤、太阳高度角等与自然现象相关的地理学科知识。在进行地理观测时，应注意使用相关的观测仪器。例如，在“天象观测”的教学中，教师可以引导学生在晚上观测北半球的主要星座和肉眼可见的天体。这样的观测活动可以培养学生的天文兴趣和科学素养。张文军在观察校园内植物的基础上，提出了“观察、判断校园内植物种类”“观察了解植物生长顺序”“观察、探究树木落叶的时间规律”“观察与分析草坪四季变迁的成因”等活动。这些活动可以探索校园资源的有效利用，提升地理野外考察能力，进而培养学生的地理实践力。

总之，地理实验类、地理调查类、地理考察类及地理观测观察类知识在地理教育中具有重要的作用。通过这些实践活动，学生可以将地理知识与实际生活紧密结合，提高地理实践力，为未来的学习和生活打下坚实的基础。

（二）地理实践能力的划分

地理实践能力是地理实践力的重要方面，它是学生在学习一定的地理实践知识后，通过利用地理实践工具，在不同的地理实习情境中，参与不同的地理实践活动，逐渐形成并发展出实际的地理实践技能，同时培养出一定的心理素质。

依据2017年版中学地理教学课程标准的解释，地理实践能力涵盖了多个方面。其中，地理信息采集是地理实践能力的基础环节。学生通过实地观察、测量、调查等方式，收集各种地理信息，为后续的分析和处理提供原始数据。地理信息处理则要求学生运用所学的地理知识和技能，对采集到的信息进行整理、分类、分析和归纳，从中提取有价值的内容。地理实践活动设计是学生发挥创造力和想象力的重要环节，他们需要根据特定的地理主题和目标，制订详细的活动计划，包括活动内容、方法、步骤和预期成果等。地理实践活动实施则是将设计好的活动付诸实践，在实际操作中检验和完善活动方案，提高实践效率。此外，通过相关的地理实习和实践活动来提高学生的实际地理技能也是地理实践能力的重要组成部分。这些实习和实践活动可以让学生亲身体验地理现象和过程，加深对地理知识的理解和掌握。

在2017年版中学地理教学课程标准明确规定的地理实践力概念的基础上，结合以往的研究结果，对学生的地理实践能力进行更为深入的分析和划分，将其分为不同的层次，可为今后的地理实践能力演化研究奠定坚实的基础。

首先，地理实践知识的获取是地理实践能力的前提。学生通过课堂学习、课外阅读、实地考察等方式，积累丰富的地理实践知识。这些知识包括地理现象的描述、地理规律的总结、地理数据的分析等。其次，分析、求解地理问题是地理实践能力的核心。在掌握地理实践知识的基础上，学生能够运用所学知识分析和解决地理问题，这需要学生具备一定的思维能力和分析方法，如比较分析、综合分析、因果分析等。再次，设计实践活动是地理实践能力的重要体现。学生能够根据地理教学的要求和实际情况，设计合理的地理实践活动。这需要学生具备一定的创新能力和组织能力，能够制订详细的活动计划、确定活动目标、选择活动地点和方法等。最后，实践地理活动的能力是地理实践能力的关键。学生能够将设计好的地理实践活动付诸实践，在活动过程中不断调整和完善活动方案，提高实践效率。这需要学生具备一定的动手能力和实践经验，能够熟练运用地理实践工具，如测量仪器、地图等；同时，学生还需要具备良好的团队合作精神和沟通能力，能够与同学和教师共同完成实践活动。

总之，地理实践能力的内涵丰富，划分明确，构成复杂。在中学地理教育中，我们应重视培养学生的地理实践能力，通过多种途径和方法，提高学生的地理信息采集、处理、活动设计和实施能力，以及分析、求解地理问题和实践地理活动的能力，为学生的未来发展奠定坚实的基础。

（三）地理实践意志品质、地理实践工具与地理实践活动的协同作用

地理实践力作为中学地理教育的重要组成部分，涵盖了多个方面，其中地理实践意志品质、地理实践工具与地理实践活动起着关键作用。

1.地理实践意志品质

地理实践意志品质是地理实践能力的内在和重要体现，它进一步提升了对地理实践的认识和实践能力。在学生进行地理实践活动中，这种意志品质具有导向作用，有助于学生理解和体会实际工作中所体现的思想素质与情感。

地理实践意志品质主要包括实践地理知识、实践情感和实践素质。首先，实践地理知识促使学生在地理实践过程中不断积累和深化地理知识，形成对地理现象和规律的正确认知。这不仅有助于学生更好地理解地理学科的本质，还能激发他们对地理学习的兴趣与热情。其次，在实践情感方面，地理实践活动让学生亲身体验自然环境和人文景观，感受地理之美，培养对地理的热爱之情。同时，在实践过程中，学生还能培养团队合作精神、责任感和使命感等情感品质。最后，实践素质要求学生在地理实践中具备良好的身体素质、心理素质和道德素质。身体素质是进行地理实践活动的基础，学生需要有一定的体力和耐力，以适应不同的地理环境。心理素质则包括自信心、毅力、耐心等，学生在面对实践中的困难和挑战时，需要良好的心理素质来克服。道德素质要求学生在实践过程中遵守法律法规、尊重当地风俗习惯、保护环境等。

地理实践意志品质的特点表现为果断、独立性、韧性和自律性：果断使学生在地理实践活动中能够根据实际情况迅速作出决策，在面对复杂情况时作出正确判断并采取有效行动；独立性让学生在实践中独立思考、独立解决问题，提高自我管理和自我约束能力；韧性意味着学生在面对各种困难和挫折时，具备坚韧不拔的毅力，坚持完成实践任务；自律性则确保学生在实践活动中遵守纪律、自我约束，保持良好的行为习惯，提高实践效率。

2.地理实践工具

地理实践工具是学生在地理实践过程中，在不同活动和场景下，利用已有地理实践知识和能力再生新的地理实践力的各种器具。它包括测量仪器、定位导航系统、教具和模型、纸质版地图和电子地图及新时期人工智能技术等。这些工具的主要作用是

运用各种实物直观地表达地理实践过程。

测量仪器如温度计、气压计、雨量计等，可用于测量地理环境中的各种物理量。定位导航系统如GPS、北斗卫星导航系统等，能确定地理位置和进行导航。教具和模型如地球仪、地形模型等，可直观展示地理现象和规律。纸质版地图和电子地图则用于查找地理信息、规划路线等。新时期人工智能技术如地理信息系统、遥感等，可处理和分析地理数据。通过地理实践工具，学生能够提高对地理学的认识，加深对地理学的记忆，提高地理实践过程中的信息处理效率，增强学习效果。

3.地理实践活动

地理实践活动强调实践性，注重学生的实际参与，是以学生为主体实际参与的活动，在实践中培养学生的动手、思维等实际应用能力。

在地理教学中，地理实践活动以学生为中心，以地理实践知识为基础，以地理实践工具为主要手段。教师在其中发挥引导作用，引导学生积极运用所学地理知识，主动探究和思考，以获得更好的学习效果。学生在实践活动中，通过亲身体验地理现象和过程，加深对地理知识的理解和掌握，提高解决实际问题的能力。同时，地理实践活动还能培养学生的团队合作精神和创新能力，促进学生的全面发展。

地理实践意志品质、地理实践工具和地理实践活动从不同角度共同构建了地理实践力的丰富内涵，对中学地理教育具有重要意义。

三、地理实践力培养的重要性

（一）对学生个人发展的意义

1.提高实践操作能力

学生通过参与地理实践活动，能够学会运用地理工具和方法进行实地观测、数据收集和分析等，从而提高自己的实践操作能力。在许多职业领域，实践操作能力是非常重要的，对于从事地理相关职业的学生来说，如地理信息系统工程师、环境监测员等，地理实践力培养过程中所获得的实践操作能力是其职业发展的基础。即使是从事其他非地理专业的工作，良好的实践操作能力也有助于学生更好地适应工作环境，提高工作效率。例如，在工程建设领域，了解地理地形和地质条件对于项目的规划和实施至关重要，具备地理实践力的学生在这方面更有优势，如在进行科学研究、参与社会实践等方面都需要具备一定的实践操作能力。

2.培养创新思维和问题解决能力

在地理实践活动中，学生需要面对各种实际地理问题，这就要求他们运用所学知识进行思考和探索，寻找解决方案。在这个过程中，学生的创新思维和问题解决能力得到了锻炼和提高。例如，在进行城市规划的地理实践活动中，学生需要考虑城市的人口分布、交通状况、环境因素等多方面因素，提出合理的城市规划方案，这就需要学生具备创新思维和问题解决能力。在当今快速发展的社会中，创新思维是个人取得成功的关键因素之一。具备创新思维的学生在未来的学习中能够更好地适应新的知识和技能，提出独特的见解和方法。在工作中，他们能够为企业或组织带来新的思路和发展机遇。例如，在科技领域，创新思维能够推动新技术的研发和应用；在商业领域，创新的营销策略和商业模式能够帮助企业在激烈的市场竞争中脱颖而出。

3.增强社会责任感

地理实践活动往往涉及社会、环境等方面的问题，如对环境问题的调查和研究、对资源利用情况的分析等。通过参与这些活动，学生能够更加关注社会和环境问题，增强自己的社会责任感。具有社会责任感的学生在未来更有可能积极参与社会公益活动，为解决社会问题贡献自己的力量。从社会层面来看，培养具有社会责任感的人才有助于推动社会的可持续发展。例如，在环境保护方面，具有社会责任感的学生在未来可能会从事相关工作，致力于提高环境质量，或者在日常生活中积极倡导环保理念，影响身边的人共同参与环境保护。

4.提升综合素养

地理实践力的培养，会涉及与其他学科素养的融合。例如，在进行地理调查和数据分析时，需要运用数学的统计方法；在撰写调查报告时，需要具备良好的语言表达能力，这种跨学科的融合有助于学生全面提升自己的综合素养。在未来社会，具备综合素养的人才更具有竞争力。他们能够更好地适应复杂多变的社会环境，具备解决复杂问题的能力。例如，在全球化的背景下，具备综合素养的学生能够更好地与不同文化背景的人交流合作，在国际舞台上展现自己的能力。同时，综合素养也有助于学生实现个人的全面发展，追求更高的生活品质和精神境界。

（二）对地理学科学习的意义

1.促进地理知识的理解和掌握

地理实践活动能够让学生将所学的地理知识与实际生活相结合，使抽象的地理知识变得更加直观和具体，从而有助于学生更好地理解和掌握地理知识。例如，学生通过实地观察河流的侵蚀和堆积作用，能够更深刻地理解河流地貌的形成过程。

2.提升地理学科素养

地理实践力是地理学科核心素养的重要组成部分，培养学生的地理实践力有助于提升学生的地理学科素养。通过地理实践活动，学生不仅能够提高自己的地理知识水平，还能够培养自己的地理思维能力、地理观察能力、地理信息技术应用能力等，从而全面提升自己的地理学科素养。

3.推动地理教学方法的创新

地理实践力的培养要求教师采用多样化的教学方法，如实地考察、实验探究、案例分析等。这推动了地理教学方法的创新，使地理教学更加生动、有趣，提高了学生的学习积极性和参与度。同时，也促进了教师自身专业素养的提高。

（三）对社会发展的重要意义

1.培养适应社会需求的人才

当今社会对人才的综合素质要求越来越高，具备实践能力和创新精神的人才更受社会欢迎。培养学生的地理实践力，能够使学生在中学阶段就具备一定的实践能力和创新思维，为他们今后适应社会需求，成为社会所需的人才奠定基础。

2.促进社会可持续发展

通过地理实践活动，学生能够更加深入地了解社会和环境问题，如资源短缺、环境污染、生态破坏等。这有助于培养学生的可持续发展意识，使他们在今后的生活和工作中能够采取积极的行动，促进社会的可持续发展。例如，学生通过对当地能源利用情况的调查和研究，了解到可再生能源的重要性，从而在今后的生活中更加注重节约能源和推广可再生能源的使用。

3.推动科技创新与进步

地理实践力的培养鼓励学生在实践中运用先进的技术手段和方法，如地理信息系统、遥感等。这不仅提高了学生对地理现象的分析和解决能力，也为科技创新提供了新的思路和方法。同时，学生在地理实践中可能会发现一些新的问题和现象，激发他们对科学研究的兴趣，进而推动科技创新与进步。例如，学生在进行野外考察时，可能会发现一些未知的地理现象或生态系统，这些发现可能会引发科学家的进一步研究，为推动地理科学的发展作出贡献。

第二节　中学地理实践力的构成要素

一、地理观察与感知能力

（一）敏锐的观察力

在地理学习的初始阶段，学生需展现出对自然界与人类活动痕迹的深刻洞察力。这要求他们不仅能够宏观地审视山川河流的壮丽、气候变化的微妙，还能微观地捕捉到植被生长的细微变化、城市建筑风格的独特之处。学生需培养一种“地理眼”，学会在日常生活中寻找地理现象的线索，如通过观察日出日落的方位变化理解地球的自转，或通过城市天际线的演变探讨城市化进程。这种能力对于后续深入理解和分析地理问题至关重要。

（二）空间感知能力

地理学科的核心在于空间思维的培养。学生应能够在脑海中构建三维的地理空间模型，理解不同地理要素（如地形、水系、气候区）在空间上的分布规律、相互位置关系及随时间发生的动态变化。通过地图阅读、空间分析等方法，学生应能进行空间想象和推理，如预测河流流向、分析地形对气候的影响等。这种空间感知能力不仅有助于地理知识的内化，也是解决复杂地理问题的基础。

二、地理调查与研究能力

（一）信息收集与处理

在信息时代，学生需掌握多元化的信息获取途径，如利用图书馆资源、网络数据库进行文献检索，或通过实地考察收集第一手资料。同时，他们还需熟练运用地理信息技术（地理信息系统、遥感等）对收集到的数据进行处理和分析，如利用地理信息系统软件进行空间数据可视化，或运用遥感技术监测地表覆盖变化。这一过程不仅锻炼了学生的信息检索和筛选能力，还培养了他们的数据处理和分析技能。

（二）问题探究与假设提出

基于观察和调查所得的信息，学生应具备提出具有探究价值的地理问题的能力。这要求他们能够从地理视角出发，识别问题中的关键要素，设计科学合理的研究方案，并提出合理的假设。随后，学生需通过实验、模拟或其他实践方法验证假设的正确性，这一过程培养了他们的科学探究精神和批判性思维。

（三）报告撰写与表达

研究成果的呈现是地理研究不可或缺的一环。学生需学会将复杂的研究过程和结论以清晰、准确的方式表达出来，包括文字描述、图表展示、多媒体演示等多种形式。这不仅考验了他们的写作能力，还要求他们具备良好的逻辑思维和表达能力。同时，报告撰写也是培养学生学术交流能力的重要途径，通过与他人分享研究成果，学生可以拓宽视野、增进理解。

三、地理实验与模拟能力

（一）实验操作与技能

地理实验是验证地理理论、培养实践能力的重要手段。学生需掌握一系列基本的地理实验技能，如气象观测中的温度、湿度测量，土壤分析中的pH值测定及地质考察中的岩石识别等。在实验过程中，学生应能够独立操作仪器、记录实验数据，并运用所学知识分析实验结果，这一过程不仅加深了学生对地理现象的理解，还锻炼了他们的动手能力和问题解决能力。

（二）模拟实验与情境再现

随着科技的发展，模拟实验在地理教学中发挥着越来越重要的作用。学生可以利用地理模型、计算机软件等工具进行模拟实验，如通过气候模型预测未来气候变化趋势，或通过地形演变模拟软件观察地貌形态的变化过程。这些模拟实验能够帮助学生跨越时空限制，直观地感受地理现象的发生和发展，从而加深对地理过程的理解。同时，情境再现的方法也有助于学生将抽象的地理概念具体化、生动化。

四、地理规划与决策能力

（一）区域认知与分析

区域是地理学研究的基本单元。学生需具备对特定区域进行全面、深入认知的能力，包括自然条件（如地形、气候、水文等）、社会经济状况（如人口分布、产业结构、交通网络等）及文化特色等方面的分析。通过构建区域认知框架，学生能够更好地理解区域内部的相互作用和区域间的差异与联系。这种区域认知能力对于制订科学合理的地理规划方案具有重要意义。

（二）规划设计与实施

基于区域认知和分析的结果，学生应能够提出符合区域特点的地理规划方案。这些方案可能涉及土地利用规划、生态保护规划、交通规划等多个领域。在方案设计过程中，学生需考虑多种因素的综合影响，确保方案的可行性和科学性。同时，学生还应具备一定的方案实施和评估能力，能够在实践中不断调整和完善方案，以达到预期的目标。

（三）环境伦理与责任意识

在地理规划与决策过程中，学生应始终秉持环境伦理观念，将环境保护和可持续发展作为重要原则。他们需认识到人类活动对自然环境的影响，并在规划决策中充分考虑环境保护的需求。通过参与地理实践活动，学生可以增强社会责任感，形成尊重自然、保护环境的良好风尚。

五、地理交流与合作能力

（一）团队协作

在地理实践活动中，团队协作是不可或缺的。学生需要学会与他人有效沟通、分工合作，共同完成任务。这要求他们具备良好的沟通能力和团队协作精神，能够尊重他人的意见和贡献，共同为团队目标的实现而努力。通过团队协作，学生可以培养集体荣誉感和社会责任感，为未来的社会生活打下坚实的基础。

（二）跨学科交流

地理学科具有综合性强的特点，与生物、物理、历史等多个学科存在广泛的交叉与融合。因此，培养学生的跨学科交流能力对于促进其全面发展具有重要意义。学生应学会从不同学科视角审视地理问题，理解其他学科在地理研究中的应用和价值，并能够与其他学科领域的同学和教师进行有效沟通与合作。通过跨学科交流活动，学生可以拓宽知识视野，增强综合分析和解决问题的能力，同时也为未来的学术研究和职业发展打下坚实的基础。

在跨学科交流中，学生可以参与跨学科的研究项目或课程，如环境科学、生态学、城市规划等，这些领域往往需要结合地理学知识与其他学科知识共同解决复杂的问题。例如，在研究城市可持续发展时，学生不仅需要了解城市的地理特征和空间布局，还需要考虑城市经济、社会、环境等多个方面的因素及这些因素之间的相互作用和影响。通过与经济学、社会学、环境科学等学科的专家和同学合作，学生可以更全面地理解问题，提出更具创新性和可行性的解决方案。此外，跨学科交流还可以促进学生的创新思维和批判性思维的发展。不同学科之间的思维方式和研究方法存在差异，通过交流和碰撞，学生可以打破传统思维的束缚，激发新的灵感和创意。同时，他们也可以学会对不同观点和理论进行批判性评估，提高自己的思维能力和判断能力。

六、地理信息技术应用能力

（一）地理信息技术的核心驱动力与中学地理实践力

在当今高度数字化的时代背景下，地理信息技术已成为推动地理学科研究与应用不可或缺的工具，而中学地理实践力在其中扮演着至关重要的角色。地理信息系（GIS）统作为这一领域的核心，凭借其强大的空间数据管理与数据分析能力，为地理研究提供了前所未有的视野与精度。学生在深入掌握 GIS 技术的过程中，不仅需学会对地理空间数据的有效采集、存储、编辑、查询、分析及可视化展示，更需通过实践活动，如参与环境监测项目、城市规划模拟等，将理论知识转化为实际操作能力，这正是中学地理实践力的直接体现。这种技能的掌握，不仅增强了学生在环境监测、城市规划、资源管理及灾害预警等领域的实践能力，更为他们未来在地理科学领域的深入探索与广泛应用奠定了坚实的基础。

（二）地理信息技术的两翼与中学地理实践力的提升

一方面，全球定位系统（GPS）以其高精度定位与导航功能，成为野外考察、地理测绘及交通导航的重要辅助手段。在中学地理教育中，鼓励学生亲手操作 GPS 设备，准确记录地理位置信息，不仅是对技术操作能力的培养，更是对学生地理实践力的锻炼。通过实践活动，学生能将抽象的地理坐标转化为具体的空间感知，加深对地理空间概念的理解。另一方面，遥感技术通过非接触方式远距离探测目标对象，获取其电磁波信息，这一技术的应用同样离不开中学地理实践力的支持。学生在参与遥感图像解译、地表物体性质分析等实践活动中，能够跨越时空限制，快速获取大范围地理环境的动态变化信息，这种能力的培养对于提升他们的地理信息素养和解决实际问题的能力具有重要意义。这两大技术的掌握，不仅拓宽了学生在地理信息技术应用领域的视野，更促进了他们中学地理实践力的全面提升。

第三节　开展中学地理实践力研究的意义

一、推进“立德树人”目标任务落实

党的十九大报告着重强调“落实立德树人根本任务，发展素质教育，推进教育公平，培养德智体美全面发展的社会主义事业合格建设者和可靠接班人”。开展中学地理实践力研究，不仅能够提升学生的实际地理能力，推动地理教育理念的革新和教学方法的优化，还能够培养适应时代需求的全面发展的人才，进一步推动“立德树人”目标任务的达成。

首先，从学生发展的角度来看，地理实践力的研究能够提升学生的实际地理能力。通过参与地理实践活动，学生可以亲身体验地理现象。深入了解地理环境，增强对地理知识的理解和记忆。

其次，开展中学地理实践力研究有助于推动地理教育理念的革新。传统的地理教学注重知识的传授，忽视了学生的主体地位和实践能力的培养。地理实践力的研究要求教师树立全新的课程理念，将地理实践活动纳入教学计划，引导学生在实践中学习，在学习中实践。这种教学理念的转变能够激发学生的学习兴趣，提高教学效率，培养学生的创新思维和实践能力。同时，地理实践力的研究也能够促进地理教育与其他学科的融合，培养学生的综合素养。

再次，开展中学地理实践力研究有利于教学方法的优化。地理实践活动需要教师采用多样化的教学方法，如问题导向教学法、案例教学法、项目式学习法等。这些教学方法能够激发学生的学习兴趣，提高学生的参与度，培养学生的自主学习能力和合作精神；同时，地理实践活动也需要教师充分利用现代信息技术，如地理信息系统、遥感、全球定位系统等，为学生提供更加丰富的学习资源和更加直观的学习体验。

最后，开展中学地理实践力研究对于推动“立德树人”目标任务的达成具有重要意义。地理实践力的培养不仅能够提高学生的地理素养，还能够培养学生的社会责任感、创新精神和实践能力。这些品质正是“立德树人”所要求的核心素养。通过地理实践活动，学生可以了解祖国的大好河山，增强民族自豪感和爱国情怀；可以了解地理环境与人类活动的相互关系，树立可持续发展的理念；可以参与社会热点问题的调查和研究，培养社会责任感和创新精神。

二、为学生的终身发展打下基础

开展中学地理实践力研究，不仅有助于学生的个人发展，满足社会发展的需求，还能体现地理学科的特性，为培养适应时代需求的全面发展的人才作出贡献。

从学生个人发展层面来看，地理实践力的培养是让学生在真实的生活情境中感悟、领会人与地理环境的关系。通过参与地理实践活动，学生能够感知地理现象，从而提高学习地理的兴趣和积极性。地理实践力作为地理学习的基本活动经验和学习方式，对其进行研究具有重要的历史意义与实际意义。一方面，在地理学课程标准的研究中，虽然关于课程目标、解读及课程标准等方面的研究较为丰富，但对地理课程标准中地理实践力的研究却相对少见。深入开展地理实践力研究，不仅能够总结地理课程标准的发展历程，还可以梳理出地理实践活动的演变过程。通过对课程标准中地理实践力的演进历程进行系统梳理，能够在一定程度上明晰其价值发展的逻辑和方向，为我国中学地理课程标准中地理实践力的发展演变提供反思与借鉴，同时也有助于把握当前我国地理学科中地理实践力的历史发展基础。另一方面，地理实践活动能够检验学生对地理基础知识和基本原理的掌握程度。在实践过程中，学生需要处理各种信息，运用所学知识分析问题、解决问题，从而进一步提升自身的能力。例如，问卷、采访、访谈、入户调研等调查方法的运用，要求学生与不同类型的人群接触交往。这既锻炼了学生的人际交往能力，又能使学生在独立面对不同社会人群时，从容、客观地处理与他人的关系。学生能够站在不同立场，从不同角度认识社会问题，并结合个人思考综合分析、评判较复杂的人地关系，进而实现全面发展。此外，地理实践活动让学生在实践中获取知识，在生活中运用地理知识解决问题，深刻体验实践带来的学习乐趣，激发更深层次探究的欲望，为学生的终身发展打下坚实基础。

从社会发展需求层面来看，培养学生地理实践力符合现代社会发展的需求。在社会发展的大背景下，无论是国家政策的制定、环境保护，还是日常生产生活，都需要以地理知识和学科素养作为支撑。现代社会对人才的综合素质要求越来越高，具备实践能力和创新精神的人才更受青睐。地理实践力的培养能够使学生在中学阶段就具备一定的实践能力和创新思维，为他们今后适应社会需求，成为社会所需的人才奠定基础。同时，地理实践活动能够培养学生的社会责任感和可持续发展意识。学生通过参与地理实践活动，可以更加深入地了解社会和环境问题，如资源短缺、环境污染、生态破坏等。这有助于他们在今后的生活和工作中采取积极的行动，促进社会的可持续发展。

从地理学科特性层面来看，地理课程的目标是提高学生进行地理活动、探究和解决地理问题的能力。地理是一门实践性很强的学科，学生在实践的过程中获取知识，在生活中实践地理。学生在主动探究问题、获取并运用知识解决问题的过程中，能够深刻体验实践带来的学习乐趣。地理实践力的培养有助于学生更好地理解地理学科的本质，掌握地理学科的方法和技能。同时，地理实践活动能够促进地理教育与其他学科的融合，培养学生的综合素养。例如，地理实践活动可能涉及物理、化学、生物等学科的知识，学生在解决地理问题的过程中，需要综合运用多学科知识，从而提高自身的综合素养。

三、为新一轮的高考改革打下基础

开展地理实践力研究，不仅有助于学生深入理解地理知识、提高地理学习成绩，还有助于培养学生的综合素质和社会实践能力，为学生的未来发展奠定坚实基础。同时，开展中学地理实践力研究也为新一轮的高考改革提供了有力支持，有助于推动高考改革的顺利进行，为新一轮的高考改革打下坚实基础。

2017 年新的高中地理课程标准颁布，从国家层面明确了对地理实践力这一核心素养目标的具体要求。在此背景下，地理实践力在中学地理教学中的开展已然成为大势所趋。

高中地理新课程标准明确提出对中学生进行地理核心素养教育，涵盖人地观念、综合思维、区域认知和地理实践力。长期以来，前三种核心素养在地理课堂教学中均有不同程度的渗透，然而，由于学生安全、课时限制及高考“指挥棒”等诸多因素的影响，地理学科的户外考察、社会调查、模拟实验等活动往往被迫取消，使地理实践力这一核心素养难以真正落实。对于各个学校而言，如何培养学生的地理实践力仍是一个处于探索阶段的重要课题，这对一线地理教师来说无疑是一项重大的考验，具有极为现实的实践意义。

地理实践力的培养有助于学生在地理实践活动中深入理解地理环境及其与人类的相互关系和相互作用。通过参与地理实践活动，学生能够将书本中的理论知识与实际生活紧密结合，借助地理实践活动、工具及特定场景，将理论知识转化为解决实际生活中地理问题的能力和品质。

在地理实践力的培养过程中，学生能够逐步培养起必须具备的素质与主要技能。例如，在户外考察中，学生需要学会观察地理现象、收集地理数据、分析地理问题，从而提高自己的观察能力、分析能力和解决问题的能力。在社会调查中，学生需要与不同的人群进行交流和沟通，了解他们的需求和意见，从而提高自己的人际交往能力和社会适应能力。在模拟实验中，学生需要设计实验方案、操作实验仪器、记录实验数据、分析实验结果，从而提高自己的科学探究能力和创新思维能力。此外，地理实践力的培养还能够培养学生的科研意识及协作意识。在地理实践活动中，学生需要像科学家一样进行科学探究，提出问题、收集证据、分析数据、得出结论，从而培养自己的科研意识和科学精神。同时，地理实践活动往往需要学生组成团队，共同完成任务，这就要求学生具备良好的协作意识和团队精神，学会与他人合作、分享和交流。地理实践力的培养对于提高学生的社会实践能力也具有重要作用。通过参与地理实践活动，学生能够了解社会现实、关注社会问题、参与社会事务，从而提高自己的社会实践能力和社会责任感。例如，在社会调查中，学生可以了解当地的经济发展、环境保护、文化传承等问题，提出自己的建议和解决方案，为社会发展贡献自己的力量。

从高考改革的角度来看，开展中学地理实践力研究为新一轮的高考改革打下了坚实基础。随着高考改革的不断推进，素质教育的理念越来越深入人心，高考的考查内容和考查方式也在不断发生变化。地理实践力作为地理核心素养的重要组成部分，必然会在高考中得到越来越多的体现。例如，高考地理试题可能会更加注重考查学生的地理实践能力，要求学生运用地理知识和地理技能解决实际生活中的地理问题。因此，培养学生的地理实践力不仅有助于提高学生的地理学习成绩，还有助于学生更好地适应高考改革的要求。

第二章　中学地理实践力培养的理论基础

第一节　建构主义学习理论与地理实践力培养

一、建构主义学习理论与中学地理实践力的结合

建构主义学习理论作为认知学习理论的重要分支，在教育领域掀起了一场深刻的变革，对教学的各个方面都产生了重大影响。它并非单一的特定学习理论，而是一种新兴的后知识论，与传统教学模式有着显著差异。

建构主义学习理论对知识的本质有着独特的见解。在一定程度上，它质疑了知识的客观性和准确性，强调知识的动态性。知识并非绝对固定不变的实体，虽然我们通过语言符号赋予其外在形式，但不同的学习者对相同的知识可能有不同的理解。这是因为学习者对知识的理解是在其自身丰富而独特的经验背景下建构起来的，取决于特定情境下的学习历程。新知识的获得并非简单的接收过程，而是学习者激活头脑中先前的知识经验，通过分析、综合、应用、反思和评价等认知活动，对各种信息和观念进行加工和转化的结果。在这个过程中，师生和生生之间的交往、互动和协商起着至关重要的作用。学习者可以与教师或同学进行交流，分享各种学习资源，这种互动对知识的建构意义重大。同时，知识不能脱离活动情境而抽象存在，具体知识的学习需要结合具体的社会实践情境。在教学中，教师应运用各种教学方式和工具，辅助学生完成对知识的意义建构。

从认识的角度来看，建构主义学习理论认为认识是主体主动进行的建构活动。其发生依赖主体已有的知识和经验，新内容的构建需要与已有内容关联，且学习与情境紧密相连。当新情境与已有知识结构类似时，已有知识才有可能迁移到新情境中。尽管世界是客观的，但认识具有主观色彩，这主要是因为主体对客观世界的建构活动主要依赖个体经验。然而，通过合作学习，可以使认识更加全面、客观。以地理教学为例，学生进入课堂时带着已有知识和经验，这些对构建新知识、新认识起着关键作用。因此，在开展问题式教学前，必须充分考虑学生的固有知识及经验，既要在教学活动中丰富知识体系，又要防止学生认知固化于原有知识水平。

对于问题式教学，建构主义学习理论有着重要的启发意义。首先，要考虑学生实

际的生活环境，设置真实的问题情境。通过真实的问题驱动，调用学生已有知识经验，让学生在熟悉的情境中积极参与学习。其次，“在做中学”，让学生亲历知识的形成过程。解决问题的过程本身就是获取新知识的过程，使学生在实践中深刻理解知识。最后，建立学习小组，开展合作学习。这样可以更正由于个体经验偏差造成的学习错误，更加客观全面地构建知识体系。问题式教学与建构主义学习理论之间存在着实践与理论的关系，理论指导实践的推进。

在中学地理教学中，建构主义学习理论与地理实践力的培养紧密结合。地理实践力是指学生在考察、实验、调查等地理实践活动中所表现出的意志品质和行动能力。建构主义学习理论强调知识的动态性和情境性，这与地理实践力的培养要求相契合。在地理教学中，可以通过设置真实的地理问题情境，引导学生运用已有知识和经验进行探究和解决问题。例如，组织学生进行实地考察，让学生在真实的自然环境中观察地理现象、收集地理数据、分析地理问题。在这个过程中，学生不仅可以加深对地理知识的理解，还可以提高地理实践力。同时，合作学习也可以在地理实践活动中得到充分应用。学生可以组成小组，共同完成地理实践任务，通过交流和协商，更加全面、客观地认识地理现象和问题。这样，既培养了学生的地理实践力，又体现了建构主义学习理论在地理教学中的应用价值。

二、建构主义学习理论的核心观点

（一）学习是一个积极主动的建构过程

建构主义学习理论认为知识不是从外部输入人的内心，而是在与外部作用的过程中从人的心灵内部建立起来的，学习者不是被动地接受外界信息，而是对外界信息进行主动地分析、综合、应用和评价。学习者通过构建自己对各种问题的理解，形成自己的观点，而不仅仅是记住别人已经研究出来的结论。学习者通过不断思考，完成对各种信息的选择和加工。学生是学习活动的主体，由于学生自身具有的特点不同，对外界信息的构建方式不同，因而构成了对信息不同的理解，从而使这种建构带有明显的学习者自身的特点。

（二）学生是在原有的经验基础上进行建构的

学生不是凭空建构信息的，而是在已有的知识经验基础上进行建构的。学习者不断地思考，对各种信息和观念进行加工和转化，基于新、旧知识进行综合和概括，解释有关的现象，形成新的假设和推论，并对自己的想法进行反复的推敲和检验。这一过程不仅是知识的简单累积，更是认知结构的重组与升级，学生不断检验并修正自己的想法，通过实践与反思的循环往复，逐步构建起稳固又灵活的知识体系。

（三）师生和生生之间的协作与对话促进学习

建构主义学习理论者主张“知识不仅是在个体与物理环境的相互作用中建构的，社会性的相互作用同样重要”。每个学生都是在自己的经验背景基础上建构对事物的理解，因而只能看到事物的一个方面。为了使学生超越自己的认知，看到事物的其他侧面，则必须通过师生和生生之间广泛的协商、互动和协作，形成对事物全面的理解。学习是“学习者与外在环境多向性的交互作用过程”，学习者的知识构建过程受到教师的指导、同学的参与、周围的环境等情境的影响。教师与学生之间以教学内容为中介形成双向互动关系，可以更好地激发学生主体作用的发挥，促进学生积极构建知识。

（四）学生的学习发生于真实的情境之中

建构主义学习理论者认为知识的获得需要与具体的情境相结合。在具体的情境中，学习者可以根据自己已有的经验，对新知识进行同化或在原有经验基础上进行改造或重组。这种真实的情境可以是创设与现实情境相类似的环境，也可以是教学过程与真实问题的解决过程相类似。

三、建构主义学习理论指导下的主要教学方法

“情境”“协作”“会话”“意义建构”是建构主义学习理论学习活动的四大要素，在其指导下的教学模式从不同侧面体现这些要素。在建构主义学习理论指导下进行活动教学设计时，要根据具体的活动内容选择不同的教学模式。在建构主义学习理论的指导下，目前有三种比较成熟的教学方法：支架式教学、抛锚式教学和随机进入教学。这三种教学方法虽然侧重不同的学习内容，但在应用过程中都有相通之处。这三种教学方法由以下几个共同环节组成。

（一）创设情境

在建立概念框架基础上，向学生呈现与当前学习主题的基本内容相类似或相关的情境。

（二）进入学习

在创设的情境下，引导学生进入与当前学习主题密切相关的真实性事件或问题，

或由学生“随机进入”选择的学习内容。

（三）自主学习

教师提供与学习内容相关的线索，学生进行独立的思考或探索。在此过程中，教师要帮助学生发展思维或发展学生自主学习的能力。

（四）协作学习

进行小组协商、讨论，通过不同观点的交锋或对同一问题不同侧面的思考，加深学生对所学知识的理解。

（五）学习效果评价

学习效果评价包括主观评价和客观评价。客观评价即观察学生在学习过程中的表现，通过表现反映学生的学习效果。主观评价包括自我评价、小组评价和教师评价等，内容包括自主学习的能力、对小组协作学习所作出的贡献、是否完成对所学知识的意义建构等。

四、建构主义学习理论在地理实践教学中的应用原则

（一）情境性

在建构主义学习理论指导下的活动教学中，学习者通过活动，在与外界环境交往的过程中获得经验，并在已有经验的基础上对新知识进行加工和重组，完成知识的意义建构。为了使学习具有主动探索的意义，了解知识获得的过程，经历知识的生成过程，学习任务必须在真实的环境中进行。即教师要为学生创造活动的真实场景，使学生在真实的情境下进行操作活动或交往活动，不仅要激发学生探究的兴趣，而且要有益于学生的意义建构。

（二）主体性

活动教学设计的目的是以活动为桥梁，让学生在活动中体验、感悟，在掌握基础知识的基础上，加深对知识的理解，进一步达到情感的升华。建构主义学习理论要求学生在已有的知识基础上积极主动建构知识。所以，在建构主义学习理论的指导下，地理活动教学设计更要体现学生的主体地位，从活动情境的创设，到活动过程的设计，再到教师的引导，都要坚持以学生为本的理念，既要保证学生对活动内容、方式方法的自主选择和决定权，又要激发和引导学生对外部环境进行积极的探索。

（三）开放性

新时代地理活动教学讲究地理教学内容、思维空间、师生关系的开放性。这种开放性不仅体现新时代的要求，而且更好地体现活动的价值，有利于学生主动获得知识。在建构主义学习理论的指导下，活动教学中师生和生生之间相互协作和讨论交流，这种讨论和交流必须在开放的氛围下进行。同时，学生的主动建构是以已有的知识经验为基础的，所以在建构主义学习理论指导之下，活动教学的开放性又具有不同的要求，即要求在学生已有的知识背景下，实现教学内容、思维空间和师生关系的开放。

（四）协作性

教学是人类一种特殊的交往活动。在这种交往活动中，师生和生生之间是平等的合作者，知识是通过这种交往活动在师生的协作中获得的。因此，地理课堂活动都要根据教学的内容，统筹规划、精心设计，使课堂活动具有实效性。地理活动教学中师生协作是活动过程中一种有效的交往形式。这种协作既包括师生之间的协作，也包括生生之间的协作。在建构主义学习理论的指导下，活动教学中师生和生生之间通过协商与会话，使教师的“动”和学生的“动”达到和谐统一。

（五）过程性

学习是一种过程。无论地理活动教学还是建构主义学习理论，都强调改变过去把现成的结论直接告诉学生的简单做法，要把课堂教学的重心由原来的要求学生记住现成结论，转变成引导学生主动探求未知知识。要重视知识发生过程的教学，在知识发生过程的教学中展开对学生的各种思维能力和思维方式的有机引导与训练，尤其要重点培养和发展学生的创新性思维能力。最终使学生既能获得知识、掌握技能，体验过程、掌握方法，又能达到情感上的共鸣，形成正确的学习态度和科学的世界观。

第二节　建构主义学习理论指导下的地理实践教学

一、知识是一种能动的建构过程

建构主义学习理论为地理实践力教学提供了深刻的启示。其中，“知识是一种能动的建构过程”这一理念在地理实践力教学中具有至关重要的意义。建构主义学习理论明确指出，知识并非被动地接受，而是认知主体积极主动建构的结果。在地理实践力教学中，学习应是学生个体主动的行为，它是以先前建构的知识经验为基础的学习过程。这绝非教师向学生一味地灌输新知识，而是学生充分发挥自身主观能动性，利用已有的经验作为新知识的增长点，不断对地理知识进行加工和转化。

为了实现学生在地理实践力教学中知识经验的建构过程，丰富学生的经验系统显得尤为必要。经验作为个体与环境相互作用的产物，个体的活动正是其经验的重要来源。地理实践力教学中的活动教学，正是以活动为契机，让学生全身心地参与教学过程，通过学生主动地思考、探索、讨论和协商，完成对新知识的理解，并使其内化为学生自己的新知识。在这个过程中，活动的开展不仅是一种教学形式，更是学生建构经验的重要过程，是学生与教师和同伴交流互动、认识周围地理环境、获得宝贵经验的学习过程。

例如，在地理实践力教学中进行实地考察活动，学生走出教室，亲身体验自然地理环境的真实面貌。他们观察山脉的走向、河流的流向、植被的分布等地理现象，将课堂上所学的理论知识与实际的地理环境相结合。在这个过程中，学生不是被动地接受教师的讲解，而是主动地运用已有的知识经验去理解和解释所观察到的地理现象。他们会思考为什么山脉会呈现这样的走向？河流的流向受到哪些因素的影响？植被的分布与地理环境之间有怎样的关系？通过主动思考和探索，学生不断地对地理知识进行加工和转化，丰富自己的知识体系。

同时，在地理实践力教学中，小组讨论也是促进知识能动建构的有效方式。学生围绕一个地理问题展开讨论，分享各自的观点和经验。在讨论过程中，学生不仅可以从同伴那里获得新的思路和见解，还可以通过与同伴的协商和辩论，进一步深化对地理知识的理解。教师在这个过程中扮演着引导者的角色，鼓励学生积极参与讨论，提出问题，引导学生从不同的角度思考问题。通过小组讨论，学生在交流互动中不断建构自己的知识经验，提高自己的地理思维能力。

总之，在地理实践力教学中，“知识是一种能动的建构过程”这一理念应得到充分的体现。教师要注重引导学生主动利用已有经验，积极参与各种地理教学活动，通过思考、探索、讨论和协商，不断对地理知识进行加工和转化，实现知识经验的能动建构，从而提高地理教学的质量和效率，培养学生的地理素养和综合能力。

二、建构主义学习理论视角下以学生为中心的教学设计

（一）学生是教学设计的中心

建构主义学习理论认为知识是学生主动建构的，因此在应用建构主义学习理论进行教学设计时, 必须体现学生的主体地位。教学设计的一切准备都是为了学生的意义建构。在活动教学中，教师引导学生自主思考、探索，通过师生和生生之间思想的碰撞，或实践新知识以加深对新知识的理解或得出结论、解决问题。在此过程中学生也是学习的主体, 这一点与建构主义学习理论的观点相同。

（二）活动过程是学生经验的主动建构过程

活动的过程是学生与周围环境相互作用, 获得经验的过程。通过活动搭建学生主动建构知识的桥梁, 这在形式上保证了学生的主体性。因为只有在活动中学生才能按照自己的意愿自由地进行探索、体验活动。在活动中学生可以了解知识获得的过程、体验知识的生成过程, 从而主动地建构自己的知识结构。同时，在对外界环境的探索过程中既把外界的东西转化为自己的内部经验，又把自己的内部东西转化为外部行为，影响周围的人和事，发展自己的能力。活动在形式上保证了学生主体的参与性, 为学生的创造性发挥提供了可能。

（三）活动的过程是协作与对话的过程

协作学习是建构主义学习理论指导下教学方法的重要环节, 也是活动过程中采用的主要形式。活动过程中除了物质操作活动之间的协作, 还存在着主体交往活动之间的协作。学生在教师的组织和引导下一起讨论和交流，共同建立学习共同体并成为其中一员。通过师生和生生之间的交往，学生形成与人交往的积极态度，摆脱自我中心意识的倾向，学会倾听他人的观点，协调与自己不同的观点。这种师生和生生之间的多向交往对于学生的意义建构具有重要意义。

三、地理实践力教学中运用建构主义学习理论的优势

在建构主义学习理论指导下的活动教学中，经验得以在活动中建构，而活动也成为解决知识建构的重要途径。在教师的悉心指导下，学生通过亲身参与各种操作实践活动和与人交往活动，不断获取新经验，并对原有的经验进行重组，最终实现学生的主体发展。从地理学科的特性来看，在地理实践力教学中运用建构主义学习理论更是

具有独特的优势。

（一）丰富生活经验，助力地理知识建构

地理知识来源于生活，如人口问题、资源问题、环境问题、交通问题等。在地理实践力教学中，学生在学习这些内容之前通常都具有一定的经验背景，这极大地拉近了学生与地理知识的距离。大量的生活知识经验作为地理学习的坚实背景，为学生建构新知识提供了有力的支撑。同时，许多地理问题本身并没有固定的答案，学生可以从不同的角度去创建、去赋予其不同的意义。例如，在探讨城市交通拥堵问题时，学生可以结合自己日常的出行体验，提出多种解决方案，如发展公共交通、推广绿色出行、优化交通管理等。通过这种方式，学生在已有经验的基础上，积极主动地建构新的地理知识，提高了地理实践力。

（二）活动内容真实，促进教学情境创设

地理活动内容通常具有真实性任务，这非常有利于地理实践力教学情境的创设。地理活动内容丰富多样，地理知识与生活联系紧密，使地理活动情境的创设变得更加简单易行。例如，水资源污染问题、水土流失问题等都是情境教学的绝佳内容。在地理实践力教学中，教师可以通过引导学生实地考察水资源污染情况或水土流失区域，让学生亲身感受地理问题的现实性和紧迫性。学生在真实的情境中，能够更好地理解地理知识，提高解决实际问题的能力。同时，真实的教学情境也能够激发学生的学习兴趣和积极性，使他们更加主动地参与地理实践活动。

（三）知识特性推动合作学习开展

地理知识具有社会性和应用特性，这为合作学习在地理实践力教学中的开展提供了便利。地理学习涉及广泛的背景知识，任务紧密联系生活，解决问题的措施也多种多样，这些因素都会激发学生学习的积极主动性和教师组织协作式教学的有效性。在地理实践力教学中，学生可以通过小组合作的方式，共同完成地理调查、研究等任务。例如，在研究当地的生态环境问题时，学生可以分工合作，分别负责资料收集、实地考察、数据分析等工作。通过合作学习，学生不仅可以提高自己的地理实践能力，还可以培养团队合作精神和沟通交流能力。

地理学科特征决定了建构主义学习理论在地理实践力教学领域将大有作为。在地理实践力教学中运用建构主义学习理论，能够充分发挥学生的主体作用，丰富学生的生活经验，创设真实的教学情境，推动合作学习的开展，从而提高学生的地理实践力

和综合素质，为培养适应社会发展需求的创新型人才奠定坚实的基础。

四、建构主义学习理论指导下地理活动教学的特点

建构主义学习理论指导下的地理活动教学不同于传统的地理活动教学，它通过活动来实现知识经验的增长。在此过程中，学习者以原有的知识经验为基础，通过自身的活动进行物质操作或与外界进行交往活动，从中获得有关客体的直观信息，同时在头脑中不断进行分析、综合、反思与评价等，形成理性的推理，从而建构起关于客体及其活动的知识经验。

（一）建构主义学习理论指导下的地理活动教学在进行活动设计时有特殊要求

1.要确定活动的主题，创设活动的情境，激发学生的学习兴趣

建构主义学习理论对学习任务的复杂性和学习者的认知水平有一定的要求，并不是所有的内容都可以在建构主义学习理论的指导下进行教学。因此要善于分析学习内容，确定符合建构主义学习理论要求的地理活动内容，然后设计适合学生能力与认知水平的学习问题，并在教学目标的基础上，创设真实的活动情境，激发学生学习的兴趣。创设情境时可以借鉴支架式、抛锚式教学情境创设的方法。

2.创造有利于协作和对话的学习环境

建立一个师生和生生之间平等的合作和交流氛围是学生在活动中完成意义建构的基础。教师要改变传统的师生观和教学观，淡化权威意识。除此之外，教师要分析学习任务，为学生提供完成学习任务需要的学习资源和必要的认知工具，帮助学生深入地开展活动。

3.帮助和引导学生进行意义建构

在设计活动时，教师要对学生进行管理和帮助设计，帮助学生搭建脚手架，既教师在创设的情境下，提供新旧知识间联系的线索，引导学生将新知识与原有的经验相联系，并且进行思考，再在师生和生生讨论、交流的基础上将思考逐步引向深入。在设计活动时可以借鉴建构主义学习理论指导下的学习方法，但是不能照搬照抄，要根据具体的活动作出修改。

（二）建构主义学习理论指导下的地理活动教学的过程具有不同的特性

1.活动的方向不同

传统的活动教学是教师自导自演的以教师为中心的单向性活动，学生被动地接受

活动，按照教师设定的步骤进行，配合教师的活动。建构主义学习理论指导下的地理活动教学则以学生为活动的主体，教师所做的准备是为了学生能够主动活动，学生在活动中有主动权和自由权。教师与学生之间、学生与学生之间存在多向的交流与互动。

2.活动的形式不同

在传统的活动教学中，活动过程仍然是师问生答的形式，是表面的形式主义活动，主要表现在两个方面：一是教师设计的问题缺乏层次性或深入活动的意义，学生的自主、合作、探究等没有深入开展，表面上的热闹掩盖了活动的低层次、低水平；二是教师设计的活动或过于简单或学生不感兴趣或活动已超出学生实际水平，不能达到预期的效果。建构主义学习理论指导下的活动教学则是以学生的知识和能力水平为起点，在分析教学内容和学生特点的基础上，教师引导和帮助学生自主操作或与外界交往，学习者在积极主动地操作、探索、加工和体验的活动过程中经历知识的生成过程，实现和完成对知识的意义建构，最终获得能力，生成情感。

3.活动的内容不同

在传统的活动教学中，为了体现新课程理念，不考虑教学效果，频繁使用形式单一、简单的活动进行教学，造成活动内容的泛滥，致使学生失去活动的兴趣。建构主义学习理论指导下的活动教学对活动内容的复杂性有一定的要求，将单一的、简单的活动排除在外，避免了学生因为活动太简单而失去活动兴趣。由于对活动内容和活动方式的精心选择，活动能更深入地开展。

（三）建构主义学习理论指导下的地理活动教学的评价方式多样

传统的活动教学在评价时比较注重对活动结果的评价，忽视了学生在活动中的表现，因而评价方式比较单一，对学生的评价不全面。建构主义学习理论指导下的活动教学在评价时更加注重对过程的评价，在进行评价时既关注学生的学习结果，也关注学生在学习过程中的变化与发展，关注学生情感、态度和价值观的变化，采取的是多种评价手段、评价方式相结合的方法。首先是教师对学生的评价，包括学生学习内容的掌握情况、活动过程中的表现和学习的效果。其次是生生之间的评价，教师将评价的主动权交给学生，学生的注意力由注重结果发展为过程与结果相结合，不仅培养了学生思维的批判性，而且培养了学生的创新意识，学生在评价同伴的同时也是自我反思的过程。

第三节　建构主义学习理论在地理实践力教学中的应用

一、精选活动内容，灵活开展地理实践力教学

地理学主要研究地理环境及人类活动与地理环境的相互关系，旨在协调人口、资源、环境和发展之间的关系，其学科特性决定了在地理实践力教学中有许多内容都可以采用活动教学的方式。同时，由于教育基础设施、教育背景、经济基础及教师能力的不同，在运用建构主义学习理论指导地理实践力教学活动教学设计时又有不同的要求。

首先，教师要善于在地理实践力教学中发现教材中适合活动教学的内容。在内容选择方面，教材内容与社会紧密联系，增加了图像活动内容和问题探究的内容，理论联系实际的教学内容也明显增多。在内容呈现方式方面，有文字叙述、图像和活动。教材中内容的选择和呈现方式为地理实践力教学提供了丰富的素材。在地理实践力教学中，教师可以引导学生通过对这些活动内容的参与，深入理解地理知识与实际生活的紧密联系，提高学生的地理实践能力。

其次，教师要结合实际，对地理实践力教学的活动内容作出精心的选择。由于时间的限制和对活动利用效率、学生参与度的考虑，教师需要对活动进行大胆取舍和加工，避免单一、简单活动的重复，保证活动的质量。譬如，在“水资源的合理利用”一节的地理实践力教学中，虽然教材安排了许多活动内容，但是学生需要收集和整理资料后才能撰写短文，所以有兴趣的学生可以在课后进行该活动。问题思考式的活动过于简单、重复，会降低学生的兴趣。基于以上思考，在处理本节活动时，可以将活动进行一下综合处理，以某地为例对水资源进行合理利用规划，其中涉及水资源的利用现状、存在的问题和解决方法。这既借鉴了教材中的案例，又可以将思考题目融合在活动中，从而提高学生在地理实践力教学中的参与度和学习效率。

再次，要根据活动内容，选择合适的活动方式。不同的活动内容，需要采取不同的活动方式或活动方式的组合。因此，在确定地理实践力教学的活动内容之后，要根据活动的类型选择不同的活动方式或活动方式的组合。譬如，在“地球的运动”一节的地理实践力教学中，内容比较抽象，仅凭学生的空间想象难以理解和运用本节的知识，故教师可以设计演示操作类活动。通过实际的演示和制作，将抽象的难以触摸的

知识具体化，既突破了教学难点，又激发了学生的学习兴趣。就具体的活动方式而言，则常选择回答问题、讨论和动手制作等。在地理实践力教学中，通过多样化的活动方式，可让学生积极主动地参与地理学习，提高学生的地理实践能力和综合素养。

最后，要根据活动类型，选择协作方式。在地理实践力教学的活动中经常采用小组合作的学习方式，由于活动内容和活动方式的不同，在具体的地理活动中这种协作形式又有不同的表现形式。在技能操作类地理活动中，成员之间分工合作完成操作、观察和记录等任务，故成员之间围成圆形或方形，便于操作和观察记录。在情感体验类活动中，若采用辩论赛的形式，由于学生之间扮演不同的角色，协作的表现形式要根据角色的不同分配不同的区域。在地理实践力教学中，通过合理的协作方式，可培养学生的团队合作精神和沟通交流能力，提高学生的地理实践能力和综合素质。

在地理实践力教学中，精选活动内容和灵活运用活动方式是非常重要的，教师要善于发现教材中的活动素材，结合实际精心选择活动内容，根据活动内容选择合适的活动方式和协作方式，从而提高地理实践力教学的质量和效率，培养学生的地理实践能力和综合素养，为学生的未来发展奠定坚实的基础。

二、创设生活情境，激发地理实践力学习兴趣

首先，围绕活动目标创设情境。创设情境的目的是促进学习者自主学习，最终完成意义建构。因此，在地理实践力教学中，情境必须围绕活动主题进行创设。即在分析教学目标的基础上，选出当前所学知识中的基本概念、基本原理、基本方法和基本过程作为当前活动的主题，再围绕这个主题创设情境。例如，在设计“水资源的合理利用”的地理实践力活动中，活动的目的是以问题探究为载体，以小组为单位，培养学生收集、整理和分析资料的能力，让学生掌握解决地理问题的基本方法；增强对水资源的忧患意识，树立科学的水资源观，养成节约用水的习惯。为此，创设的情境可以是让学生感受到水资源的利用存在问题，激起学生想要找出问题、解决问题的欲望，从而引导学生进入水资源合理利用的主题。通过这样的情境创设，学生在地理实践力学习中能够更加明确活动目标，积极主动地参与学习过程。

其次，活动任务与真实学习情境相融合。设计学习情境是为了还原教材中知识的背景，恢复其原来的主动性和丰富性。在地理实践力教学中，不同的活动可以创设不同的活动情境，而同一个活动在不同的情境下又具有不同的表现。但无论创设什么样

的活动情景，学习任务与真实学习情境必须相融合，不能处于分离或勉强合成状态。在实际操作过程中，要根据学生的认知水平、教师掌握的资料及已有的教学环境等选择最好的方式。例如，在设计“水资源的保护”的地理实践力活动时，可以播放某河污染的视频，使学生进入水污染的真实环境，触动学生的情感，引起学生情感的共鸣。在没有播放媒体的情况下，也可以使用漫画，通过展示漫画，让学生思考漫画的寓意，引发学生的探究，使学生进入“水污染”的活动主题。通过将活动任务与真实学习情境相融合，学生在地理实践力学习中能够更加深入地理解知识，提高学习效率。

最后，情境贯穿整个活动过程。学生是在教师创设的情境下进行物质操作或交往活动的，也是在这种情境下完成意义建构的。因此，在地理实践力教学中，活动的整个过程不能脱离开始创设的情境。为了达到活动的效果，在问题一步一步深入，到达主题的核心过程中，都应该设计一个过渡性的学习情境。这个情境可以是一个问题或一段文字、一段音乐，但一定是在大学习背景之下的。例如，在进行地理实践力活动时，可以在活动的不同阶段提出一些引导性的问题，让学生在思考问题的过程中不断深入理解主题；可以在活动中插入一些与主题相关的文字资料，帮助学生拓宽视野；还可以播放一段与主题相关的音乐，营造出特定的氛围，激发学生的情感体验。通过将情境贯穿整个活动过程，学生在地理实践力学习中能够保持较高的学习兴趣和积极性，更好地完成意义建构。

三、激活已有经验，助力地理实践力提升

地理知识内容涵盖广泛，看似不相关的事物之间往往有着紧密的联系，且某个地理现象通常由多种因素构成。正如“影响学习的唯一重要的因素，就是学习者已经知道了什么。要探明这一点，并应据此进行教学”。在进行地理实践力相关的活动教学设计时，教师必须从学生的实际情况出发，以促使每一位学生在原有基础上获得全面的发展，进而提升地理实践力。

首先，教师要充分了解学生在知识技能、认知能力和情感方面的实际状况。在地理实践力教学中，教师需了解学生的特征，根据教学内容的需要，在学生已有知识和能力的基础上，提出活动目的、目标、方法和要求等。也就是说，教师要明确活动是在学生哪些已有的知识和能力基础上进行的，进而确定地理实践力培养的起点水平。总之，学习任务要符合学生的特征，不能超越学生知识能力太多，以免影响学生在地

理实践力培养过程中的积极性和自信心。

其次，了解学生之间在地理实践力达标方面的差异。学生的起点不同，通过活动达到的目标也会存在差异。在地理实践力活动的设计中，要充分考虑学生的达标差异，根据学生现有水平，设计应有的预期目标。在学生现有水平和应有的预期目标之间，要预留一定的教学操作空间。这样的设计既能满足学生参与活动的乐趣，又能让学生在活动中有发展的余地，从而逐步提升地理实践力。

再次，设计逼近目标的活动阶梯，以促进地理实践力的深入培养。地理事物空间关系复杂，许多地理事物与现象之间不能被直接感知。为了对活动主题进行深入探究，在确定了学习任务后，教师要预测完成该学习任务可能面临的困惑，分析完成学习任务需要的铺垫。然后，设计过渡性的语言或活动逼近目标，使活动逐步推进，对问题的研究逐渐深入，进而提升学生的地理实践力。例如，在涉及地理实践力培养的“水污染”活动中，学生已经从不同的途径了解了人类赖以生存和发展的水环境的特点，并且知道了世界和我国水资源的状况，对水资源和人类社会的关系有了一定的认识，内心深处也有了一定的情感体验。此活动就是让学生在这些已有知识的基础上，探究水污染的原因，明确保护水资源的重要性，提出合理利用水资源的措施，以提升学生的地理实践力。由于学生对所学知识的理解不同，在设计活动目标时可分为三个层次：能够知道从哪些方面探究水污染的原因；在原因的基础上提出合理用水的策略；通过对水资源的探究，能够举一反三，认识自然资源对人类活动的影响，科学地看待资源的数量和质量。就活动的梯级而言，可以按照“水污染的现状—水污染的原因—水资源合理利用措施—资源的可持续利用”的顺序推进，逐步提升学生的地理实践力。

最后，活动过程中教师要提供及时的管理与帮助，以确保地理实践力培养的顺利进行。建构主义学习理论指导下的学习过程是一种发散式的思维创造过程，不同的学生采取的学习方式不同，建构的知识经验就不同，在学习中遇到的困难也不同。因此，教师要针对不同的情况及时反馈。在学习过程中面对丰富的信息资源，学生容易出现学习行为与学习目标相偏离的情况，故教师要设置控制点，规范学生的学习。在地理实践力培养的活动过程中，教师的引导作用至关重要。在活动开始时，教师要借助一些辅助手段发挥引导作用，启发学生思考，引导其顺利进入学习状态。在活动的过程中，教师也要对学生进行实时的指导，以使活动目的顺利达成。同时，教师在地理教学过程中，要有一种强烈的问题意识，善于挖掘地理教材的内容，提出能够引起学生思考的问题。这要求教师基于本学科的特点，广泛阅读自然和人文方面的书籍，加大知识储备，开阔视野，增强人文和自然方面的修养，从而更好地引导学生提升地理实践力。

四、设计开放过程，实现师生平等对话

建构主义学习理论注重情境创设，其目的在于让学生在中学地理实践中主动思考与学习，核心是以学生为主体构建积极主动的学习环境。在中学地理实践力培养中，建构主义学习理论指导下的教学设计是一种互动的协商和会话过程，在此过程中，学生与教师地位平等，师生双方相互交流、相互沟通、相互启发，分享彼此的思考、经验和知识，交流彼此的情感、体验和观念。所以，基于建构主义学习理论的中学地理活动教学应是以学生为主体的开放学习过程，在这种开放的学习过程中营造无拘无束的氛围，能更好地激发学生参与中学地理实践活动的积极性，真正实现师生在地理实践力培养中的平等对话。

首先，为学生提供中学地理实践活动所需的学习资源。在中学地理课堂活动中，开放的学习过程对学生的中学地理实践力意义建构有促进作用。为维持这一过程的开放性，需为学生提供活动所需的学习资源。因为学生在中学地理实践力培养中是基于大量信息进行意义建构的，所以他们需要知晓与活动主题相关的详细信息。教师在设计中学地理实践活动时，必须充分考虑学生解决问题所需查阅的信息及需储备的知识，并将这些以学习资源的形式提供给学生。为了让学生能从大量信息中筛选出有用的信息，教师可在资源库中提供搜索引擎的方法。在课堂环境允许的情况下，教师还可提供认知工具，助力学生获取和处理信息。例如，在设计以某市或某地区为例的“水污染”中学地理实践活动时，教师提供的学习资料应涵盖水资源的时间和空间分布、近几年人口的变化、生活废水与工业污水的排放量、农田化肥与农药的使用情况及国家有关水资源的政策等内容。这些丰富的学习资源能为学生在中学地理实践力培养中进行水污染相关的探究提供有力的信息支撑。

其次，建立平等和谐的中学地理实践力培养对话关系。第一，教师要树立师生平等的观念、构建师生学习共同体的教学思想。“思想是行动的指南”，这是教师改进教学、提升中学地理实践力培养水平的关键环节，也是建立新型师生关系的前提。在中学地理实践力培养过程中，如果教师始终以权威者自居，学生的积极性和主动性就

难以充分发挥。第二，教师要避免使用体现教师权威的语言，应让语言亲切且富有鼓励性，态度平等、民主。教师应经常使用“我认为”“让我们共同”这类语言，不过于奖励顺从行为，也不过于斥责与常规不符的行为，准许学生与教师和教材争鸣。比如，在地理实践活动讨论中，当学生提出与传统观点不同的看法时，教师不应直接否定，而是引导学生进一步探究。第三，教师要突破压抑学生的课堂纪律。中学地理实践活动是为了让学生表达自己的观点、实践自己的想法而设计的。如果学生有了想法却不能及时表达，那么这种教学与传统的授受教学无异，不利于中学地理实践力的培养。第四，教师在中学地理教育教学工作中要具备耐心和细心。教与学是个复杂的开放系统，为了摸清学生在地理实践力方面的基本情况，教师需要具备一丝不苟、严谨治学的精神。譬如，在“水污染”活动中，教师在提出问题、学生开始活动后，走下讲台倾听学生的讨论，并加入其中，这是开放的活动过程的体现，也是师生在中学地理实践力培养中平等对话的体现。如果教师只是以旁观者的身份出现在课堂讨论中，或者只是为了迎合课改要求、满足于学生讨论的形式而忽略了师生平等对话的意识，那么活动就会流于形式，中学地理实践力的培养效果也将大打折扣。

五、提供学习指导，提升知识的意义建构

在中学地理实践力的培养过程中，依据建构主义学习理论，学习者需要具备一定的认知技能与自我调控能力。为了达成活动中学生自主建构知识的效果，明确学生已有的知识和能力水平至关重要，并且应在此基础上为学生提供细致的学习指导。

首先，设计的中学地理实践力相关活动必须具备可操作性。这意味着在活动中出现的概念和问题需要详细表述，这样可以减少学生参与活动的障碍。例如，在进行关于地质地貌的考察活动时，对于一些专业的地质术语和地貌概念，教师要在活动开始前详细解释，让学生清楚明白。同时，清晰地阐述活动的操作方法或者探究过程，降低活动中的随意性，使活动朝着有利于知识意义建构的方向发展。比如，在进行气象观测活动时，教师要详细说明如何使用气象观测仪器、如何记录数据及如何对数据进行初步分析等步骤，让学生能够有条不紊地进行实践操作。其次，在学生已有的基础上搭建脚手架，为学生进一步学习提供有力的支撑。学生无法在孤立的环境中构建知识经验，他们需要在教师提供的支持下理解或解决问题，这种支持就是支架。在中学地理实践力活动开始之前，教师可以以图片、动画或者文字叙述等多种形式，向学生

呈现参与活动需要掌握的地理概念和原理，做好活动前的充分准备。

以问题解决类的中学地理实践力活动——“水资源的合理利用”为例，这一活动可以分为以下几个子任务。首先，让学生收集整理资料，了解某地水资源的利用现状。在这个过程中，教师可以提供一些查找资料的途径和方法。比如，推荐相关的地理书籍、专业的水资源网站等，让学生能够高效地收集到有用的信息。其次，学生分析资料，找出该地水资源利用存在的问题并分析问题产生的原因。在此阶段，教师可以引导学生从自然因素和人为因素等多个角度进行分析，并且提供一些类似地区水资源问题分析的案例作为参考，帮助学生掌握分析问题的方法。再次，学生进行讨论交流，提出水资源合理利用的措施。教师可以组织小组讨论，让学生在交流中互相启发，并且适时地提供一些现代水资源管理的新技术和新理念，拓宽学生的思维。最后是迁移运用阶段，让学生认识到自然资源可持续利用的重要性。在这个过程中，教师可以引导学生将水资源的合理利用推广到其他自然资源领域，培养学生的综合思维能力。

在学生进行每一个子任务时，教师要详细提供完成该任务需要的资料和子任务的具体操作过程。通过教师一步一步的指引，学生能够习得分析资料发现问题的地理技能及整理运用资料解决问题的地理技能，这些技能的培养对于提升学生的中学地理实践力具有关键意义。通过精心设计可操作的活动及搭建有效的学习支架，能够为学生的知识意义建构提供有力的保障，让学生在实践中不断提升自己的地理素养和实践能力。

六、评价方式多样，注重地理过程评价

在中学地理实践力的培养过程中，基于建构主义学习理论，学生知识的意义建构是整个学习过程的核心目标。学生已有的知识经验存在差异，其主动建构的方式与方向各不相同，这导致学生在中学地理实践力活动中建构知识的数量与质量也有所不同。因此，在对学生进行中学地理实践力相关评价时，重点不应放在学生是否给出了完美答案，而应关注在整个活动过程中学生是否参与了这个领域，参与后其思维模式发生了哪些转变，掌握了哪些与中学地理实践力相关的知识及提高了哪些地理实践方面的能力。这就要求评价体系多元化，既包括学生对自己在中学地理实践力活动中的表现进行的自评，也涵盖学习小组对个人在活动中表现的评价，同时还有教师通过观察学生在中学地理实践力活动中的表现给出的评价，以及对小组活动的整个过程及最

终结果给出的总体评价。

例如，在问题解决类的中学地理实践力活动——“水污染的治理”中，学生对自己在活动中的表现、参与的程度等方面进行自评。因为活动过程能够直接反映出学生的学习效果，所以教师需要随时观察并详细记录学生在中学地理实践力活动中的表现。同时，对学生学习的结果，也就是提出的水资源合理利用方案的可行性进行评价。在整个中学地理实践力活动过程中，最为关键的还是学生是否具备了运用所学的地理知识解决现实世界中水污染治理问题的能力。

另外，教师要持续加强理论学习，不断更新自己的教学观念。在传统的活动教学中，有时候虽然表面上学生参与积极性高、气氛热烈，但实际上活动往往流于形式。这种走过场式的活动教学已经无法适应新的课程改革要求。中学地理教师应积极学习新的学习理论，充分运用现代信息技术，并结合教学实际情况来设计中学地理实践力相关的活动教学。在实际的活动教学中，有时学习效果并不理想，其中一个很重要的原因就是活动设计缺乏理论指导，其看似设计完美，实则根基不牢。一个好的中学地理实践力活动设计需要坚实的理论作为支撑。在运用建构主义学习理论时，教师不仅要对该理论了如指掌，而且要将其与活动教学理论紧密结合，做到恰到好处地运用。

比如，在中学地理实践力活动中，教师可以引导学生通过实地考察当地的水污染情况，让学生运用所学的地理知识分析污染源、污染途径等。在这个过程中，教师可以观察学生对地理知识的运用能力、分析问题的思维能力及小组合作能力等。学生在自评时，可以回顾自己在考察过程中观察是否细致、是否积极参与讨论等。小组评价可以针对成员在数据收集、分工协作等方面的表现进行评估。教师根据学生在实地考察中的表现，如对地理概念的理解是否准确、能否将理论知识与实际情况相结合等给出评价。同时，对小组最终形成的水污染治理方案的科学性和可行性进行综合评估。

通过这种多样化的评价方式及对地理过程的评价，能够更全面、更准确地衡量学生在中学地理实践力方面的发展水平，为进一步提高中学地理教学质量提供有力的保障。

第四节　建构主义学习理论与地理实践力融合时的注意事项

在将建构主义学习理论与地理实践力融合的过程中，需要关注情境创设的合理性、学生主体地位的保障、教师的引导作用、学习资源的选择与运用、评价方式的科学性及安全问题等多个方面。只有在这些方面都做到位，才能真正实现教学效果的优化，培养出具有较高地理实践力和综合素质的学生。

一、情境创设要确保合理性

情境创设是地理教学中的重要环节，对于激发学生的学习兴趣和促进知识建构具有重要意义。然而，在创设情境时，必须确保其合理性，以充分发挥其在教学中的积极作用。

情境应紧密围绕地理教学目标和实践任务，避免过于宽泛或偏离主题。地理教学目标明确了学生在特定知识和技能方面的学习要求，而实践任务则是将理论知识应用于实际情境的具体操作。例如，在进行“地形对气候的影响”的教学时，创设的情境应着重体现不同地形条件下气候要素（如气温、降水、风速等）的差异。若情境过多涉及与主题无关的内容，如当地的民俗文化、历史背景等，就会分散学生的注意力，使他们难以聚焦于核心地理知识的学习。

情境要具有真实性和可操作性，能够让学生切实感受到地理现象和问题。真实的情境能够增强学生的学习体验，使其更容易理解和应用所学知识。比如，在讲解“河流地貌”时，可以创设关于某条河流在不同地段的地貌特征及形成原因的情境，让学生通过实地观察或相关资料的分析来探究。相反，若创设一个在现实中难以实现或根本不存在的地理情境，如在没有水源的地方假设出现了大规模的瀑布，这不仅不符合地理规律，还会让学生对地理知识产生错误的认知。

为了确保情境创设的合理性，教师需要深入研究教材和教学目标，充分了解学生的知识水平和生活经验，同时结合当地的地理环境和社会实际，精心设计出既符合教学要求又能激发学生兴趣的情境。

二、学生主体地位要得到保障

在建构主义学习理论中，学生是知识的主动建构者，而非被动接受者。因此，在地理实践力的培养过程中，保障学生的主体地位至关重要。教师要给予学生足够的自主探究和合作交流的时间与空间，不能过度干预或主导学生的思考和实践过程。例如，在地理实地考察中，应让学生自主选择观测点、制订观测方案。这样可以充分发挥学生的主观能动性，培养他们独立思考和解决问题的能力。如果教师过度干预，如直接指定观测点和观测方法，学生就会失去自主探索的机会，难以真正理解和掌握地理实践的方法和技能。

鼓励学生提出自己的观点和想法，即使其存在错误或不完善之处，也要通过引导和讨论来帮助他们修正，而不是直接否定。每个学生都有自己独特的思维方式和认知水平，他们提出的观点和想法可能不够成熟或准确，但这正是他们学习和成长的契机。比如，在讨论“城市的区位因素”时，有的学生可能会认为交通是最重要的因素，而忽略了其他因素的综合影响。教师不应直接否定学生的观点，而应引导学生从多个角度进行思考，通过与其他同学的讨论和交流，逐步完善自己的认识。

保障学生的主体地位需要教师转变教学观念，从传统的“以教为主”转变为“以学为主”，充分信任学生的能力，为他们创造一个宽松、自由的学习环境。

三、要充分发挥教师的引导作用

在学生自主学习和实践的过程中，教师的引导作用不可或缺。虽然要保障学生的主体地位，但这并不意味着教师可以完全放手不管。教师要适时提供必要的指导和帮助，避免学生陷入迷惘或走入误区。比如，当学生在绘制地图时遇到比例尺选择的困惑，教师应及时给予提示，帮助学生理解比例尺的概念和作用及如何根据实际需求选择合适的比例尺。如果教师未能及时给予指导，学生可能会因为困惑而失去学习的兴趣和信心。

教师要善于发现学生在建构知识和实践操作中的共性问题，进行有针对性的讲解和示范。共性问题往往反映了学生在某个知识点或技能上的普遍薄弱环节，通过有针对性地讲解和示范，可以帮助学生快速突破难点，提高学习效率。例如，在进行地理实验时，很多学生可能会在实验步骤的规范性和数据处理的准确性方面存在问题，教师可以集中进行讲解和示范，让学生明确正确的操作方法和数据分析思路。

教师的引导要恰到好处，既不能过多干预，又不能缺失，要根据学生的实际情况和学习需求，灵活调整引导的方式和程度。

四、要注重学习资源的选择与运用

丰富多样且准确权威的学习资源对于学生的学习和知识建构具有重要的支持作用。在将建构主义学习理论与地理实践力融合的过程中，需要重视学习资源的选择与运用。所提供的学习资源应具有多样性和针对性，满足不同层次学生的需求。比如，除了教材和常规参考资料，还可以提供地理纪录片、学术论文、地理科普读物等。对于基础较弱的学生，可以提供一些直观易懂、基础性较强的资源，帮助他们打好基础；对于学有余力的学生，可以提供一些具有一定深度和挑战性的资源，激发他们的探究欲望。

要确保学习资源的准确性和权威性，避免使用错误或过时的信息误导学生。地理学科的知识更新较快，一些旧的观点和数据可能已经被新的研究成果取代。例如，在讲解全球气候变化时，要使用最新的科研数据和权威的研究报告，让学生了解最准确的信息。在选择和运用学习资源时，教师要对资源进行认真筛选和整合，根据教学目标和学生的实际情况进行合理的推荐和指导，帮助学生有效地利用资源进行学习和探究。

五、评价方式要注重科学性

科学合理的评价方式对于促进学生的学习和发展具有重要的导向作用。在建构主义学习理论与地理实践力融合的教学中，评价方式应注重科学性。评价要注重过程性，不仅关注学生的最终成果，还要考量他们在实践过程中的参与度、努力程度和进步情况。例如，在地理实践活动中，学生的团队合作能力、问题解决能力、创新思维等在过程中的表现都应纳入评价范畴。如果只关注最终成果，可能会导致学生只注重结果而忽视过程中的学习和成长。

采用多元化的评价方式，包括教师评价、学生自评、互评等，全面、客观地反映学生的地理实践力水平。教师评价可以从专业的角度对学生的学习成果和表现进行评价和指导；学生自评可以让学生对自己的学习过程和成果进行反思和总结，促进自我认识和自我提高；互评则可以让学生从同伴的角度了解自己的优点和不足，培养学生的批判性思维和团队合作精神。例如，在小组实践活动中，除了教师对小组整体表现的评价，还应有小组成员的自评及小组成员之间的相互评价。通过这种多元化的评价方式，可以更全面、客观地了解学生的学习情况，为后续的教学提供参考。

六、采取有效的措施保障安全问题

在开展地理实践活动时，安全问题是重中之重，必须高度重视并采取有效的措施加以保障。要提前做好安全预案，确保学生的人身安全。安全预案应包括活动的组织安排、人员分工、安全措施、应急处理等方面的内容。比如，在野外考察前，要对考察路线进行详细的勘察，了解当地的地形、气候、交通等情况，制订合理的行程计划，并明确每个教师和学生的职责。在野外考察时，告知学生相关的安全注意事项，配备必要的防护装备。例如，告知学生如何避免迷路、如何防范野生动物的伤害、如何应对突发的自然灾害等，并为学生配备安全帽、急救药品、指南针等防护装备。对可能出现的安全风险进行充分评估，并采取相应的预防措施。比如，对于可能出现的恶劣天气、道路塌方等情况，要提前做好预警和应对准备，确保在紧急情况下能够迅速、有效地进行处理，保障学生的生命安全。

第五节　多元智能理论与地理实践力培养

一、国外多元智能理论的研究进展

多元智能理论由美国心理学家霍华德·加德纳提出，他认为人类的智能不是单一的，而是由多种不同的智能组成，包括语言智能、逻辑数学智能、空间智能、身体运动智能、音乐智能、人际智能、内省智能和自然观察智能。

多元智能理论问世已有30余年，因其理论多元文化的本质和对健全人格的重视，世界各地对其理论的研究和教育实践运用一直持续增长。其中作为多元智能理论诞生地的美国，学校工作者和研究人员将多元智能理论贯彻于学生学习风格的研究活动中，根据实验数据和教学经验总结提出“IDEAS”教学模式。此模式由五项环节构成，它们分别是：第一项，课程内容确立和教学目标制定；第二项，结合各项智力特点，给学生提供或创造体验该项智力的学习机会，从而达到预期教学目标；第三项，通过仔细反复的检查，选定适宜实现教学目标的活动载体或教学形式；第四项，对学习风格和学习策略的实践效果进行量化评价；第五项，结合前四项工作完成课堂教学活动程序设计。由琳达·坎贝尔、布鲁斯·坎贝尔和迪伊·迪金森所著的《多元智力教与学的策略》一书，则成为在实践中应用多元智能理论的范本。多元智能理论应用教学实践的成功案例还有：日本横滨舞岗高级中学将情境表演、漫画绘制等活动与英语教学活动整合起来，提高了学生英语成绩；国外许多教育工作者（如坎贝尔的学习中心、阿姆斯特朗的活动中心、拉泽尔的全年课程计划等）根据自己的教学实践纷纷开发了项目学习课程，这些课程对于培养学生的多元智力起到了积极的作用。

从上述内容可见，多元智能理论在国外教育界引起的反响显著，受到广大教师的欢迎。同时，其在教育实践领域取得的研究成果较为成熟，对我国当前中学新课程改革有很大的借鉴、参考价值。

二、国内多元智能理论的研究现状

国内对多元智能理论的了解和实践探索，主要是通过一些学者的译著进行的。比如，从 1990 年兰金仁翻译出版的《智能的结构》一书开始，到沈致隆译的《多元智能》、王成全译的《多元智能教与学的策略》，再到霍力岩等译的《智力的重构：21 世纪的多元智力》《多元智力再思考》等多元智能教与学系列图书及多元智能课题研究组（华东师范大学）的翻译专著。这些译著使国内教育工作者对多元智能理论的内容、研究价值及实践意义等，有了清晰的了解和更深的体会。同时，我国有的学者还开始了关于借鉴多元智能理论的理论研究，其中以林宪生、陈爱苾、梅汝莉、郅庭瑾先后出版的《多元智能理论在教学中的应用》《多元智能理论与问题解决教学》《多元智能与教学策略》《多元智能与课程整合》等专著为代表。

随着我国教育改革的进一步深化和素质教育的广泛实施，越来越多的学者和一线教师开展了大量以多元智能理论为指导的课程方案实践探索。不过，在我国现阶段仍然重知识储备与应试技能训练、轻动手实践培养的学校教育背景下，试图通过借鉴多元智能理论或者创建多元智力课程，来实现课堂教学中的个别化教育显然是不可能的。因此，当前国内学者和一线教师对多元智能理论和实践的研究重点，应集中在如何实现多元智能理论本土化研究领域。

三、多元智能理论在中学地理实践力教学中的应用原则

（一）有效性原则

在深入探究多元智能理论内涵时，我们深知，每个人所拥有的各类智力数量各异，且这些智力会在人生的不同阶段展现、发展，彼此互不冲突。因此，多数人在特定领域能展现天赋，但并非在所有领域都天赋均等。基于此，中学地理教师在运用多元智能理论时，必须全面考量学生的智能结构特点、教学内容、教学难度、课时安排及学情基础等诸多方面。应以发展学生的某一种智能为核心，以培育其他智能潜力为辅助

来确立教学思路，而后精心规划、组织并开展教学过程，最终切实有效地促进学生各方面素质的发展，达成教学目标。例如，在讲授“气候对农业的影响”这一内容时，若学生在逻辑数理智能方面表现出色，教师可重点引导学生剖析气候数据与农业产量之间的关系，同时适度激发其空间智能，让学生绘制不同气候区的农业分布地图，以此增强学生的地理实践力。地理实践力强调学生在地理实践活动中的观察、分析、操作和解决问题的能力，通过这样的教学安排，学生能够亲身体验地理知识在实际中的应用，提高其地理实践力。

（二）适当性原则

随着新一轮课程改革的推进，新的理论观点、研究成果及各类中小学实验教材不断涌现。然而，并不存在一种能普遍适用于所有学科的“最优教育模式”或“最佳课程模式”。同理，虽然多元智能理论在中学地理教学中具有显著优势，但当前我国中学地理课程的设置内容，并非全部都适合将多元智能理论全程融入以实现高效教学。因此，在借鉴多元智能理论指导中学地理教学时，必须基于保障教学效果的实际需要，有选择性地突出与之相契合的多元智能学习中心，切不可盲目地将其全部纳入整个教学流程。否则，不仅会加重学生的学业负担，还会磨灭学生的学习兴趣。

比如，在新课程人教版中学地理教材必修一的“第一单元 宇宙中的地球”中，全章应重点突出的多元智能学习中心分别为视觉——空间智力、逻辑——数理智力及自知自省智力，而动觉智力和音乐智力的涉及相对较少。在这一过程中，教师要注重培养学生的地理实践力，如通过让学生观察天体模型、分析地球运动数据等活动，提升其观察和分析地理现象的能力，增强地理实践力。

（三）灵活性原则

在推进高中新课程的过程中，教学内容与教学时数之间的矛盾较为突出。例如，高中地理（人教版）必修本与传统教材相比，出现了显著变化：一是以图代文，图像成为教材的重要组成部分；二是教材新增了活动、阅读、案例等教学资源；三是教材的设计理念着重强调了对激发学生学习兴趣，注重引导学生积极参与教学过程，以及利用多种资源完成自主学习等能力培养方式的考虑。倘若严格遵循教材内容，并结合新课程标准给高中地理必修一和必修二每周两课时的安排，要顺利完成教学任务难度较大。此外，运用多元智能理论的教学方式，需要教师投入大量时间和精力进行相关准备，有时甚至还要求学生在课后花费一定时间去完成相关任务。

所以，在中学地理教学中应用多元智能理论时，必须在合理分配教学课时的基础上，灵活配置与教学内容相适应的多元智能学习中心或者选取能够提高教学效率的某部分内容的多元智能教学片段。切忌整堂课都为体现运用多元智能进行教学的意愿而采用灌输式教学，忽略学生的感受、教学内容的适宜性及实际教学效果等客观因素。例如，在教授“地理信息技术在区域地理环境研究中的应用”这部分内容时，教师可以根据学生的实际情况和课时安排，灵活选择组织学生进行实地地理信息数据采集或者通过虚拟地理实验来培养学生的地理实践力，而不是一味按照固定的模式进行教学。

（四）师生互促性原则

高中各学科的课程标准中均明确指出，教师是学生学习活动的引导者、合作者及组织者。因此，教师必须精准理解课程标准，深入钻研教材，明确教材中哪些部分应以教师为主导，哪些部分可安排学生课堂自主学习或课后进行研究性学习，哪些部分需由师生共同解决等。之后依据多元智能理论的指导，采用不同的教学形式构建开放式的中学地理课堂。比如，教师可事先有意设计一些存在逻辑漏洞的结论，鼓励学生大胆质疑，进而促使他们发表自己的观点，并在不经意间引导大家相互讨论最终达成共识，以此激发学生的思维，鼓励学生主动参与教学活动，同时促进教师教学智慧的提升；通过教师对某些教材内容的深度加工，引导学生注重将课堂知识延伸至实际生活中，让学生体会到学以致用的成就感，也能对教师拓展教材的能力进行效果评价。

四、多元智能理论下的地理实践力培养策略

多元智能理论认为人类具有多种不同类型的智能，包括空间智能、身体运动智能、语言智能、人际智能、内省智能和自然观察智能等。在地理学科中，运用多元智能理论来培养学生的地理实践力具有重要的意义和价值。

（一）基于空间智能培养地理实践力

空间智能主要包括对空间关系的感知、理解、想象和表达能力。在地理学习中，通过地图阅读、地理模型构建等活动，可以有效地锻炼和发展学生的空间智能，进而增强其地理实践力。

地图作为地理学科的重要工具，承载着丰富的地理信息。地图阅读要求学生能够解读地图上的各种符号、比例尺、图例等要素，理解地理事物在空间中的位置、范围、

形状和相互关系。通过仔细观察地图，学生能够培养对空间分布的敏感度，感知不同地区的地理特征差异。例如，在阅读世界气候类型分布图时，学生可以直观地了解到不同气候类型在全球的分布规律，进而思考气候分布与纬度、海陆位置、地形等因素之间的空间关联。

地理模型构建则是一种更加直观和立体的学习方式。学生通过亲手制作地理模型，如山脉模型、河流地貌模型、地球公转模型等，能够更深入地理解地理事物的空间形态和结构。在构建过程中，学生需要思考如何准确地呈现地理事物的空间比例、形状和位置关系，这对于培养他们的空间想象能力和创造力具有重要意义。

让学生绘制校园或家乡的地图是一种极具实践价值的教学活动。在这一过程中，学生首先需要对校园或家乡的地理事物进行实地观察，包括建筑物、道路、河流、植被等的分布情况。这一观察环节能够促使学生敏锐地捕捉地理事物的空间特征，培养他们的观察力和细节关注能力。随后，学生在将观察到的地理事物转化为地图表达时，需要思考如何运用合适的符号、比例尺和方向来准确地描绘地理事物的位置和范围。这不仅要求学生具备扎实的绘图技能，更需要他们深入理解空间方位和距离的概念，从而能够合理地布局地图内容。

通过这样的地图绘制活动，学生的空间智能得到了充分的锻炼和提升。他们不仅能够更加清晰地感知地理空间的布局和结构，还能够在实践中提高绘图和定位的准确性。这种能力的培养对于学生在地理学习中的实地考察、地理问题的分析和解决等方面都具有重要的支撑作用。

在进行野外实地考察时，具备良好空间智能的学生能够迅速根据周围的地理环境特征判断自己的位置和方向，准确识别地理事物的分布规律，为后续的考察和研究提供有力的保障。空间智能的培养还有助于学生在地理学习中建立起空间思维模式。这种思维模式能够帮助学生从空间的角度去分析和理解地理现象的形成、演变和相互作用机制。例如，在学习板块运动与地震带分布的关系时，学生可以通过空间思维想象板块的运动方向和边界，进而理解地震带在空间上的分布规律。

通过地图阅读、地理模型构建及校园或家乡地图绘制等活动，从空间智能的角度切入，能够为学生地理实践力的提升提供有力的支持和保障。这不仅有助于学生更好地掌握地理知识，更能够培养他们在实际生活中运用地理知识解决空间相关问题的能力，为其未来的学习和发展奠定坚实的基础。

（二）身体运动智能与地理实践力培养的紧密关联

在地理实践力的培育体系中，身体运动智能占据着举足轻重的地位，其重要性不容小觑。身体运动智能，简言之，是指个体运用身体动作来解决问题或表达思想、情感的能力。在地理学科领域，这一智能的充分发挥对于学生地理实践力的提升具有不可替代的作用。

组织学生开展实地考察活动，如对山川地貌、河流走向等的深入探究，是将身体运动智能与地理实践相结合的有效方式。当学生亲身踏入自然环境，去触摸、观察和感受真实的地理景观时，他们所获得的认知和体验是书本知识无法给予的。

山川地貌作为大自然的杰作，蕴含着丰富的地理信息。学生在考察山川地貌的过程中，需要攀爬、徒步，这不仅锻炼了他们的耐力和体力，更要求他们具备良好的平衡感和协调能力。在攀登山峰的过程中，他们需要根据地形的起伏和陡峭程度调整步伐和身体姿态，这种身体的适应性运动有助于增强他们的身体运动智能。同时，面对山川的层峦叠嶂、悬崖峭壁，学生能够直观地理解地壳运动、风化侵蚀等地质作用如何塑造了如今的地貌形态。

河流走向的考察同样意义重大。学生沿着河流溯源而上或顺流而下，可能需要跨越溪流、穿越丛林。在这个过程中，他们需要运用身体的灵活性和敏捷性来克服各种自然障碍。测量河流的宽度、流速，采集水样进行分析等实际操作要求学生具备精准的动作控制和手眼协调能力。通过亲手操作测量工具，观察水流的变化，学生能够更深刻地理解河流的侵蚀、沉积作用及河流与周边地理环境的相互关系。

在实地考察的整个过程中，学生的身体运动能力得到了全方位的锻炼。他们需要运用肌肉力量完成行走、攀爬、搬运等动作，需要凭借身体的协调性和平衡感在复杂的地形中保持稳定和安全。而这种身体运动能力的锻炼并非孤立存在，而是与地理知识的获取和地理实践能力的提升相辅相成。

通过亲身感受地理环境，学生能够摆脱书本知识的抽象性，以更加直观和感性的方式理解地理现象。比如，当他们站在山巅俯瞰连绵的山脉，能够切实感受到山脉的雄伟和起伏；当他们沿着河流追踪其流向，能够亲眼看见河水的奔腾和河道的变化。这种直观的体验能够在学生的脑海中留下深刻的印象，使他们对于地理知识的理解不再局限于文字和图片，而是建立在真实的感受和观察基础之上。进一步来说，身体运动智能的锻炼有助于增强学生的地理实践能力。地理实践能力不仅是对地理知识的掌握，更包括在实际环境中运用知识解决问题、收集数据、分析现象的综合能力。在实地考察中，学生需要制订考察计划、选择合适的路线和方法、记录观察结果，这些都需要他们将所学的地理知识与身体的行动紧密结合。通过多次的实地考察经历，学生能够逐渐积累经验，提高应对各种复杂地理环境和问题的能力，从而使地理实践力得到显著增强。

身体运动智能在地理实践力的培养中不可或缺。组织学生进行实地考察，让他们亲身感受地理环境，进行测量、采样等操作，不仅能够锻炼学生的身体运动能力，更能让他们以更直观的方式理解地理现象，从而有效增强地理实践能力。这为学生未来深入学习地理知识及将地理知识应用于实际生活和工作中奠定了坚实的基础。

（三）语言智能在地理实践活动中的作用

在地理学习的进程中，语言智能的发展具有至关重要的意义，它对于学生清晰准确地表达地理观察和思考的结果发挥着关键作用。语言智能涵盖对语言的理解、运用、组织和表达等多方面的能力，而在地理这一学科领域，它能够助力学生有效地传递和交流地理知识、观点及实践经验。

鼓励学生撰写地理考察报告是培养语言智能和深化地理理解的重要方式之一。当学生参与地理实地考察后，他们通过细致的观察和深入的思考积累了丰富的素材和见解。将这些观察与思考转化为文字，撰写成考察报告的过程，要求学生对所获取的地理信息进行系统的梳理和整合。他们需要运用准确、恰当的地理术语和描述性语言来阐述考察地点的地理位置、地形地貌、气候特征、生态环境等方面的情况。在这个过程中，学生不仅要清晰地描述所观察到的地理现象，还需要分析其形成原因、发展趋势及可能产生的影响。通过不断地组织和优化语言，学生能够提升逻辑思维能力和语言表达的准确性，从而更深入理解地理现象背后的原理和规律。

地理演讲也是发展语言智能和提升地理实践理解的有效途径。学生在准备地理演讲时，需要将自己对某一地理主题的研究和理解进行提炼和概括，并以富有感染力和说服力的方式呈现给听众。这要求他们运用生动、形象的语言来描绘地理景观，讲述地理故事，解释地理原理。通过演讲，学生能够锻炼口头表达能力、肢体语言的运用及与听众的眼神交流和互动能力。同时，为了使演讲更具吸引力和专业性，学生还会主动查阅大量的地理资料，丰富自己的知识储备，从而进一步拓展对地理实践活动的认知和感悟。

地理辩论在培养语言智能和促进地理思考方面也具有独特的价值。在地理辩论中，学生针对具有争议性的地理话题，如资源开发与环境保护的平衡、城市化进程中的利弊等，分成正反两方展开激烈的讨论。在辩论过程中，学生需要迅速组织语言，清晰地阐述自己的观点，同时回应对方的质疑和反驳。这不仅考验他们的语言反应速度和表达能力，还要求他们具备严谨的逻辑思维和深入的地理分析能力。通过辩论，学生能够从不同的角度思考地理问题，拓宽视野，深化对地理实践活动中复杂问题的理解和应对策略的探讨。

通过鼓励学生撰写地理考察报告、进行地理演讲或辩论等活动，能够充分发挥语言智能在地理学习中的作用。这些活动不仅有助于学生提高语言的组织和表达能力，更能促使他们通过语言的媒介，深入思考和总结地理实践活动的经验和成果。在这个过程中，学生能够将地理知识与语言技能有机融合，形成更为系统和全面的地理学科素养，为未来更深入的地理学习和应用奠定坚实的基础。

（四）人际智能在地理实践活动中的培养

在地理学科的教学与实践中，人际智能的培养具有显著的价值和意义，而小组合作的地理实践活动则为其提供了理想的平台。人际智能主要涵盖理解他人、与他人有效互动及在团队中协作的能力，对于学生未来的发展和适应社会具有不可或缺的作用。

通过参与小组合作的地理实践活动，学生有机会共同完成一系列具有挑战性的任务，如地理调查、地理数据的分析等。在地理调查中，小组成员需要共同确定调查的目标区域、设计调查方案、明确各自的职责及协调调查的时间和进度。例如，对某一地区的土地利用变化进行调查时，小组内可能会有成员负责收集历史资料，有成员进行实地勘察和数据采集，还有成员负责整理和分析数据。

在分析地理数据的过程中，小组成员需要充分交流各自的见解和发现。这要求学生不仅要能够清晰地表达自己的观点，还要学会倾听他人的意见。倾听他人意见是人际智能的重要组成部分，它使学生能够从不同的角度看待问题，拓宽思维的广度和深度。当小组成员提出不同的数据分析方法或对结果有不同的解读时，倾听能够帮助大家相互理解、尊重彼此的观点，并在此基础上进行更深入的讨论和研究。分工协作是小组合作中的关键环节。每个学生在小组中都承担着特定的任务，但这些任务又相互关联，共同服务于整体的目标。在分工过程中，学生需要根据自己的兴趣、特长和能力，主动选择或被分配适合的工作。同时，他们还需要了解其他成员的任务，以便在工作中相互配合、相互支持。培养团队合作精神是小组合作地理实践活动的核心目标之一。在面对复杂的地理问题和任务时，团队成员需要相互信任、相互鼓励，共同克服困难。当遇到挫折或意见分歧时，团队合作精神能够促使大家保持积极的态度，共同寻找解决方案，而不是相互指责或放弃。这种精神的培养不仅有助于顺利完成地理实践任务，更能够让学生在未来的学习、工作和生活中，更好地适应团队环境，发挥自己的优势，为团队的发展贡献力量。

通过小组合作的地理实践活动来培养学生的人际智能，能够让学生学会倾听他人意见、分工协作，培养团队合作精神和沟通能力。这对于学生在地理实践中有效地交流和合作至关重要，不仅有助于提升地理实践活动的质量和效果，更能够为学生的未来发展打下坚实的基础，使他们在日益强调团队合作和交流的社会中具备更强的竞争力和适应能力。

（五）内省智能与地理实践力的培养

内省智能是指个体认识、洞察和反省自身的能力。在地理实践中，内省智能能帮助学生自我反思和自我评价。当学生参与地理实践活动时，如实地考察、地理实验、社会调查等，内省智能促使他们在活动结束后冷静思考自己在整个过程中的行为和收获。

应引导学生思考自己在地理实践活动中的优点。例如，有的学生可能在团队合作中表现出较强的沟通能力和协调能力，能够有效地与小组成员交流地理信息、分工合作，共同完成实践任务；有的学生可能在数据分析方面具有优势，能够准确地收集、整理和分析地理数据，得出有价值的结论。通过认识到自己的这些优点，学生可以进一步强化和发挥这些优势，在未来的地理实践活动中更加自信地展现自己的能力。学生也需要反思自己在地理实践活动中的不足。比如，有的学生可能在实地观察时不够细致，遗漏了一些重要的地理现象；有的学生可能在撰写实践报告时逻辑不够清晰，表达不够准确。这些不足的发现，为学生提供了明确的改进方向。在此基础上，学生可以制订改进计划，针对自己的不足之处，设定具体的目标和行动步骤。例如，如果发现自己实地观察不够细致，学生可以在下次实践活动中制订详细的观察计划，明确观察的重点和方法，提高观察的精度和广度；如果在撰写报告方面存在问题，学生可以学习优秀的地理实践报告，借鉴其结构和表达方式，同时多进行写作练习，提高自己的表达能力，逐渐成长为具有较高地理素养的人才。

（六）自然观察智能与地理实践力

自然观察智能是指个体对自然现象的观察、识别和分类的能力。在地理学科中，自然观察智能的培养对于学生深入理解地理环境、开展地理实践活动具有重要意义。

自然观察智能的培养可以通过长期的地理观测活动来达成。例如，观察气候变化对当地植物生长的影响。学生可以选择一个固定的观测地点，定期观察当地植物的生长状况，包括植物的高度、叶片颜色、花朵开放情况等。同时，记录当地的气温、降水、光照等气候数据。通过长期的观测，学生可以发现气候变化与植物生长之间的关系，如气温升高可能导致某些植物提前开花，降水减少可能使植物生长缓慢等。这样的观测活动不仅培养了学生敏锐的观察力，还让学生深刻认识到自然环境的变化对生物的影响，为地理实践活动提供了丰富的素材和深入的思考。再如，记录不同季节河流的水位变化。学生可以选择一条河流，定期测量河流的水位，并记录当时的天气情况、上游来水量等因素。通过对不同季节河流水位变化的观察和分析，学生可以了解河流的水文特征，如汛期、枯水期的时间和特点，河流与气候、地形等因素的关系等。这种长期的观测活动有助于学生掌握地理现象的变化规律，提高他们对自然环境的敏感度。

通过培养自然观察智能，学生可以通过长期的地理观测活动，培养敏锐的观察力和对自然环境的敏感度，为地理实践活动提供丰富的素材和深入的思考，为学生的地理实践力提升和全面发展奠定坚实的基础。在培养自然观察智能的过程中，教师可以给予学生适当的指导和引导。教师可以提供一些观察的方法和技巧，如如何选择观测地点、如何使用测量工具、如何记录观测数据等。同时，教师还可以组织学生进行小组讨论和交流，分享各自的观测成果和体会，激发学生的学习兴趣和积极性。

第三章　中学地理实践力培养的现状分析

在当今全球化的教育背景下，地理实践力的培养成为中学地理教育中至关重要的一环。发达国家在教育理念和实践方面一直处于前沿位置，其对于中学地理实践力培养有着全面且深入的政策支持与严格要求。这些国家在政策层面强调地理实践力对于学生综合素养提升的关键意义，从课程规划上确保地理实践活动的高占比，无论是在理论课程中穿插丰富的实践环节，还是专门设置独立的实践课程模块，都旨在让学生在真实的环境中探索地理奥秘。在资源配置上，政府与学校积极投入，建设专业化的地理实践基地，配备精良的仪器设备，为学生实践提供坚实保障。同时，对教师的专业素养要求也着重于其指导地理实践的能力，通过持续培训强化教师在这方面的技能。在国内，随着教育改革的不断推进与深化，中学地理实践力培养同样获得了高度重视。国家的教育政策将地理实践力纳入地理学科核心素养体系，从顶层设计上为其发展奠定了基础。课程标准的制定明确了实践活动在中学地理教学中的重要地位，教材的编写也积极配合，融入大量生动的实践案例与活动设计，引导教师和学生将目光投向实践领域。教育部门鼓励学校结合当地特色开发校本课程，充分挖掘本地的地理资源优势开展实践教学，这既丰富了教学内容，又增强了地理实践的地域适应性。在教学评价方面，逐渐把学生地理实践能力的表现纳入考量范围，推动教学重点向实践力培养的转移。但总体而言，中学地理实践力培养的实际情况与政策期望之间还存在一定差距，需要我们进一步深入分析现状，探寻更有效的培养路径与改进措施。

第一节　发达国家地理实践力培养的政策支持与要求

一、美国地理实践力培养的政策支持与要求

在地理教育领域，美国一直走在前列，尤其在地理实践力的培养方面，通过一系列政策支持与要求，不断推动其发展与完善。早在 1921 年，美国社会科学会就推出了融合多学科的社会学科，为地理教育的发展奠定了基础。在 1994 年国家地理课程标准颁布之前，多数州已制定了包含地理教学标准的本州社会性课程标准。美国在地理实践力培养方面，通过不断出台和完善相关政策支持与要求，推动了地理教育的发

展，为学生地理实践力的提升提供了有力保障，也为其他国家和地区提供了有益的借鉴。地理实践力作为地理学科的关键能力，其内涵不断丰富和拓展。1994 年，美国国家地理学会出版的《生活化的地理学：国家地理标准》，明确了地理知识、技能和学科观点等核心要素。2012 年出版的《面向生活的地理：美国国家地理课程标准（第二版）》，进一步顺应时代发展，对地理实践力的培养提出了更高要求。

以加利福尼亚州为例，其历史与社会科学课程标准将多学科融合教学，尤其在地理实践力培养方面，注重通过实地考察、地理实验等活动，培育学生的观察、数据收集与分析及解决实际地理问题的能力。自 1985 年加利福尼亚州公立学校历史与社会科学课程计划推出以来，其课程标准和教材大纲不断发展，地理实践力的培育不断强化与完善。比如，增添了地理信息技术的运用、突出跨学科的实践项目等。这些政策支持与要求使学生能够在真实情景中提升地理实践力，更好地理解和运用地理知识。

在政策支持方面，1994 年的国家地理课程标准将地理技能定义为提出、获取、整理和解答地理问题。而 2012 年版课程标准不仅保留了这些技能，还提出了 “实践地理”的概念，强调学生运用地理学的观点、知识和技能积极参与实践。这是政策要求上的重要进步。这种转变要求学生不仅要掌握知识，更要能够将其运用到实际中，培养全面适应现代社会的能力。

同时，美国地理教学大纲中的“知识内容”部分也有明确的政策要求。“空间的世界”旨在培养学生应用地理知识、思维解决问题和作出决策的能力。“分析人、地点和环境的空间环境”旨在让学生具备思维地图和强大的内部认知工具。例如，1994 年课程标准中 “太空中的世界”的“工具和技术” 在 2012 年被“地理空间技术”取代，纳入了“心理地图”“遥感影像”“地理可视化”等内容。这些新增的地理实践工具，极大地提升了地理学科在解决实际问题时的作用，而这离不开政策对地理实践力的支持。

地理实践力的内容也切实落实到了学生的日常生活中。1994 年的课程标准注重通过地理体验获取知识和技能，引导学生从地理角度解答问题。2012 年的课程标准则更进一步，要求学生运用地理技能系统地进行地理调查并构建解决方案，像地理学家一样思考。为阐释实践地理的实施方式，2012 年的课程标准新增了不同年龄段的实践地理小故事作为范本。这些政策要求凸显了培养学生地理实践力的重要性，若学生无法运用所学解决问题，地理学习便失去了意义。

在对地图的要求上，加利福尼亚州的地理课程标准体现了政策的不断完善和提高。1985 年强调定位和基本读图技能，1998 年明确使用地图技能，2005 年要求运用地图调查问题，2016 年新增地图阅读工具。在这一过程中，地理实践力的培养始终贯穿其中，反映了政策对地理实践力培养的持续性关注和支持。

二、英国地理实践力培养的政策支持与要求

在地理教育领域，英国一直致力于通过政策支持与明确要求来强化学生地理实践力的培养。1989 年，英国公立小学推行全国性教学大纲，将课程分为基础课程与核心课程，为地理教育的发展奠定了基础框架。

1991 年出版的英国《国家地理课程》具有重要意义，其明确指出在中小学地理教育中应着重地理技能，将其置于五大教学目标之首，尤其注重对学生地理观察和调研能力的培养，这充分彰显了对地理实践力的高度重视，为地理实践力的培养提供了明确的政策导向。2000 年颁布的《国家地理课程》进一步强化了政策要求，明确要求学生开展野外地理教学，包括正确运用测量仪器和调查表，教导学生利用资讯科技获取其他资料，并借助地理知识处理、呈现和分析地理资料。这些具体而细致的要求，无疑都是为了切实提升学生的地理实践力。

2007 年，英国对《国家地理课程》的第 3 阶段和第 4 阶段进行修改，期望助力学生掌握个人在教育、生活和工作中不可或缺的技能。这些技能的培养与地理实践力紧密相连，体现了政策对地理实践力培养的深度关注和长远规划。2014 年的《国家地理课程》则分为三个部分：区位地理知识、人文自然地理知识、地理技能和实地考察。通过对这一系列课程标准及相关文献的深入研究，我们可以清晰地归纳总结出英国国家课程标准中地理实践力的变迁特点。

一是野外地理实践力技能越发受到重视。英国国家地理课程标准一直高度重视在野外活动中培养学生的地理实践力，野外调查技能在各个标准中的地位日益突出。例如，1991 年的课程标准就要求学生对商场功能、工作环境、河水污染等进行调查，并完成详细的活动报告。2000 年的课程标准规定了学生在实地考察中要恰当使用测量工具和调查问卷，运用信息技术获取和处理信息。2007 年的课程标准在“关键过程”中重点阐释了地理野外技能、图表和交流技能等。2014 年的课程标准更是明确要求学生参与各种丰富的地理实践活动，如调查沿海和冰川自然景观、水和碳循环、

城市环境实习等。此外，野外实习、考察、调查作为英国地理教育的重要组成部分，英国还专门设立了野外实习基地和考察中心。这种政策支持使野外调查形式更加多样，方法不断丰富，工具持续充实，地理实践力的培养得到了充分的关注和强化。

二是地理实践技能、地图技能拓展形式丰富多样。英国国家地理课程标准始终着重强调学生地图能力的培养。早期版本要求学生不仅能运用、分析地图，还得会绘制地图以解决问题。虽然 2007 年和 2014 年的课程标准对地图技能的关注度有所降低，但这并不意味着地图技能不再重要，而是表明其他地理技能要素在不断丰富。例如，2007 年将地理技能划分为五项，2014 年进一步完善地理技能，将其分类细化。从地图技能作为主要地理技能，到如今成为众多地理技能之一，这突出和强化了探究、调查等其他地理实践技能，使地理实践力的内涵和外延得到进一步的拓展和深化。

综上所述，在政策支持方面，英国政府通过不断修订和完善课程标准，为学校和教师提供了明确的教学目标和指导。同时，投入资源建立野外实习基地，为学生提供实践场所和设备。在教育评价方面，将地理实践力的表现纳入学生的综合评估体系，激励学生积极参与地理实践活动。英国在地理实践力培养方面，通过持续的政策支持与明确具体的要求，不断推动地理教育的发展和创新，为培养具有实践能力和创新精神的学生提供了有力保障，也为其他国家的地理教育改革提供了有益的借鉴和参考。

三、日本地理实践力培养的政策支持与要求

日本作为教育改革的先驱，其地理教育政策的演变深刻地体现了对地理实践力培养的重视与支持。在全球化与信息化交织的今天，地理教育不再局限于传统的知识传授，而是更加注重学生地理实践力的培养。自 1984 年日本提出面向 21 世纪的教育改革主张以来，地理教育便成为其教育改革的重要领域之一。1994 年，日本正式启动中小学课程设置和学习指导纲要的改革，标志着地理教育进入了一个全新的发展阶段。随后，一系列政策文件的出台，为地理实践力的培养奠定了坚实的基础。

1998 年日本发布的《学习指导要领》明确指出，地理教学应着重培养学生的地理洞察力和思维方式，这标志着日本地理教育开始从传统的知识传授向能力培养转变。进入 21 世纪，由日本文部科学省颁布的《高中学习指导要领》经过多次修订与增补，进一步细化了地理实践力的培养要求。这些政策文件不仅强调了地理知识的系统性，更加注重地理知识与现实生活的联系，鼓励学生通过实地考察、自然环境观察

等方式，提升地理实践力。2009年，日本文部科学省出版的《学习指导要领》中，地理A和地理B两部分均围绕当下社会展开，特别是地理A部分，着重探究学生周边的各类地理现象，通过地域、历史等多角度的考察，提升学生的分析与解决问题能力。这一时期的政策导向，更加明确了地理实践力培养的具体路径，即通过生活化的地理学习，增强学生的地理感知力和实践能力。

日本地理教育政策的演变，显著体现了从重视系统知识向注重生活经验转变的趋势。早期的地理课程标准强调学生对自然科学知识的掌握，如自然现象、地理要素等。然而，随着时代的发展，政策逐渐转向关注学生如何通过生活经验来理解和应用地理知识。例如，2009年的课程标准要求学生从地域、历史的角度，多维度、全方位地考察生活圈、日本乃至世界某一地区的主题，这种转变不仅丰富了地理学习的内容，也增强了学习的趣味性和实用性。

日本地理课程标准在地理实践场景的设置上，既注重乡土化，又兼顾全球化。从最初的“世界和本国范围”逐渐细化到学生的生活圈，如学校周边地区、上学圈等。这种设置既方便了学生开展地理实践活动，又使学习内容更加贴近学生的生活实际。同时，课程标准还要求学生调查研究世界各地区、邻近国家的生活、文化和环境特点，培养学生的全球视野和跨文化交流能力。这种乡土化和全球化并重的实践场景设置，为学生提供了多样化的学习体验，有助于全面提升其地理实践力。

地图技能是地理实践力的重要组成部分，日本地理课程标准对学生地图技能的培养要求不断提高。从最初的识图、画图，到后来的看懂卫星图、航空图、风景图等多种地图类型，再到如今的掌握地理信息系统的作图方法和作用，这些要求体现了对学生地图技能培养的全面性和深入性。通过系统的地图技能训练，学生能够更好地理解和应用地理知识，提高解决实际问题的能力。

日本地理课程标准始终将野外调查、课题考察和生存能力作为培养学生地理实践力的核心内容。通过野外调查，学生能够亲身感受地理现象，加深对地理知识的理解；通过课题考察，学生能够综合运用所学知识，解决实际问题；通过生存能力训练，学生能够在面对自然灾害等突发情况时，保持冷静并作出正确应对。这些实践活动不仅提升了学生的地理实践力，还培养了他们的团队合作精神、创新思维能力和社会责任感。

四、德国国家课程标准中地理实践力的变迁

德国在地理教育领域一直以来都具有深远的影响力，而地理实践力的培养更是其整个地理教育体系中的关键核心与重点所在。20 世纪 70 年代以前，德国中等学校教学大纲侧重教材知识罗列。从 70 年代起，德国课程标准重视知识与实用技能。1980 年“地理实践”概念被提出，为其地理教育开辟新路。《中等学校证书地理教育标准》多次修订，虽版本多但体系稳定，强调现场调查。2012 年的课程标准指出地理学的多种能力与地理实践培养相关。其地理实践力变迁特点具体如下。

一是地理实践活动形式的变化。地理实践活动从早期简单活动发展为多样形式。1980 年德国高中自然地理教学大纲利用图表和实验培养学生技能，如图表操作提升地图能力、土壤实验锻炼操作能力。1991 年“参观旅行”培养学生能力，如调查苗圃经营方式。2002 年认为讨论和辩论有益。2012 年课程标准强调培养学生的个性与动手能力，开展多种实践活动，如中学十年级学生热衷于野外考察活动，体现了实践活动的吸引力。

二是地图运用的转变。1994 年德国地理课程标准要求学生能够运用地图，如用地图讲述南亚与东亚的位置与地表结构等，但此时对地图的运用能力仍然仅仅局限于书面层面。2002 年德国地理课程标准开始重视通过运用各种图表和实验来培养学生的地理实践力，着重强调读图、识图、制图能力。而在 2012 年德国课程标准中，对地图技能的要求进一步提高，学生不但要能够列举出基本的地图要素，熟练阅读和使用各种地图，清晰描述制图的方式，还需要具备使用地理信息系统的基本知识。此外，还要求学生通过使用地图等定位工具确定现实中的位置，描述路线及使用交通网络示意图行走。从最初的读图识图、简单运用、描述地图，到后来的制作地图，再到如今能够在真实情景中使用电子地图，德国课程标准对地图能力的要求在不断提高，这也凸显了对地理实践力培养的深化与拓展。

三是地理教育政策的演进。在 20 世纪 70 年代之前，德国地理教育的重心主要放在理论知识的传授上，严重忽视了学生实践能力的发展。随着社会对人才综合素质要求的不断提升，德国教育界开始进行深刻的反思，并积极调整教育策略。在 20 世纪 70 年代末至 80 年代初，一系列大刀阔斧的教育改革措施相继出台，其中最为显著的就是对地理课程标准的重新定位与修订。1980 年《联邦德国中学地理学科基本教学

大纲》的发布，标志着“地理实践”这一概念正式被引入，这无疑为德国地理教育注入了新的活力。

四是《中等学校证书地理教育标准》的修订历程。《中等学校证书地理教育标准》作为德国地理教育的重要指导性文件，它的每一次修订都充分反映了德国地理教育理念的演变与深化。通过对其多次修订，不仅强化了地理实践在课程体系中的核心地位，还将实践活动的具体形式与实施路径进行了进一步的细化。地理实践从最初简单的参观、识图实验等基础形式，逐步发展到复杂的野外调查、专题研究等多样化可操作的实践活动形式。

五是地理实践力培养的具体要求。进入 21 世纪，德国地理教育对实践力的培养提出了更为明确和具体的要求。在 2012 年发布的《中学地理课程标准（第二版）》中明确指出，地理学不仅涵盖学科知识，还涉及空间定位、信息收集/方法收集、评估及行动等多方面的能力，而且这些能力都需要在地理实践的过程中进行锻炼和提升。具体而言，德国地理教育通过强调现场调查、专题研究、观测、调查、实验、参观、交流等多种实践活动，着力培养学生的观察力、分析力、动手能力和问题解决能力。

六是政策支持与实施保障。德国地理实践力培养的成功，在很大程度上得益于国家政策的强力支持。德国政府通过制定一系列有针对性的教育政策，为地理实践活动提供了坚实的政策基础。同时，政府还投入大量的专项资金，用于建设地理实践基地，为学生提供了真实且丰富的实践环境。此外，加强师资培训也是一项重要举措，通过培训确保教师具备引导学生进行地理实践的专业素养和能力。德国教育界还积极与科研机构、企业等社会各界展开紧密合作，共同推动地理实践教育的创新与发展。

第二节　国内中学地理实践力培养的实际情况调查

一、国内中学地理实践力培养的政策支持与要求

近年来，我国教育政策不断强调素质教育和创新能力培养的重要性。地理学科作为基础教育的重要组成部分，其教学理念和方式也随之发生深刻变革。教育部颁布的《普通高中地理课程标准》等文件，明确将地理实践力作为地理学科核心素养之一，为中学地理实践力培养提供了政策依据和导向；提出了地理学科核心素养，包括人地

协调观、综合思维、区域认知和地理实践力四个方面。地理实践力作为地理学科核心素养的重要组成部分，强调学生在地理实践活动中的行动能力和品质表现，课程标准要求地理教学应注重实践环节的设计和实施，通过地理观察、地理实验、地理调查等多种形式的实践活动，培养学生的地理实践力。《普通中学地理课程标准》（以下简称课程标准）中培养地理实践力的要求如下。

（一）整合地理实践教学资源

课程标准要求教育主体整合学校、家庭、野外、社区、社会及课堂的地理实践教学资源。这意味着地理实践教学不应局限于课堂，而应充分利用各种资源，为学生提供丰富的实践机会。学校可以与家庭、社区和社会合作，开展地理实践活动，如组织学生参观自然博物馆、地理科技馆、企业等，让学生了解地理知识的实际应用。同时，学校还可以利用野外资源，开展地理考察、野外实习等活动，让学生亲身体验地理环境。

（二）提倡探究式的实践学习

课程标准鼓励学生根据身边的地理专题内容进行调查、考察、观察或实验等活动，提倡探究式的实践学习。探究式学习是以学生为主体、以问题为导向的学习方式。在地理实践活动中，教师可以引导学生提出问题，设计方案，进行实践探究，最后得出结论。这种学习方式能够激发学生的学习兴趣，培养学生的自主学习能力和创新思维。

（三）关注学生的个体差异

课程标准强调在培养地理实践力的过程中，要关注学生的个体差异。每个学生的兴趣爱好、学习能力和实践经验都不同，因此教师在设计地理实践活动时，应充分考虑学生的个体差异，提供多样化的实践活动，让每个学生都能在实践中得到发展。

（四）优化课程设置

学校应优化地理课程设置，增加地理实践课程的比重。地理实践课程可以包括地理实验、地理调查、地理考察、地理制作等内容，让学生在实践中学习地理知识，提高地理实践能力。同时，学校还可以将地理实践活动与其他学科的实践活动相结合，开展跨学科的综合实践活动，培养学生的综合素养。

（五）改进教学方法

教师应改进教学方法，采用多样化的教学手段，激发学生的学习兴趣。在地理教学中，教师可以运用多媒体教学、案例教学、小组合作学习等方法，让学生更好地理解地理知识。同时，教师还可以组织学生开展地理实践活动，让学生在实践中学习地理知识，提高地理实践能力。

（六）加强师资队伍建设

学校应加强师资队伍建设，提高教师的地理实践教学能力。教师是地理实践教学的组织者和实施者，其地理实践教学能力直接影响着学生地理实践力的培养。学校可以通过组织教师参加培训、开展教研活动等方式，提高教师的地理实践教学能力。同时，学校还可以引进具有实践经验的地理教师或地理专业人员，为学生提供更加专业的地理实践教学指导。

（七）建立评价机制

学校应建立科学合理的评价机制，对学生的地理实践力进行全面评价。评价内容应包括学生在地理实践活动中的表现、实践成果、学习态度等方面。评价方式可以采用多元化的方式，如教师评价、学生自评、小组互评等，让学生在评价中了解自己的优势和不足，明确自己的努力方向。

二、国内中学地理实践力培养的实际情况概述

（一）国内中学地理实践力培养的发展变化

1.中学地理实践力教学方法越来越多样化

教师在教学中采用多样化的教学方法，培养学生的地理实践力。例如，运用案例教学法，通过实际的地理案例引导学生分析问题、解决问题；采用小组合作学习法，让学生在合作中进行地理实践活动，提高团队协作能力和实践能力。而现代教育技术的应用也为地理实践力培养提供了新的途径。如利用地理信息系统、虚拟地理环境等技术，让学生进行地理模拟实验和空间分析，增强学生的地理空间思维能力。

2.中学地理实践力教学过程中实践活动逐渐丰富

学校和教师积极组织学生参加各种地理实践活动。如野外考察活动，让学生亲身体验自然地理环境，观察地质地貌、气候植被等；又如社会调查活动，引导学生关注社会热点问题，如城市化、环境保护等，培养学生的社会责任感和实践能力。一些学校还与当地的地理科研机构、企业等合作，为学生提供更广阔的实践平台，让学生接触前沿的地理科学知识和技术。

（二）国内中学地理实践力培养在教学实践中存在的一些问题

1.学校方面

（1）部分学校重视程度不够。虽然地理实践力的重要性日益受到关注，但仍有部分学校对地理实践力的培养重视程度不够。一些学校由于教学资源有限、教学任务重等原因，忽视了地理实践活动的开展。在课程安排上，地理实践活动的时间较少，甚至有些学校没有安排地理实践活动。

（2）中学地理实践力教学资源不足。地理实践活动需要一定的资源支持，如场地、设备、资金等。然而，部分学校由于资源有限，无法开展丰富多样的地理实践活动。例如，缺乏野外考察的场地和安全保障、实验设备不足等问题，限制了学生的实践机会。此外，地理实践活动的组织也需要教师具备一定的专业素养和实践经验，但一些学校的地理教师缺乏相关的培训和指导，难以有效地组织和指导学生进行地理实践活动。

（3）实践活动形式单一。一些学校开展的地理实践活动形式较为单一，主要以校内地理实验和简单的地理观测为主，缺乏与社会实际的联系。校外实地考察、调查研究等活动开展较少，学生的实践能力和创新思维得不到充分的锻炼。

2.学生方面

（1）实践意识不强。部分学生对地理实践活动的认识不足，实践意识不强。他们认为地理学习主要是掌握课本知识，对于地理实践活动的参与积极性不高。在地理实践活动中，有些学生缺乏主动探索和思考的精神，只是被动地完成任务。

（2）实践能力参差不齐。由于学生的个体差异和教育资源的不均衡，学生的地理实践能力存在较大差异。一些学生在地理观察、实验探究等方面能力较强，而另一些学生则相对较弱。同时，学生在地理信息技术应用方面的能力也有待提高。

（3）学生参与度不均衡。在地理实践活动中，学生的参与度存在不均衡的现象。一些学生对地理实践活动充满热情，积极参与；而另一些学生则缺乏兴趣，参与度不高。这可能与学生的个体差异、学习态度、家庭背景等因素有关。如何提高全体学生的参与度，是地理实践力培养面临的一个挑战。

3.教师方面

（1）教师自身实践能力有限。部分地理教师自身的地理实践能力有限，缺乏相关的实践经验和技能。这使他们在指导学生进行地理实践活动时存在一定的困难，无法为学生提供有效的指导和支持。

（2）教学方法传统。在地理教学中，部分教师仍然采用传统的讲授式教学方法，注重知识的传授，而忽视了学生实践能力的培养。在地理实践活动中，教师的指导也不够到位，缺乏对学生实践过程的有效引导和评价。

（3）中学地理实践力教学的评价体系不完善。目前，中学地理教学的评价体系主要以考试成绩为主，对学生的地理实践力评价相对薄弱。缺乏科学、合理的评价标准和方法，难以全面、准确地评价学生的地理实践能力。这导致学生和教师对地理实践活动的重视程度不够，影响了地理实践力培养的效果。

三、国内中学地理实践力培养实际情况调查

地理实践力素养是学生适应未来社会及终身发展的关键能力，因此地理实践力的培养变得尤为重要。为进一步了解中学地理实践力培养的实际情况，我们通过对山东省东南部部分中学以师生调查问卷和教师访谈的方式，了解山东省东南部学生地理实践力的培养现状，总结地理实践力培养过程中存在的问题，并针对这些问题提出优化策略，以期达到提升学生地理实践力素养的目的。

（一）调查问卷设计

调查主要分为学生调查和教师调查两个环节。学生调查的对象选取山东省东南部A中学、B中学、C中学和D中学。这4所被调查学校的性质分别为省级示范中学、地市级重点中学、普通高中和乡镇中学，每所学校各抽取105名学生。教师调查的对象是市、县、镇三级高级中学的地理教师，其中既包含经验丰富、教学活动时间较长的老手型教师，又有教学理念先进、参加教学活动不久的新手型教师。

根据调查目标，围绕调查内容，分别编制教师问卷和学生问卷。为保证问卷的质量，在完成问卷后，首先邀请专家对问卷进行审查，检测问卷中可能存在的问题，如问题的设置是否简单明了、问题表述是否规范、问题的排列是否合理等。根据专家反馈意见对试验问卷进行修改。然后，从被调查对象中随机抽取100人进行测试，并对问卷的信度（可靠性和稳定性）和效度（一致性）进行检验。根据信度和效度分析结果，再次对问卷进行调整，最终完成学生问卷（附录1）和教师问卷（附录2），分别对山东省东南部学生和一线教师进行调查，同时对教师进行访谈（附录3）。

学生调查问卷的内容包括三部分：第一部分共4道题，主要为调查对象的基本信

息，如调查对象的性别、年级、学校性质和地理成绩等；第二部分共8道题，主要调查学生对地理学科的态度，如对地理学科的兴趣程度、参与地理实践活动的意愿程度等；第三部分共20道题，主要从5个方面调查学生地理实践力的水平，如地理洞察能力、地理实验设计与操作能力、地理调查与考察能力、地图制作与绘图能力及地理问题分析与解决能力。

教师调查问卷的内容包括两部分：第一部分共5道题，主要涉及教师的性别、任教年级、教龄、任教学校的性质及专业等基本信息；第二部分共21道题，主要调查近年来学校在地理实践力方面的软硬件投入、教师对地理实践力素养的认识、落实及效果评价等方面的情况。

教师的访谈提纲主要包括三个方面：一是教师在课堂教学中地理实践力的开展情况；二是学生地理实践力的培养中的困难和解决途径；三是以山东省东南部的自然和人文资源为主题，请教师设计地理实践活动，考察教师对地理实践活动设计的熟悉程度和掌握能力。

本次调查均采用匿名的形式，每名教师和学生均只做一份问卷。学生问卷采用纸质发放的方式。A中学、B中学、C中学和D中学共发放问卷420份（每个学校105份），共回收400份，回收率达95.2%，其中有效问卷386份，有效率达91.9%。共调查和访谈教师58位，教师问卷和访谈主要以现场纸质形式为主，对于临时出差或者外出的教师，采用网络问卷和电话采访的方式。教师抽空在问卷星上作答，并在征得对方同意的情况下对电话访谈进行录音，以便整理资料，保证调查的真实性、有效性和实效性。

（二）学生的地理实践力认知现状调查分析

1.学生基本情况

为全面了解当地学生地理实践力素养的培养现状，调查选取了4所不同层次的高级中学，有效调查学生386人。其中，女生人数相对较多，有254人，占比约65.8%，男生132人，占比约34.2%；就调查对象就读学校层次而言，省级示范中学、地市级重点中学和普通中学的受访学生均为100人；乡镇中学因学生规模相对较小，仅调查86人，乡镇中学学生占比最少，约为22.2%。

2.学生对地理实践力的认知程度

（1）学生对地理实践力内涵的把握程度。地理实践力作为地理核心素养之一，是地理学科的显著特性。调查发现，学生对地理实践力内涵的把握程度与对核心素养的认知程度结果较为一致。大部分受访学生表示“大致了解”地理实践力的内涵，乡镇中学、普通中学和地市级重点中学这3所学校的比例均在50%以上；省级示范中学对地理实践力“非常了解”的学生的占比最高，约为8.0%外，其余3所学校占比均在3.0%以下。

（2）高中学生对地理核心素养的理解程度。调查采用自我评判的方式调查学生对地理核心素养的认知程度。受访学生中，大部分学生表示对地理核心素养“大致了解”，这部分学生占比均在50%以上；对地理核心素养“非常了解”的学生比例最低，占比均在10%以下。就学校层面而言，省级示范中学约1/4的学生表示“了解”地理核心素养，但对地理核心素养“非常了解”的比例仅为6.0%；乡镇中学“完全不了解”地理核心素养的学生的占比最高，约为25.5%，其对地理核心素养“非常了解”的比例也最低。

3. 学生参加地理实践力活动的频率

在学生参加地理实践活动的频率方面，4所学校受访学生中，从未参加过地理实践活动的比例均为最高，普通中学和乡镇中学均有超过60%的学生从未参加过任何类型的地理实践活动；每学期参加3次以上地理实践活动的学生比例最少，除省级示范中学外，其余3所学校的比例均在5.0%以下。就学校层面而言，省级示范中学有约14.0%的学生每学期至少参与3次地理实践活动，约有24.0%和30.0%的学生每学期参加1~2次；地市级重点中学每学期参加1次、2次和从未参加地理实践互动的学生的比例相当，均在1/3左右，每学期参加3次以上地理实践活动的比例为0；普通中学和乡镇中学，约1/3的学生每学期参加1~2次地理实践活动，参加3次以上的比例均较低。出现上述情况的原因主要是学校对于地理实践力培养的重视程度不够，另外普通中学和乡镇中学校内实践设备等硬件条件的不足也是影响其地理实践活动开展频率的重要原因。省级示范中学的教学资源相对丰富，学校及教师对于地理实践力的培养也相对重视，学生参与度高，地理实践活动开展得也相对较多。

4.学生对地理实践活动的认同程度

学生对地理实践力的认同感很大程度上影响了其在活动中的参与和投入程度。调查发现，50%的学生认为参与地理实践活动对地理学习“有帮助”；约40%的受访学生认为“非常有帮助”；认为“没有帮助”和“不清楚”的比例较低，占比均在5%

以下。就学校层面而言，不同学校学生对地理实践活动的认识非常相似，省级示范中学的学生认为实践活动对地理学习“非常有帮助”的比例稍高；其余3所学校选择“有帮助”的学生占比最高，多在50%以上。以上分析说明，多数学生认为参与地理实践活动是非常重要的，认可地理实践活动的价值，也认为参与地理实践活动有利于地理学习。

5.学生的地理实践能力水平

问卷从5个方面调查学生地理实践能力水平：地理洞察能力、地理实验设计与操作能力、地理调查与考察能力、地图制作与绘图能力及地理问题分析与解决能力。考虑到学生的自我效能感与个人实际水平可能存在偏差，在题目设置上，问卷选取程度型题目和测试型题目相结合的形式进行综合考察，旨在得出最接近学生真实水平的实践能力情况具体。做法如下：首先对学生各项程度型题目和测试型题目的作答情况分别进行分析，然后将两者分析结果进行对比，验证调查结果的一致性，提高调查结果的准确性。

（1）地理洞察能力。地理洞察能力是指在日常学习和生活中，学生具备从地理视角去观察地理现象，提取地理信息并利用所学知识进行解读和转换的能力。在自我评判中，约42.97%的学生认为自己完全具备地理洞察力，会经常观察周围的地理现象并利用所学的地理知识去解释该现象；约33.65%的学生具备一定的地理洞察能力，偶尔会观察周围的地理现象和变化，并尝试解释该现象出现的原因；约18.21%的学生认为自己对地理洞察力有所欠缺，虽然偶尔也会观察周围的地理现象，但不会结合已学的知识解释其原因；只有约5.17%的学生认为自己完全不具备地理洞察力，平时几乎不观察周围的地理现象，也不会去解释这一现象。

基于4道题目测试山东省东南部4所高级中学学生的地理洞察能力水平。测试结果表明，学生地理洞察力题目的正确率相对较高，平均正确率63.15%，正确率范围在59.07%~67.61%。不同题目间正确率差异不大，其中第16题正确率最高，为67.61%；其次是第14题，正确率为65.54%；第17题的正确率最低，其值在60%以下。

就学校层面而言，不同学校学生地理洞察力水平存在校际差异。其中，省级示范中学的学生正确率最高，地市级重点中学的学生次之，普通高中和乡镇中学的学生在洞察能力上相差不大。

（2）地理实验设计与操作能力。地理实验设计与操作能力是指学生能够独立设计实验方案并运用地理实验仪器验证地理规律或原理的能力。在自我评判中，约27.53%的受访学生认为自己具备一定的地理实验设计与操作能力；约35.82%的学生认为自己的地理实验设计与操作能力有所欠缺；约22.28%的学生认为自己完全不具备该能力；只有约14.37%的学生认为自己完全具备地理实验设计与操作能力。

山东省东南部4所高级中学学生的地理实验设计与操作能力水平测试表明，学生地理实验设计与操作能力的平均正确率为37.63%，正确率范围在27.2%~46.63%。其中第22题的正确率最高，为46.63%；其次是第21题，正确率为41.96%；第19题的正确率最低，仅为27.2%。

就学校层面而言，省级示范中学学生测试题的平均正确率最高，为37.50%；其次是地市级重点中学，平均正确率为34.13%；乡镇中学平均正确率最低，仅为8.94%。

（3）地理调查与考察能力。地理调查与考察能力是指学生有能力开展地理调查和考察活动，能够从活动中获取地理信息并进行总结分析的能力。问卷分析显示，19.85%的受访学生认为自己具备一定的地理调查与考察能力；约38.61%的学生认为自己的地理调查与考察能力有所欠缺；约28.96%的学生认为自己完全不具备该能力；只有约12.58%的学生认为自己完全具备地理调查与考察能力。

学生地理调查与考察能力水平测试表明，学生该项能力的平均正确率相对较低，其值仅为33.16%，正确率范围在27.46%~41.20%波动。其中第25题的正确率最高，为41.20%；其次为第26题，正确率为33.68%；第27题的正确率最低，仅为27.46%。

4所学校在地理调查与考察能力的测试上，省级示范中学学生测试题的平均正确率最高，为40.03%；地市级重点中学的学生次之，平均正确率为31.12%；普通高中和乡镇中学的评价正确率较低，其值分别为18.99%和9.86%

（4）地图制作与绘图能力。地图制作与绘图能力是指学生可以利用所学知识绘制简单的地图、图表和制作简易的地理模型等方面的能力。学生自我评判发现，约32.97%的受访学生认为自己具备一定的地图制作与绘图能力；约20.93%的学生认为自己这方面的能力有所欠缺；约7.67%的学生认为自己完全不具备该能力；约38.43%的学生认为自己完全具备地图制作与绘图能力。

测试发现，学生对地图制作与绘图能力题目的平均正确率相对较高，为58.87%，正确率范围在43.26%~75.83%。其中第32题的正确率最高，为73.83%；其次为第29题，正确率为68.65%；第31题的正确率最低，仅为43.26%。

就学校层面而言，不同学校学生的地图制作与绘图能力差距不大，平均正确率均相对较高，其中省级示范中学学生的平均正确率最高，为34.48%；地市级重点中学次之，平均正确率为29.68%；乡镇中学最低，仅为14.54%。

（5）地理问题分析与解决能力。地理问题分析与解决能力是指学生在面对地理相关问题时，能够从多种地理信息源（如地图、图表、文字等）中提取并解读关键信息，并且能够运用地理思维去分析问题、解决问题的能力。在学生地理问题分析与解决能力的自我评判上，约35.83%的受访学生认为自己具备一定的地理问题分析与解决能力，约27.35%的学生认为自己这方面的能力有所欠缺，约22.2%的学生认为自己完全不具备该能力，只有约14.62%的学生认为自己完全具备该能力。

测试发现，学生地理问题分析与解决能力题目的正确率相对较高，平均正确率为40.61%。不同题目间差异不大，其平均正确率范围在29.27%～48.45%。其中第34题的正确率最高，为48.45%；其次为第35题和第37题，正确率分别为42.75%和41.97%。

就学校层面而言，不同学校学生地理问题分析与解决能力差距较大。其中省级示范中学学生地理问题分析与解决能力的平均正确率最高，为50.21%；其次为地市级重点中学，为27.51%；乡镇中学最低，仅为7.37%。

（三）教师的地理实践力培养现状调查分析

1.教师基本情况

共调查教师58人，其中男教师32人，女教师26人，占比分别为55.17%和44.83%。受访教师的年级分布方面，高二地理教师的人数最多，为25人，占比达43.10%；来自高三和高一的教师人数相当，分别为17人和16人，占比分别为29.31%和27.59%。教龄方面，受访教师以教学10年以上的经验型教师为主，调查31人，占比53.45%；5～10年和3～5年教龄的教师各10人，占比均为17.24%；教龄在3年以下的新手型教师最少，仅调查7人，占比12.07%。就教师来源来看，来自省级示范中学、地市级重点中学的教师最多，均为18人，各占比31.03%；其后是来自普通中学的教师，有15人，占比25.86%；来自乡镇中学的教师最少，仅7人。受访教师以师范专业为主，占比87.93%，仅有7人为非师范专业。学科专业背景方面，72.41%的教师就读地理专业，12.07%为地理相近专业，约15.52%专业背景为非地理专业。

2.教师对地理实践力内涵的把握程度

（1）教师对地理新课程标准的把握。全日制普通高中地理新课程标准是深化课程改革，落实“立德树人”根本任务的指导纲领。调查发现，高中地理教师对新课程标准的了解程度整体较好，教师“较了解”和“非常了解”新课程标准的占比多在65%以上。就学校层面而言，省级示范中学教师对新课程标准的了解程度相对较高，约 57. 14%的教师“非常了解”新课程标准；地市级重点中学虽然“非常了解”新课程标准的教师较多（约 44. 44%），但也有约 1/3 的教师表示对新课程标准“了解”，但不全面；普通中学和乡镇中学约一半的教师“较了解”新课程标准；所有受访教师中，未出现不了解新课程标准的教师。

（2）教师对地理核心素养的把握。新课程标准强调核心素养的培养，地理核心素养是地理学科育人价值的集中体现，是学生在地理学科学习中逐步形成的关键能力、必备品格与价值观。教师对学科核心素养的把握程度影响地理学科人才培养质量。调查显示，省级示范中学和地市级重点中学教师对地理学科核心素养的了解程度相对较高，占比均在 50%以上；普通中学和乡镇中学教师对地理学科核心素养“非常了解”的比例相当，前者“较了解”核心素养的比例稍高；所有受访教师均未出现“不了解”地理学科核心素养的情况。总体而言，教师对地理学科素养的了解较为全面。

（3）教师对地理实践力内涵的把握。教师对于地理实践力内涵的把握直接影响到学生实践学习的效果。问卷分析表明，约 2/3 的省级示范中学教师“非常了解”地理实践力；尽管约 1/2 地市级重点中学的教师“比较了解”地理实践力，但也有超过 1/3 的教师仅表示对地理实践力“了解”；普通中学和乡镇中学“非常了解”地理实践力的比例相对较低，均在 50%以下；乡镇中学教师中，对地理实践力“非常了解”和“了解”的比例相当，所有受访教师未出现“不了解”地理实践力的情况。

（4）教师对地理实践力培养的价值认知。调查显示，受访教师对进行地理实践教学的意愿均比较强烈，27.59%的教师表示非常愿意在教学过程中开展地理实践教学；56.90%的教师表示愿意在教学过程中开展实践教学活动；13.79%的教师表示中立态度，不反感但并不会主动自发开展实践教学；仅有 1.72%的教师明确表示不愿意开展实践教学。不同学校对开展实践教学的态度存在差异，分析表明，普通中学和乡镇中学对开展实践教学的意愿较为强烈，超过 80%的教师均表示愿意开展实践教学活动；地市级重点中学、普通中学和乡镇中学未出现对开展实践教学持否定态度的情况，相比之下，省级示范中学受访教师中有 5.56%的教师明确表示不愿意开展地理实践教学。访谈得知，这些教师不愿意开展实践教学的原因在于教学课时安排较为紧张，开展实践教学会影响教学进度。

3.中学地理教师实践力培养现状分析

（1）中学地理教师对地理实践力培养的重视。虽然多数受访教师均认可地理实践活动的育人价值，认为地理实践活动非常重要，表示愿意组织开展该类型的活动。然而，调查发现，地理实践活动的实际开展状况仍有提升的余地。问卷分析显示，虽然高达 67.24%的受访教师经常引导学生关注身边和生活中的地理，但对地理知识的归纳、运用等重视不够。地理专题知识竞赛通过趣味性的竞赛活动，可激发学生的学习兴趣，促进学生的实践意识。约一半的教师偶尔组织地理专题知识竞赛，仅有 10.34%的受访教师表示经常组织，另有 1/3 的教师表示一般不组织。现代信息技术通过智能演示、模拟动画等可以将一些晦涩复杂的地理原理、实践性内容形象生动地呈现给学生，对提升学生地理实践具有非常重要的作用。调查显示，约 50%的教师偶尔使用现代信息技术，仅有 8 名教师会经常使用现代信息技术来开展地理实践活动，其余 21 名教师选择的是一般不使用和不使用；超过半数的受访教师都表示会在实践活动开展前做非常详细周密的设计。

（2）开展地理实践活动的类型分析。地理实践活动的类型很多，既有室内的主题辩论和讨论，也有室外的地理测量与野外考察，既包含课堂内相关讲座和论坛，也涵盖课堂外的博物馆等参观考察。调查显示，省级示范性中学与地市级重点中学的地理实践活动开展得较为多样，既包括地理课堂内的实践活动，又不乏社会调查、野外考察等课堂外的实践活动，且室内和室外活动的比例相差不大。相较而言，普通中学及乡镇中学的地理实践活动集中在地理课堂内的地理测量和实验及观察标本、模型等，形式较为单一，几乎没有对实践场所和仪器设备要求较高的天文星象观测、野外考察、社会调查及地理仪器的演示等。

（3）地理实践活动开展地点分析。在地理实践活动的开展地点方面，分析显示，普通中学和乡镇中学的地理实践活动全部在地理课堂上进行，少有课堂之外及校外实践活动；省级示范中学和地市级重点中学开展地理实践活动的地点较为灵活，虽然也以校内实践为主，但并未局限于校内和课堂内。调查显示，约 22.22%的实践活动安排在校外，能充分利用学校周边的地理环境开展教学。

（4）中学地理教师开展地理实践活动的频率。在教师开展地理实践活动的频率方面，不同学校的差异较大。调查显示，约 1/3 省级示范学校的受访教师表示从未开展过实践活动，约 2/3 的教师表示每学期会组织 1~2 次实践活动，然而未出现每学期开展频率超过 2 次的情况；约一半来自地市级重点中学的教师每学期会开展 1~2 次实践活动，也有 16.67%的教师每学期组织 2 次以上的地理实践活动；普通中学和乡镇中学虽然每学期均开展地理实践活动，但开展的频次较低，未出现每学期开展 2 次以上地理实践活动的情况。

综上调查发现，教师在培养学生地理实践力素养的过程中，开展的实践活动类型过于单一，基本还停留在课堂内的标本观测等活动上，在营造真实的实践环境和组织学生参加地理实践活动方面做得还不够，缺乏尝试利用地理实践活动提升学生地理实践力素养的行动。

4.教师对地理实践力培养的效果评价

（1）教师对学生参与地理实践活动的表现评价。在学生参加地理实践活动的积极程度方面，教师调查显示，普通中学和乡镇中学学生均对参加地理实践活动表现出积极的态度。普通中学中约 46.67%的受访教师表示学生“非常积极”参加地理实践活动，约 53.33%的教师认为学生对参加地理实践活动持“较积极”态度；乡镇中学学生对参加地理实践活动的态度和普通中学类似，仅“非常积极”的比例稍低；省级示范中学和地市级重点中学学生对参加地理实践活动的态度完全一致，参加地理实践活动“非常积极”和“较积极”的比例均为 33.33%和 55.56%，另有 11.11%的受访教师认为学生对地理实践活动持“一般”态度；调查还显示，所有的受访教师均认为，未存在对参加地理实践活动“不积极”的学生。

（2）教师对学生参与地理实践活动的评价方式。评价地理实践活动效果的方法很多，常见的有习题检测、小组汇报交流、学生互评、实践报告、教师主观评价和档案袋评价等类型。调查显示，选择“习题检测”作为评价方式的教师最多，约为 68.97%；其次为“小组汇报交流”方式，约 58.62%；采取“学生互评”和“教师主观评价”方式的教师分别为约 43.10%和约 44.83%；选择“实践报告”和“档案袋评价”这两种方式的教师相对较少，分别为约 36.21%和约 3.45%。其中，选择“档案袋评价方式”最少的原因是档案袋评价时间周期长，实施起来较为困难。

以上分析表明，教师在学生参与地理实践活动的效果评价的态度上较为一致，大多数受访教师认为学生参与实践的表现较好，且会在学生实践完成后积极评价学生在实践过程中的表现。但评价方式还集中在习题检测这一传统的评价方式上，教师在践行新课程标准多样化的评价方式方面仍有较大的提升余地。

5.影响地理实践力培养的因素

（1）影响地理实践力培养的软件因素。学校对开展地理实践活动的支持程度直接影响教师培养学生地理实践力的效果。调查显示，约31.03%的受访教师认为学校不重视学生地理实践力的培养，认为学校对地理实践力培养持“一般重视”和“比较重视”态度的比例分别为29.31%和27.59%，仅有12.07%的受访教师认为学校“非常重视”地理实践力的培养；在学校对开展地理实践活动的支持力度上，约39.66%的受访教师认为学校对地理实践活动持“一般支持”态度，约29.31%持“比较支持”态度，认为学校“非常支持”开展地理实践活动的比例仅为10.34%，另有20.69%的教师认为学校“不支持”开展地理实践活动；在学校对地理实践力培养的投入和提升方面，近半数的受访教师认为所在学校近年来在地理实践力的投入上没有提升或提升很小，39.66%的受访教师认为学校在地理实践力培养方面的投入有所提升，仅有12.07%的教师认为投入的提升非常明显；在学校对教师开展地理实践活动培训方面，53.45%的受访教师反映学校会“偶尔”开展相关培训，但开展频率较低，认为学校每学期开展2次以上培训的教师比例仅为3.45%，有29.31%的教师反映学校从未开展过类似的培训活动。

（2）影响培养地理实践力培养的硬件因素。调查显示，大部分受访教师反映学校拥有地球仪（94.83%）、地理教学图册（72.41%）、等高线地形图模型（77.59%）等传统的地理教具和教辅用书，其比例均在70%以上；60.34%的教师反映学校拥有地理橱窗；硬件设施和场所主要集中于校内，大多数受访教师反映学校没有地理实践基地、气象站、地理园和小天文台等校外实践场所，从而导致学校把学生地理实践力的培养局限在了校园内，方式单一，不利于学生地理实践力的培养与提高。

（3）制约开展地理实践活动的其他因素。除了上述软硬件等客观条件限制，调查发现，制约高中一线教师开展地理实践活动的原因主要如下：高达86.21%的受访教师认为，教学时间有限是影响开展地理实践活动的重要因素，有限的课时安排了大量的课堂教学内容，导致没有额外的时间去开展地理实践教学；约77.59%的受访教师认为学校地理实践教学设备的不足及活动资金的限制是制约教师开展地理实践活动的一个因素；约 72.41%的受访教师认为学校出于考试压力、安全等原因，不大支持开展地理实践活动；家长出于学生安全等方面的考虑，也对学校开展地理实践活动持否定态度；还有一部分教师认为地理实践力的培养与考试关系不大，因此不注重地理实践活动的开展。

附录 1：学生地理实践力培养现状及影响因素调查（学生问卷）

（一）基本信息

1.你的性别是（ ）　A.男　B.女

2.你所在学校属于（ ）

A. 省级示范中学　B. 地市级重点中学

C. 普通高中　D. 乡镇中学

3.你所在的年级（ ）

A. 高一　B. 高二　C. 高三

4.你目前的地理成绩处于哪一阶段？（ ）

A. 60 分以下　B. 61~75 分　C. 76~85 分　D. 86 分以上；

（二）地理实践力培养现状

5.你对地理学科的喜欢程度？（ ）

A. 非常喜欢　B. 一般喜欢　C. 不太喜欢

6.关于地理课程中“实践探究”类活动，你的态度是？（ ）

A. 在教师的引导下积极参加　B. 课后学习，不会耽误太多时间

C. 感觉浪费时间，不会主动去做　D. 考试不体现，从来不做

7.你了解地理学科核心素养吗？（ ）

A. 非常了解　B. 了解　C. 大致了解　D. 不了解

8.你了解地理实践力的内涵吗？（ ）

A. 非常了解　B. 了解　C. 大致了解　D. 不了解

9.你参加过哪些地理实践活动？（可多选）（ ）

A. 模拟实验　B. 户外考察　C. 社会调查

D. 地理知识竞赛　E. 地图绘制、教具制作　F. 研学旅行

G. 地理辩论　H. 地理观测　I. 其他

10.你在学校参加地理实践活动的频率？（ ）

A. 每学期 3 次以上　B. 每学期 2 次

C. 每学期 1 次　D. 从来没有

11.你认为培养地理实践力对地理学习有帮助吗？（ ）

A. 非常有帮助　B. 有帮助　C. 没有帮助　D. 不清楚

12.在地理实践力的培养过程中，请你从下列选项中选出3项你认为重要的因素（按重要程度从高到低排序）。（ ）

A. 实践场所欠缺，设备不足 B. 实践课时不足

C. 教师重视程度不够 D. 教师自身实践经验不足

E. 学生自身知识储备不足 F. 学生自身兴趣度不高

G. 家长不支持

（三）地理洞察能力调查

13.在日常生活中，你具备运用已学的地理知识去观察地理现象和变化的能力吗？（ ）

A. 完全具备 B. 一般具备 C. 有所欠缺 D. 完全不具备

14.以下月相变化规律总结，正确的是？（ ）

A. 初一新月抬头见 B. 初二初三上弦月

C. 满月出在十五六 D. 十六十七下弦月

15.你能通过观察下列图片，判断其对应的地貌类型吗？（ ）

①

②

③

④

A. 喀斯特地貌、丹霞地貌、黄土地貌、雅丹地貌

B. 丹霞地貌、雅丹地貌、喀斯特地貌、黄土地貌

C. 雅丹地貌、黄土地貌、丹霞地貌、喀斯特地貌

D. 以上都不对

16.潮汐现象是受什么作用形成的？（ ）

A. 是海水受太阳、月亮的引力作用而形成的

B. 是受离心力的作用形成的

C. 是受地壳运动的作用形成的

D. 是受大气水平运动的作用形成的

17.当你在山东的深秋漫步，最有可能看到的植被是哪种？（　）

A

B

C

D

（四）地理实验设计与操作能力调查

18.你认为你具备自主设计地理实验并进行操作的能力吗？（　）

A. 完全具备　　B. 一般具备　　C. 有所欠缺　　D. 完全不具备

19.运用有轴的球状物来模拟地球自转，以下实验设计步骤合理的是？（　）

①将球状物的虚拟北极点向上，在球状物上滴适量的墨水；②观察并描述墨水流淌痕迹偏转的方向；③正确模拟地球自转方向，自西向东旋转；④将球状物的虚拟南极点向上，重复上述步骤。

A. ①②③④　　B. ①③②④　　C. ②④①③　　D. 以上都不对

20.运用热水、冰块模拟热力环流，以下实验步骤合理的是？（　）

①将一盆热水和一盆冰块分别放置在玻璃缸的两端；②用平整的胶合板或塑料薄膜将玻璃缸上部开口处盖严；③将一束香点燃，放进小洞内；④在胶合板或塑料薄膜的一侧（装冰块的盆上方）开一个小洞。

A. ①②④③　　B. ①③②④　　C. ②④①③　　D. 以上都不对

21.哪个实验不能证实热力环流的原理？（　）

A. 观看香的烟雾在玻璃缸中热水和冰块间的飘动方向

B. 观看卷烟在打火机火苗和冰块之间的飘动方向

C. 观看纸巾在火炉不同方向的飘动方向

D. 观看冬季课堂门口蚊香烟雾飘动的方向

（五）地理调查与考察能力调查

22.你认为你具备开展地理课本中的调查与考察类活动的能力吗？（　）

A. 完全具备　　B. 一般具备　　C. 有所欠缺　　D. 完全不具备

23.地理调查野外作业阶段的主要工作有哪些？（　）

①核对、充实室内图像和地图判读结果；②采集标本、样品；③记载沿线考察情

况，初步编绘考察区基本图件；④样品、标本的鉴定、分析和化验。

A. ①②③　　B. ①③④　　C. ②③④　　D. 以上都不对

24.崇明岛是中国第三大岛，也是世界上最大的河口冲积岛屿。它位于万里长江入海口，三面环江，一面临海。岛上地势平坦，无山岗丘陵，西北部和中部稍高，西南部和东部略低，形似“春蚕”。崇明岛的形成过程排序合理的是？（　）

①携带的泥沙在河口附近堆积；②含沙量较多的河流在上游河段流速比较快；③随着时间的推移，越积越多；④泥沙不断沉积，逐渐高于水面，形成冲积岛；⑤河水进入河口，受到海水的顶托，流速趋于零。

A. ④①⑤③②　　B. ②⑤①③④　　C. ①③②⑤④　　D. ②④①⑤③

25.下列旅游资源对应正确的是哪个？（　）

A. 鸡公山——自然景观旅游资源

B. 城阳城遗址博物馆——生态旅游资源

C. 颐庐——民俗风情资源

D. 金刚山地质公园——人文景观资源

26.土地利用调查现状应该包括的内容有哪些？（　）

A. 调查土地种植作物

B. 查清土地利用类型及其分布，并量算出各地类面积

C. 观察河流走向并绘制其示意图

D. 分析地貌形成因素

（六）地图制作与绘制能力调查

27.你认为自己是否具备地图制作与绘制能力？（　）

A. 完全具备　　B. 一般具备　　C. 有所欠缺　　D. 完全不具备

28.你是否能根据已学地理知识，绘制出全球气压带风带分布示意图？

29.你是否能根据已学地理知识，绘制出大气的受热过程？

30.你是否能根据已学地理知识，绘制出喜马拉雅山麓南北坡自然带分布差异图？

31.你是否能根据已学地理知识，绘制出水循环示意图？

（七）地理问题分析与解决能力调查

32.你认为你是否具备根据已学地理知识，分析并解决生活中遇到的地理问题的能力？（　）

A. 完全具备　B. 一般具备　C. 有所欠缺　D. 完全不具备

33.治理城市“逢雨必涝，遇涝则瘫”的措施不正确的是？（　）

A. 促进城市排水系统改建　B. 多建气象观测站，增强预报能力

C. 完善城市道路规划设计　D. 增强绿色城市建设

34.东部沿海地区产业发展中的主要问题是？（　）

A. 土地、劳动力、能源等生产要素供给趋紧

B. 产业结构升级　C. 基础设施不够完善

35.土壤盐渍化的治理措施是？（　）

A. 修建水库　B. 井排井灌　C. 封山育林　D. 培植树木

36.你认为信阳为什么被称为“北国江南，江南北国”？（　）

A. 处于南北过渡带　B. 天气温暖湿润

C. 靠近南方　D. 盛产鱼米

附录2：高中生地理实践力培养现状及影响因素（教师问卷）

（一）基本情况

1.您的性别（ ）

A. 男　　B. 女

2.您任教的年级（ ）

A. 高一　　B. 高二　　C. 高三

3.您的教龄（ ）

A. 1~3年以下　　B. 3~5年　　C. 5~10年　　D. 10年以上

4.您所任教的学校属于（ ）

A. 省级示范中学　　B. 地市级重点中学

C. 普通高中　　D. 乡镇中学

5.请问您是什么专业毕业的？（ ）

A. 师范，地理专业　　B. 师范，非地理专业

C. 非师范，地理相近专业　　D. 非师范，非地理专业

（二）问卷内容

1.您是否了解新版地理课程标准？（ ）

A. 非常了解　　B. 部分了解　　C. 了解　　D. 不了解

2.您是否了解“地理核心素养”这一概念？（ ）

A. 非常了解　　B. 部分了解　　C. 了解　　D. 不了解

3.您是否了解“地理实践力”这一学科核心素养？（ ）

A. 非常了解　　B. 部分了解　　C. 了解　　D. 不了解

4.您在地理教学过程中是否愿意开展地理实践活动？（ ）

A. 非常愿意　　B. 愿意　　C. 不反感　　D. 不愿意

5.您认为培养地理实践力的目的是什么？（可多选）（ ）

A. 为新课程标准要求做准备

B. 为学生更好地理解教学内容

C. 为改进教学和学习的方式

D. 为培养学生成为“完整的、发展的人”做准备

E. 其他

6.您认为培养学生的地理实践力重要吗？（　）

A. 非常重要　　B. 重要　　C. 较重要　　D. 不重要

7.您是否会在课下组织地理专题知识竞赛？（　）

A. 经常组织　　B. 偶尔组织　　C. 一般不组织　　D. 不组织

8.您是否会引导学生关注身边的地理、生活中的地理？（　）

A. 经常引导　　B. 偶尔引导　　C. 一般不引导　　D. 不引导

9.您是否会使用现代信息技术等资源开展地理实践活动？（　）

A. 经常使用　　B. 偶尔使用　　C. 一般不使用　　D. 不使用

10.您在开展地理实践活动前是否会经过详细的设计？（　）

A. 非常详细　　B. 较详细　　C. 一般

11.您开展过哪些地理实践活动？（可多选）（　）

A. 观察标本、模型等　　B. 天文星象观测

C. 地理测量（如大气质量，太阳高度角等）

D. 课堂内、外地理实验（如热力环流等）

E. 主题辩论、讨论等　　F. 野外考察（如地质、水文等）

G. 社会调查（如旅游资源、三大产业等）H. 地理仪器、模型演示

I. 参观与地理学相关博物馆　　J，地理学相关讲座、论坛

K，其他

12.您开展地理实践活动的地点一般选在？（　）

A. 地理课堂　　B. 学校内　　C. 学校周边地区　　D. 不固定

13.您在地理教学过程中开展地理实践活动的频率是？（　）

A. 一学期2次及以上　　B. 一学期1～2次

C. 一学期1次　　D. 从未开展

14.您认为学生参加地理实践活动的表现情况如何？（　）

A. 非常积极　　B. 较积极　　C. 一般　　D. 不积极

15.您对学生进行评价的方式是？（可多选）（　）

A. 习题检测　　B. 小组汇报交流　　C. 学生互评　　D. 实践报告

E. 教师主观观察评价　　F. 档案袋评价　　G. 其他

16.您认为所在学校对地理实践力培养的重视程度？（　）

A. 非常重视　B. 比较重视　C. 一般重视　D. 不重视

17.学校领导对开展地理实践活动的支持程度？（　）

A. 非常支持　B. 比较支持　C. 一般支持　D. 不支持

18.在您任教期间，学校对于地理实践力方面的投入是否有所重视与提升？（　）

A. 明显提升　B. 有所提升　C. 提升不大　D. 没有提升

19.学校开展过关于教师地理实践活动指导能力的培训活动吗？（　）

A. 从未开展过　B. 偶尔开展

C. 一学期 1～2 次　D. 一学期 2 次及以上

20.您所在的学校有哪些地理实践资源？（可多选）（　）

A. 地球仪　B. 地理教学图册

C. 等高线地形图等模型　D. 地理实践基地

E. 地理橱窗　F. 小天文台

G. 气象观测站　H. 地理园

21.您认为开展地理实践活动有哪些制约因素？（　）

A. 教学时间有限　B. 学校政策制约

C. 教学设备、资金限制　D. 教师自身经验，能力有限

E. 学校、教师不够重视　F. 学生基础差，开展效果不明显

G. 与考试关系不大　H. 学生安全问题

I. 其他（可写出）

附录 3：高中地理实践力培养现状（教师访谈提纲）

1.您对地理实践力是怎么理解的？

2.您在地理教学中开展过哪些地理实践活动？

3.您认为开展地理实践活动的作用是什么？

4.您认为在学生地理实践力素养的培养中最大的困难是什么？

5.您认为在地理实践力培养的过程中存在哪些困难？应该如何解决？

6.您认为在以山东省东南部的自然人文资源为主题开展实践活动，应该从哪些方面来设计和实施？

第四章　中学地理实践力培养的目标与原则

第一节　中学地理实践力培养目标解析

中学地理实践力培养的目标是多方面的，涵盖知识与技能、过程与方法、情感态度与价值观三个维度。通过地理实践活动，学生可以掌握地理观察、测量、实验等基本方法和技能，学会使用地理工具和仪器，了解地理信息技术的基本原理和应用方法，掌握地理调查和考察的方法和步骤；培养观察能力、思维能力、创新能力和实践能力，提高合作能力和交流能力，培养自主学习能力和终身学习能力；培养对地理学科的兴趣和热爱，增强环境保护意识和可持续发展观念，培养社会责任感和使命感，培养科学精神和创新意识。

这些目标的实现将为学生的全面发展和未来的学习、工作奠定坚实的基础。中学地理实践力的培养对于学生的全面发展具有至关重要的意义，以下将围绕知识与技能目标、过程与方法目标及情感态度与价值观目标三个方面，简单解析一下中学地理实践力培养的目标。

一、知识与技能目标的学习和掌握

（一）地理观察——开启地理认知之门

在当今的教育体系中，地理实践力的培养不仅能够帮助学生更好地理解地理知识，还能提升学生的综合素养和实际操作能力。其中，掌握地理观察、测量、实验等基本方法和技能，是实现地理实践力培养目标的关键。地理观察是获取地理信息的重要途径，它犹如一把钥匙，为学生打开了认识地理世界的大门。学生通过运用多种感官，有目的、有计划地对地理事物和现象进行观察，可以积累丰富的地理素材，为进一步的学习和研究奠定基础。

首先，自然景观是地理观察的重要对象之一。在观察自然景观时，学生可以从形态、颜色、分布等多个方面入手。例如，当观察山地地貌时，先映入眼帘的是山峰，高耸入云的山峰给人以雄伟壮观之感，同时也反映了该地区的地质构造和地壳运动情况。学生可以通过测量工具或者对比周围的物体来估算山峰的高度，了解不同地区山峰高度的差异及其形成的原因。除了高度，坡度也是山地地貌的重要特征之一，坡度的大小直接影响着山体的稳定性和水土流失的程度。学生可以通过实地测量或者目测的方法来确定山坡的坡度，观察不同坡度上植被的生长情况及土壤的侵蚀程度。此外，岩石类型也是山地地貌观察的重点。不同的岩石类型具有不同的物理和化学性质，对山地的形成和演化起着重要的作用。学生可以通过观察岩石的颜色、纹理、硬度等特征，来判断岩石的类型，并了解其形成的地质过程。

其次，人文景观的布局和特征也是地理观察的重要内容。城市的规划、交通网络的分布、农田的布局等人文景观，反映了人类活动与地理环境的相互关系。例如，在观察城市规划时，学生可以注意城市的功能分区、道路系统、公共设施的分布等，不同的功能区有着不同的特点和需求，合理的城市规划可以提高城市的运行效率和居民的生活质量。交通网络的分布则反映了城市的交通状况和经济发展水平。学生可以观察不同交通方式的线路走向、站点设置及交通流量等，了解交通对城市发展的影响。农田的布局则与地形、气候、土壤等自然条件密切相关。学生可以观察农田的形状、大小、灌溉设施等，了解农业生产与地理环境的适应性。

（二）测量技能——获取准确地理数据

测量技能能够帮助学生获得更准确的地理数据，加深对地理现象的理解。学生要会使用各种测量工具，如温度计、气压计、雨量器等进行气象和水文要素的测量，以及使用测高仪、测距仪等进行地形测量。掌握测量技能，进行气象、水文和地形测量，充分体现了地理实践力培养目标。通过测量技能的培养，学生可以学会使用各种测量工具，掌握测量方法和技巧，提高实践操作能力。

首先，气象要素的测量对于了解气候具有重要意义。温度计可以测量空气的温度，学生可以通过定期测量不同地点的温度，了解气温的分布规律和变化趋势。气压计则可以测量大气压力，气压的变化与天气状况密切相关，学生可以通过观察气压的变化，预测天气的变化趋势。雨量器可以测量降雨量，了解不同地区的降水情况。通过对气象要素的测量，学生可以更好地理解气候的形成和变化规律及气象灾害的发生机制。

其次，水文要素的测量对于了解水资源状况同样重要。河流的流量、水位、流速等水文参数，反映了河流的水文特征和水资源状况。学生可以使用流速仪、水位计等测量工具，对河流的水文要素进行测量。通过测量河流的流量和水位变化，可以了解河流的径流量和季节性变化规律。流速的测量则可以帮助学生了解河流的动力特征和泥沙搬运能力。此外，湖泊、水库等水体的面积、深度、水质等参数，也可以通过测量工具进行测量。通过对水文要素的测量，学生可以更好地理解水资源的分布和利用情况及水生态环境的保护需求。

最后，地形测量是地理学习中的重要内容之一。测高仪和测距仪是进行地形测量的常用工具，学生可以使用测高仪测量山峰、建筑物等物体的高度，了解地形的起伏变化；测距仪则可以测量两点之间的距离，帮助学生绘制地形图。通过地形测量，学生可以获得准确的地形数据，绘制出详细的地形图，为地理分析和研究提供基础资料。

在测量过程中，学生需要进行实地观察、数据采集和分析处理，这有助于培养学生的观察能力、思维能力和创新能力。测量活动还需要学生团队合作、沟通交流，这有助于培养学生的合作精神和社会责任感。测量技能的培养还可以帮助学生更好地理解地理知识，提高地理学习的兴趣和积极性。通过亲自参与测量活动，学生可以将理论知识与实践相结合，更加深入地理解地理现象和地理规律。同时，测量活动也可以让学生感受到地理学科的实用性和趣味性，提高学生对地理学习的兴趣和积极性。

（三）实验技能——验证地理原理和规律

实验技能对于学生验证地理原理和规律起着至关重要的作用。地理学科涵盖自然与人文领域的诸多方面，其中的原理和规律往往较为抽象。通过实验，学生能够直观地观察地理现象的发生和发展过程，从而将抽象的理论转化为具体的认知，极大地加深对地理原理和规律的理解。地理实验为学生提供了一个亲身体验和探索的平台。在这个平台上，学生不再仅是知识的被动接受者，而是积极的参与者和发现者。他们可以通过自己的操作和观察，深入了解地理现象背后的本质，培养科学思维和探究精神。这种主动学习的方式不仅能够提高学生的学习兴趣和积极性，还能够增强他们对知识的记忆和掌握程度。例如，水土流失是一个严重的环境问题，对生态环境和人类社会的可持续发展造成了巨大威胁。通过模拟水土流失实验，学生可以直观地了解土壤侵蚀的影响因素，从而更好地理解水土流失的形成机制和防治措施。在实验中，学生可以设置不同的坡度、植被覆盖度、降水强度等条件。首先，准备多个相同规格的实验槽，分别调整为不同的坡度，如 15°、30°、45° 等。然后，在每个实验槽中铺设相同类型的土壤，并设置不同的植被覆盖度，如无植被覆盖、部分植被覆盖、完全植被覆盖等。接着，使用模拟降雨设备，调整不同的降水强度，如小雨、中雨、大雨等。在这个实验过程中，学生可以观察土壤侵蚀的程度和速度，通过测量实验前后土壤的重量变化、水流的混浊度等指标，来评估土壤侵蚀的程度。同时，使用计时器记录水流从实验槽顶部流到底部的时间，以计算水流的速度，从而间接反映土壤侵蚀的速度。实验结束后，学生通过对比不同条件下的实验结果，可以得出土壤侵蚀与坡度、植被覆盖度、降水强度等因素的关系。通过这个实验，学生可以更好地理解水土流失的形成机制，并根据实验结果提出相应的防治措施，如植树造林、退耕还林还草、修建梯田、合理规划土地利用等。

通过实验技能的培养，学生可以学会提出问题、设计实验、进行实验、分析结果、得出结论等科学探究的方法和步骤。在实验过程中，学生需要不断地思考和探索，尝试不同的方法和策略，以解决实验中遇到的问题。这种科学探究的精神不仅能够帮助学生更好地理解地理原理和规律，还能够培养他们的创新思维和实践能力。地理实验需要学生亲自动手操作，使用各种实验器材和工具。在这个过程中，学生可以学会正确使用实验器材和工具的方法和技巧，提高实践操作能力。学生还可以学会如何进行实验数据的采集和处理、如何绘制实验图表和撰写实验报告等，这些都是地理实践力的重要组成部分。地理实验往往需要学生分组进行，每个小组的成员需要分工合作，共同完成实验任务。在这个过程中，学生可以学会如何与他人沟通交流、如何协调分工、如何解决矛盾和冲突等，增强团队合作意识。实验技能的培养可以帮助学生将理论知识与实践相结合，提高学生的综合素养。在实验过程中，学生需要运用地理、物理、化学等多学科的知识和技能，进行综合分析和解决问题。学生还可以通过实验了解地理现象的实际应用和社会价值，增强对地理学科的认同感和责任感。

（四）学会使用地理工具和仪器

首先，要学会地图和指南针的使用。地图是地理学习的重要工具。学生应熟练掌握地图的阅读方法，包括识别地图的比例尺、方向、图例等要素，能够从地图中提取地理信息，分析地理事物的分布和变化。同时，学生要学会绘制简单的地图，如地形剖面图、等高线图等。指南针在野外考察中具有重要作用，学生要了解指南针的基本原理，学会使用指南针确定方向，为实地考察提供准确的方位指引。

其次，要了解地理信息系统技术的基本原理和应用方法。地理信息系统是一种集数据采集、存储、管理、分析和可视化于一体的技术。学生要了解 GIS 的基本概念和组成部分，掌握 GIS 软件的基本操作，如数据输入、查询、分析和地图制作等。通过 GIS 技术，学生可以对地理数据进行空间分析，揭示地理现象的空间分布规律和相互关系。遥感技术通过传感器获取地球表面的电磁波信息，为地理研究提供了丰富的数据来源。学生应了解遥感的基本原理和分类，能够识别不同类型的遥感图像，如卫星影像、航空照片等；学会利用遥感图像进行地理信息提取，如土地利用类型的识别、植被覆盖度的估算等。全球定位系统主要用于定位和导航。学生要了解 GPS 的工作原理和精度限制，掌握利用 GPS 进行定位和测量的方法。

（五）掌握地理调查和考察的方法

地理调查和考察是培养学生实践能力的重要手段。学生要学会制订科学合理的调查方案，明确调查目的、对象、内容和方法。在实地调查和考察中，要运用观察、访谈、问卷等方法收集地理信息，做好记录和整理工作。调查结束后，学生要能够撰写调查报告，包括调查目的、方法、结果和结论等内容。调查报告应具有科学性、客观性和规范性，能够准确地反映调查的过程和结果。

地理调查和考察要求学生掌握科学合理的方法与步骤。首先，制订调查方案是关键的起始环节。学生需明确调查目的，确定究竟是为了探究某一地区的自然地理特征，如气候、地形、土壤等，还是为了了解特定区域的人文地理现象，如人口分布、产业结构、文化特色等。其次，精准界定调查对象。无论是一个城市的街区、一条河流的流域，还是一片山区的生态系统，都需要清晰划定范围。再次，详细规划调查内容，涵盖地理要素的各个方面，确保全面且有针对性。最后，要选择合适的调查方法，如观察法可直观感受地理现象的外在表现；访谈法则能从当地居民、专家等那里获取丰富的第一手资料；问卷法可以大规模收集数据，便于进行定量分析。

在实地调查和考察过程中，学生要善于运用多种方法收集地理信息。通过细致的观察，留意自然景观的变化、人文设施的布局等。进行访谈时，要提前准备好问题，以礼貌、专业的态度与受访者交流，认真记录他们的观点和经验。发放问卷时，需确保问题的合理性和有效性，以便获得准确可靠的数据。同时，要做好记录和整理工作，可采用文字、图片、音频等多种形式，确保信息的完整性。

调查结束后，撰写调查报告是对整个调查过程的总结与升华。调查报告应具有科学性，依据准确的数据和客观的分析，避免主观臆断。要保持客观性，如实反映调查的实际情况，不夸大、不缩小。同时，还需具备规范性，在结构上包括调查目的、方法、结果和结论等内容。调查目的应清晰阐述，让读者一目了然地明白为何进行此次调查。调查方法部分要详细说明所采用的具体方法及其合理性。结果部分要以数据和实例为支撑，准确呈现调查所得。结论部分则要对调查结果进行深入分析，总结出有价值的结论，并提出相应的建议和展望。

地理实践力培养目标在地理调查和考察中得以充分体现，学生在这个过程中不仅提高了观察能力、沟通能力和数据分析能力，还培养了团队合作精神和问题解决能力，为未来的学习和生活奠定了坚实的基础。

二、过程与方法目标的培养

（一）观察与思维能力的塑造

培养观察能力和思维能力是地理实践力培养目标的重要体现。通过地理实践活动，学生不仅能够提高观察地理事物和现象的能力，还能够培养分析、综合、比较、抽象、概括等思维能力。这些能力的培养有助于学生更好地理解地理知识，提高解决地理问题的能力，增强创新思维和实践能力。

1.观察能力在地理实践力培养中的重要性

观察能力是地理学习的基础，在地理实践活动中，学生通过仔细观察地理事物和现象，能够积累丰富的感性认识，为进一步的学习和思考奠定坚实的基础。地理学科涵盖自然与人文的各个领域，地理事物和现象丰富多彩、复杂多样。通过观察，学生可以直接感知地理环境的特点和变化，了解自然地理要素如地形、气候、水文、土壤、植被等的分布和特征，以及人文地理现象如城市布局、交通网络、产业分布、人口迁移等的发展和演变。例如，在观察河流地貌时，学生可以注意到河流的弯曲程度。河流的弯曲程度反映了河流的侵蚀和堆积作用的平衡状态，弯曲的河流往往在凹岸侵蚀、凸岸堆积，形成独特的地貌景观。同时，河床的形态也是重要的观察对象，不同类型的河床如峡谷型河床、平原型河床等具有不同的特点，反映了河流所处的地形和地质条件。此外，河岸的植被也能为学生提供关于河流生态环境的信息，植被的种类和分布可以反映河流的水质、土壤肥力等因素。

在观察过程中，学生要善于运用比较、分类、归纳等方法，对观察到的地理现象进行分析和总结。比较是一种重要的观察方法，通过比较不同地理事物和现象的异同，可以更好地理解它们的特点和规律。例如，学生可以比较不同地区的河流地貌，分析其相似之处和差异之处，从而总结出河流地貌的一般特征和影响因素。分类也是一种有效的观察方法，将观察到的地理事物和现象按照一定的标准进行分类，可以使复杂的地理信息更加条理化。例如，学生可以将河流地貌分为侵蚀地貌和堆积地貌两大类，再进一步细分不同类型的侵蚀地貌和堆积地貌，从而更好地理解河流地貌的形成过程。归纳则是在比较和分类的基础上，对地理现象进行概括和总结，得出一般性的结论。例如，通过对多个地区河流地貌的观察和分析，学生可以归纳出河流地貌的形成与河流的流速、流量、含沙量、地形等因素密切相关的结论。

2.思维能力有利于分析地理问题的多因素影响

思维能力是地理学习的核心，它包括分析、综合、比较、抽象、概括等多种方法。在地理实践活动中，学生运用这些思维方法，对地理问题进行深入思考，能够提高解决问题的能力和创新思维水平。

在分析地理问题时，学生要学会综合考虑各种因素的影响。以城市交通拥堵问题为例，这是一个复杂的社会问题，涉及人口密度、道路布局、公共交通设施等多个方面。人口密度是影响城市交通拥堵的重要因素之一，人口密集的地区交通需求大，容易导致交通拥堵。学生可以通过调查城市不同区域的人口分布情况，分析人口密度与交通拥堵的关系。道路布局也是影响交通拥堵的关键因素，合理的道路布局可以提高交通效率，减少拥堵。学生可以观察城市的道路网络，分析道路的宽度、长度、连接性等因素对交通拥堵的影响。公共交通设施的完善程度也与交通拥堵密切相关，发达的公共交通可以减少私人汽车的使用，缓解交通压力。学生可以调查城市的公共交通线路、站点设置、运营效率等情况，分析公共交通设施对交通拥堵的作用。

比较不同城市的交通状况是一种有效的思维方法，可以帮助学生抽象出交通拥堵的一般规律。不同城市的地理环境、经济发展水平、人口规模等因素不同，交通拥堵的表现形式也有所差异。学生可以选择几个具有代表性的城市，如北京、上海、东京、纽约等，对它们的交通状况进行比较分析。通过比较不同城市的人口密度、道路布局、公共交通设施、交通管理政策等方面的差异，学生可以发现一些共同的问题和规律。例如，大城市普遍面临着人口密集、交通需求大的问题，而合理的道路布局和发达的公共交通可以有效缓解交通拥堵。同时，不同城市在交通管理政策上也有各自的特点，如限行、限购、提高停车费等措施，这些政策的实施效果也可以为解决交通拥堵问题提供参考。

在比较不同城市交通状况的基础上，学生可以运用抽象思维方法，抽象出交通拥堵的一般规律。抽象是从具体的地理现象中提取出共同的本质特征和规律的过程。通过对多个城市交通拥堵问题的分析，学生可以发现交通拥堵往往是由多种因素共同作用的结果。除了人口密度、道路布局、公共交通设施等因素外，交通需求的增长速度、交通管理的水平、居民的出行习惯等也会对交通拥堵产生影响。学生可以将这些因素进行归纳和总结，抽象出交通拥堵的一般规律，如交通需求超过交通供给时容易发生拥堵、不合理的道路布局会加剧拥堵、发达的公共交通可以缓解拥堵等。

学生可以运用概括思维方法，概括出解决交通拥堵的有效措施。概括是在抽象的基础上，对一般规律进行进一步的提炼和总结，提出具有普遍性的解决方案。针对交通拥堵问题，学生可以从多个方面提出解决措施，如优化城市规划，合理控制人口密度和城市规模；完善道路布局，提高道路的通行能力；加大公共交通投入，提高公共交通的服务质量和扩大覆盖范围；加强交通管理，提高交通管理的智能化水平；引导居民改变出行习惯，鼓励绿色出行等。这些措施可以为解决城市交通拥堵问题提供有益的参考。

培养观察能力和思维能力是地理实践力培养的重要内容。在地理教学中，教师应该注重引导学生参与地理实践活动，培养学生的观察能力和思维能力，提高学生的地理实践力和综合素质。通过地理实践活动，学生可以更好地认识地理环境，理解地理规律，解决地理问题，为未来的学习和生活奠定坚实的基础。

（二）创新与实践能力的塑造

1.创新能力可以拓宽学生地理学习新视野

创新能力是推动科技进步、经济发展和社会变革的核心动力。在地理学习中，创新能力同样至关重要，它能够帮助学生突破传统的思维模式，提出新颖的思路和方法，为解决地理问题开辟新的途径。这种能力不仅包括对现有知识的创造性运用，还包括对新问题的敏锐洞察力和独特的解决方案。

在地理领域，创新能力可以体现在对地理现象的新解释、对地理规律的新发现、对地理技术的新应用等多个方面。地理实践活动为学生提供了创新的平台。在实践过程中，学生可以接触到真实的地理环境，观察到各种地理现象，从而激发他们的创新思维。与传统的课堂教学相比，地理实践活动更加注重学生的自主探索和实践操作，为学生提供了更多的发挥空间。通过参与地理实践活动，学生可以将所学的理论知识与实际问题相结合，尝试用新的方法和技术解决问题，从而培养自己的创新能力。

在地理学习中，学生要敢于质疑传统的地理观念和方法。传统的地理观念和方法往往是在特定的历史背景和科学水平下形成的，随着时间的推移和科学技术的进步，有些观念和方法可能已经不再适用。因此，学生要有批判性思维，敢于对传统的地理观念和方法提出质疑，寻找新的解决方案。例如，在学习地理信息技术时，学生可以质疑传统的地图绘制方法，思考如何利用现代信息技术制作更加精准、生动的地图。又如，在学习环境保护时，学生可以质疑传统的污染治理方法，探索新的可持续发展模式。通过质疑传统观念和方法，学生可以拓宽自己的思维，激发创新的火花。

除了质疑传统观念和方法，学生还要勇于尝试新的地理技术和手段。随着科技的不断进步，地理技术也在不断更新和发展。例如，地理信息系统、全球定位系统、遥感技术等现代地理技术已经广泛应用于地理研究和实践中。学生可以学习和掌握这些新技术，将其应用于地理学习和实践中，提高自己的创新能力。此外，学生还可以尝试设计新型的地理实验。学生可以根据自己的兴趣和需求，设计一些新颖的地理实验，如模拟气候变化、研究土壤侵蚀等。在设计实验的过程中，学生需要运用所学的地理知识和实验方法，同时还需要发挥自己的创新思维，提出独特的实验方案。

2.实践能力是地理实践学习的基础

实践能力是将理论知识应用于实际的能力，它是地理学习的最终目标。通过地理实践活动，学生可以亲身体验地理现象的发生和发展过程，掌握地理调查、考察、实验等实践方法，提高解决实际地理问题的能力。

实践能力是学生综合素质的重要组成部分，它不仅能够帮助学生更好地理解和掌握地理知识，还能够提高学生的动手操作能力、问题解决能力和团队合作能力。在当今社会，实践能力已经成为衡量人才素质的重要标准之一。具有较强实践能力的学生更容易适应社会的需求，在未来的工作和生活中取得成功。地理学科具有很强的实践性，地理现象和地理问题往往与实际生活密切相关。通过地理实践活动，学生可以将所学的地理知识与实际问题相结合，提高自己的实践能力。例如，在学习自然灾害时，学生可以通过实地考察了解自然灾害的发生原因和危害程度，掌握应对自然灾害的方法和技巧。又如，在学习城市规划时，学生可以通过调查了解城市的发展现状和存在的问题，提出合理的城市规划方案。

地理实践活动为学生提供了亲身体验地理现象发生和发展过程的机会。在实践过程中，学生可以观察到自然地理现象如地形地貌、气候气象、水文水系等的形成和变化过程，也可以了解到人文地理现象如城市发展、产业布局、人口迁移等的演变过程。

通过亲身体验，学生可以更加深入地理解地理知识，提高自己的观察能力和分析能力；通过亲身体验这些地理现象的发生和发展过程，学生可以更加直观地理解地理知识，提高自己的学习兴趣和积极性。

地理实践活动需要学生掌握一定的实践方法，如地理调查、地理考察、地理实验等。地理调查是指通过问卷调查、访谈、实地观察等方法收集地理信息的过程。地理考察是指对特定地区的地理环境进行实地考察和分析的过程。地理实验是指通过模拟地理现象或进行实地实验来验证地理原理和规律的过程。在地理实践活动中，学生需要根据不同的实践任务选择合适的实践方法。例如，在进行城市规划调查时，学生可以采用问卷调查和访谈的方法收集居民的意见和需求；在进行野外地质考察时，学生可以采用实地观察和采样分析的方法了解地质构造和岩石特征；在进行地理实验时，学生可以采用模拟实验和对比实验的方法验证地理原理和规律。通过掌握这些实践方法，学生可以提高自己的实践操作能力和问题解决能力。

（三）塑造合作能力、交流能力、自主学习能力和终身学习能力

培养学生的合作能力、交流能力、自主学习能力和终身学习能力是地理实践力培养的重要任务。在地理教学中，教师应该注重引导学生参与地理实践活动，培养学生的合作能力、交流能力、自主学习能力和终身学习能力，提高学生的地理实践力和综合素质。通过地理实践活动，学生可以在合作与交流中成长，在自主学习和终身学习中进步，为未来的学习和生活做好充分的准备。

1.培养合作能力和交流能力，打造团队协作力量

地理现象的复杂性和多样性往往需要学生通过团队合作的方式来进行深入探究，在地理实践活动中，合作能力和交流能力的培养至关重要。地理实践活动往往需要学生分组合作完成，分组合作可以充分发挥每个学生的优势和特长，不同的学生在观察能力、思维能力、实践能力等方面各有所长，通过合理的分工，能够让每个学生在团队中找到自己的位置，发挥最大的作用。首先，分组合作可以培养学生的团队意识和合作精神。在合作过程中，学生需要学会与他人沟通、协调，共同制订活动计划，分工合作，完成任务，这就要求学生具备良好的团队意识，能够尊重他人的意见和建议，积极参与团队讨论和决策。具备合作精神的学生，才能够在团队中相互支持、相互帮助，共同克服困难和挑战。其次，在合作过程中，学生要学会与他人沟通、协调。沟通是合作的基础，只有通过有效的沟通，才能确保团队成员之间的信息畅通，避免误

解和冲突。学生可以通过面对面的交流、电话、电子邮件等方式进行沟通，及时分享自己的观察和发现，讨论问题的解决方案。最后，协调是合作的关键，只有通过有效的协调，才能确保团队成员之间的行动一致，提高团队合作的效率和质量。学生可以通过制订详细的活动计划、明确分工职责、建立有效的沟通机制等方式进行协调。

学生在合作过程中要学会交流各自的观点和想法，分享自己的经验和成果，倾听他人的意见和建议。交流观点和想法可以促进团队成员之间的思维碰撞，激发创新的火花。学生可以通过小组讨论、课堂汇报、论文撰写等方式进行交流，充分表达自己对地理现象的理解和认识，听取他人的不同观点和想法，拓宽自己的思维视野。分享经验和成果可以促进团队成员之间的共同进步，提高团队合作的效率和质量。学生可以通过经验交流会、成果展示会等方式进行分享，介绍自己在地理实践活动中的收获和体会，展示自己的研究成果和实践作品，为其他成员提供参考和借鉴。而倾听他人的意见和建议可以促进团队成员之间的相互学习，提高团队合作的水平和能力。学生可以通过认真听取他人的发言、提问和反馈等方式进行倾听，尊重他人的观点和想法，积极思考他人的意见和建议，不断完善自己的研究思路和实践方法。

2.培养自主学习能力和终身学习能力，是学生持续进步的动力

在地理实践活动中，自主学习能力和终身学习能力的培养是学生成长和发展的重要保障。地理实践活动要求学生主动参与、积极探索。这种方式具有重要的意义。首先，主动参与可以激发学生的学习兴趣和积极性。地理实践活动通常具有较强的实践性和趣味性，能够让学生在亲身体验中感受到地理知识的魅力和价值。通过主动参与，学生可以更加深入地了解地理现象的本质和规律，提高自己对地理学科的兴趣和热爱。其次，积极探索可以培养学生的创新精神和实践能力。地理实践活动往往需要学生运用所学的地理知识和技能，解决实际问题。在这个过程中，学生需要积极探索，尝试不同的方法和途径，提出新颖的观点和想法。通过积极探索，学生可以培养自己的创新精神和实践能力，提高自己的综合素质和竞争力。

在活动过程中，学生要学会自主学习地理知识和技能。自主学习是一种以学生为主体的学习方式，它强调学生的主动性、独立性和创造性。在地理实践活动中，学生可以通过多种途径进行自主学习。例如，学生可以通过阅读地理书籍、期刊、报纸等文献资料，了解地理学科的最新动态和研究成果；可以通过观看地理纪录片、电影、电视节目等多媒体资源，直观地感受地理现象的魅力和价值；可以通过上网搜索、查询地理数据库等网络资源，获取丰富的地理信息和数据；可以通过参加地理讲座、研讨会、培训班等学术活动，与专家学者和同行进行交流和学习。

学生要树立终身学习的观念，认识到地理学习是一个不断发展和变化的过程。地理学科是一门综合性很强的学科，与自然科学、社会科学、人文科学等多个领域密切相关，随着科技的不断进步和社会的不断发展，地理学科也在不断地更新和完善。因此，学生要认识到地理学习是一个终身的过程，需要不断地学习和更新自己的知识和技能。

三、情感态度与价值观目标的实现

通过地理实践活动，学生能够在情感态度与价值观方面得到全面的培养：培养对地理学科的兴趣和热爱，能够激发学生的学习动力；培养社会责任感和使命感，能够让学生积极参与社会行动；培养科学精神和创新意识，能够提高学生的综合素质。这些情感态度与价值观目标的实现，将为学生的未来发展奠定坚实的基础。

（一）培养学生对地理学科的兴趣和热爱

在地理学习中，通过地理实践活动，学生能够亲身感受地理的独特魅力，深刻体会地理知识在实际生活中的广泛应用，从而激发对地理学科的浓厚兴趣和深沉热爱。野外考察是地理实践活动的重要形式之一。在野外考察中，学生有机会走出课堂，亲近大自然，欣赏到美丽的自然风光。他们可以目睹雄伟的山脉连绵起伏，感受其磅礴的气势；可以看到奔腾的河流一泻千里，领略其雄浑的力量；可以观察到广袤的草原一望无际，体会其辽阔的壮美。大自然的神奇和伟大在这一刻淋漓尽致地展现在学生面前，让他们对自然地理现象有了更直观、更深刻的认识。这种亲身体验不仅让学生对地理知识有了更深入的理解，也激发了他们对地理学科的强烈兴趣。

社会调查也是地理实践活动的重要组成部分。在社会调查中，学生可以深入不同地区，了解当地的文化习俗和风土人情。他们可以参观古老的建筑，感受历史的沉淀；可以品尝当地的美食，体验独特的风味；可以参与传统的节日活动，领略浓郁的文化氛围。通过这些活动，学生增强了对人类社会的认识和理解，认识到地理环境对人类文化的深刻影响。例如，在调查江南水乡时，学生可以看到白墙黑瓦的民居、纵横交错的河道、摇曳的乌篷船，了解到水乡的形成与当地的自然地理条件密切相关。这种对人文地理的深入了解，让学生感受到地理学科的魅力，提高了他们学习地理的积极性和主动性。

对地理学科的兴趣和热爱是学生学习地理的强大动力。当学生对地理学科产生兴趣时，他们会主动去探索地理知识，积极参与地理课堂活动，努力提高自己的地理素养。这种兴趣和热爱不仅有助于学生在地理学习中取得更好的成绩，还能培养他们的综合素质和创新能力。当学生对地理学科感兴趣时，他们会主动去阅读地理书籍、观看地理纪录片、参加地理社团活动等，拓宽自己的地理知识面；同时，他们也会更加关注身边的地理现象，思考地理问题，提高自己的地理思维能力。这种主动学习的态度和行为，将极大地促进学生的地理学习和成长。

热爱地理学科还能培养学生的创新能力。当学生对地理学科充满热爱时，他们会不断地探索和创新，尝试用新的方法和视角去解决地理问题。他们可能会设计新的地理实验、开发新的地理教学软件、提出新的地理研究课题等。这种创新精神和实践能力将为学生的未来发展打下坚实的基础。例如，一些学生在学习地理信息技术时，可能会利用自己的编程知识，开发出一款基于地理信息系统的手机应用程序，为人们提供便捷的地理信息服务。这种创新实践不仅展示了学生的才华和能力，也为地理学科的发展注入了新的活力。

（二）培养学生的社会责任感和使命感

地理学科与环境保护和可持续发展密切相关，通过地理实践活动，学生能够深入了解人类活动对自然环境的影响，深刻认识到环境保护和可持续发展的重要性和紧迫性，从而树立正确的环境价值观。

首先，可以了解人类活动对自然环境的影响，人类活动对自然环境的影响是地理学科研究的重要内容之一。通过地理实践活动，学生可以亲眼看见人类活动对自然环境造成的破坏。例如，在进行水土流失调查时，学生可以看到被雨水冲刷得千沟万壑的山坡，了解到不合理的土地利用方式和过度开垦对土壤的侵蚀作用；在进行土地沙漠化调查时，学生可以看到一望无际的沙漠边缘不断向绿洲推进，了解到过度放牧、乱砍滥伐等人类活动对植被的破坏，导致土地沙漠化的加剧；在进行水污染调查时，学生可以看到被污染的河流、湖泊，了解到工业废水、生活污水等对水体的污染及对水生生物和人类健康造成的危害。这些实地考察让学生深刻认识到人类活动对自然环境的巨大影响，意识到环境保护的重要性。同时，学生也可以通过地理信息技术等手段，对人类活动对自然环境的影响进行定量分析和评估。例如，利用遥感技术可以监测土地利用变化、植被覆盖度变化等，利用地理信息系统可以分析水污染的扩散范围和影响程度等。这些科学方法的运用，让学生更加深入地了解人类活动与自然环境的相互关系，为环境保护和可持续发展提供科学依据。

其次，可以帮助学生树立正确的环境价值观。环境保护和可持续发展是当今社会面临的重大课题，树立正确的环境价值观是每个公民的责任和义务。通过地理实践活动，学生可以了解到环境保护和可持续发展的重要性和紧迫性。在进行生态环境调查时，学生可以亲身体验到生态破坏的后果，如生物多样性减少、水土流失加剧、气候异常等，从而增强环境保护意识。例如，在考察湿地生态系统时，学生可以看到，湿地被破坏后，鸟类栖息地减少，水生生物数量下降，生态平衡被打破。这种直观的感受让学生深刻认识到保护湿地生态系统的重要性，增强了他们的环境保护意识。学生可以认识到人类活动必须遵循自然规律，合理利用自然资源，保护环境，实现经济、社会和环境的可持续发展，这种先进的发展理念将为学生树立正确的环境价值观提供重要的指导。

最后，地理实践活动能够让学生了解到社会热点问题和现实需求，使他们认识到自己作为社会成员的责任和使命，积极参与环境保护和可持续发展的行动中。地理学科与社会现实紧密相连，通过地理实践活动，学生可以了解资源短缺、环境污染、人口增长等社会热点问题和现实需求。例如，在进行资源调查时，学生可以了解水资源、土地资源、能源资源等的分布和利用情况，认识到资源短缺的严峻形势；在进行环境监测时，学生可以了解大气污染、水污染、噪声污染等的现状和危害，认识到环境污染的严重性；在进行人口调查时，学生可以了解人口数量、人口结构、人口分布等的变化趋势，认识到人口增长对社会经济发展和资源环境的压力。这些社会热点问题和现实需求让学生深刻认识到自己作为社会成员的责任和使命。他们意识到，自己不仅是地理知识的学习者，更是社会问题的解决者和未来发展的创造者。只有积极参与环境保护和可持续发展的行动，才能为社会的进步和人类的未来作出贡献。

（三）培养学生的科学精神和创新意识

地理实践活动需要学生运用科学的方法和手段进行观察、实验、调查等，在这个过程中，学生能够学会尊重事实、勇于探索、敢于创新，培养科学精神和创新意识。

在进行地理实验时，学生要严格按照实验步骤进行操作，认真记录实验数据，分析实验结果，得出科学结论。例如，在进行土壤侵蚀实验时，学生需要准备不同坡度的土壤样本、模拟降雨设备等实验器材，然后按照实验步骤进行操作，记录不同坡度下土壤侵蚀的程度和速度等实验数据。通过对实验数据的分析，学生可以得出土壤侵蚀与坡度、降雨强度等因素的关系，从而验证地理原理和规律。在这个过程中，学生学会了尊重事实，不弄虚作假，以严谨的科学态度对待实验结果。在进行地理调查时，学生要敢于提出自己的观点和假设，通过实地考察和数据分析来验证自己的观点。例如，在进行城市交通调查时，学生可以提出一些关于改善城市交通状况的观点和假设，如增加公共交通线路、建设自行车道、实行交通管制等。然后，学生通过实地考察城市交通流量、居民出行方式等，收集相关数据，进行数据分析，验证自己的观点和假设。在这个过程中，学生学会了勇于探索，不畏惧困难，以科学的方法解决地理问题。

在地理实践活动中培养学生的科学精神具有重要意义。首先，科学精神能够让学生树立正确的世界观和价值观。当学生学会尊重事实、不迷信权威时，他们能够以客观的态度看待世界，形成正确的世界观和价值观。其次，科学精神能够培养学生的创新能力。当学生勇于探索、不断创新时，他们能够提出新的观点和方法，解决地理问题，推动地理学科的发展。

在地理实践活动中培养学生的创新意识同样具有重要意义。首先，创新意识能够激发学生的学习兴趣和积极性。当学生提出新颖的观点和方法时，他们会感到兴奋和自豪，从而更加积极地参与地理学习和实践活动。其次，创新意识能够培养学生的实践能力。当学生将创新意识转化为实际行动时，他们需要运用所学知识和技能进行实践操作，从而提高自己的实践能力。最后，创新意识能够为社会发展作出贡献。当学生的创新成果得到应用时，他们能够为社会发展提供新的思路和方法，推动社会的进步和发展。

第二节 中学地理实践力培养的原则

中学地理实践力培养需遵循多重原则，这些原则相互关联、相辅相成，共同为中学地理实践力的培养指引方向、提供坚实保障。

第一，科学性原则是基础。地理实践活动的内容与方法应严格符合科学原理和规律，确保学生获取准确的地理知识与技能，从活动设计到实施，都要经过科学论证与评估，保障活动安全且有效，使学生在科学的框架内进行地理探索。第二，实践性原则是核心。地理实践力唯有通过地理实践活动才能真正培养起来，学生亲身参与地理调查、考察、实验等活动，亲身体验地理现象，从而掌握实践方法，提升解决实际地理问题的能力，真正将理论知识与实际应用相结合。第三，综合性原则不可忽视。地理实践活动应综合涵盖自然地理和人文地理等多方面内容，这有助于学生全面认识地理环境的复杂性与多样性，培养他们综合运用地理知识和技能的能力，从整体视角理解和分析地理问题。第四，开放性原则可以拓宽学生视野。地理实践活动不能局限于课堂和教材，要鼓励学生走出校园，关注社会热点和现实问题，这样能拓宽学生的地理视野，激发创新思维。第五，安全性原则是保障。在地理实践活动中，必须确保学生的人身安全，提前做好风险评估，制定完善的安全防范措施，为学生创造安全的实践环境，让他们能够安心参与活动，无后顾之忧地提升地理实践力。

一、科学性原则是地理实践力活动的基础

遵循科学性原则是培养中学地理实践力的基础和保障，只有当地理实践活动的内容和方法符合科学原理和规律，活动的设计和实施经过科学论证和评估，学生才能在活动中获得正确的地理知识和技能，提高地理实践力。

（一）地理实践活动内容符合科学原理

1.自然地理实践活动

自然地理涵盖地球的大气、水、岩石、土壤、生物等诸多要素及它们之间的相互作用和演化规律。在自然地理实践活动中，内容的科学性至关重要。例如，在进行地质地貌考察活动时，学生需要了解不同地质构造的形成原理，如褶皱、断层等。通过实地观察山脉的形态、岩石的特征，学生可以直观地认识到地壳运动的力量和影响。同时，对于河流地貌的考察，学生要明白河流的侵蚀、搬运和堆积作用是如何塑造出河谷、三角洲等地形的。只有当实践活动的内容准确地反映了这些科学原理和规律，学生才能真正理解自然地理现象的本质。在气象气候观测活动中，学生要掌握大气环流、气压带和风带的分布规律及它们对气候的影响。通过观测气温、降水、风向等气象要素，学生可以分析不同地区的气候特点及其成因。例如，了解到赤道低气压带控制下的地区气候炎热多雨，而副热带高气压带控制下的地区则气候炎热干燥。这样的实践活动内容能够帮助学生建立起科学的气象气候知识体系。

2.人文地理实践活动

人文地理涉及人类活动与地理环境的相互关系，包括人口、城市、产业、文化等方面。在人文地理实践活动中，同样需要遵循科学原理和规律。例如，在进行城市规划调研活动时，学生要了解城市的区位因素、功能分区的原则及城市发展的规律。通过实地考察不同类型的城市，分析其空间布局、交通网络、产业结构等，学生可以理解城市发展的科学决策过程。同时，在研究人口分布与迁移的实践活动中，学生要掌握人口增长模式、人口迁移的影响因素等知识。通过调查不同地区的人口状况，分析人口变化的趋势和原因，学生可以深入了解人类活动与地理环境的相互作用。

（二）地理实践活动方法符合科学规律

1.观察法

观察是地理实践活动中最基本的方法之一。在运用观察法时，学生不但要注重观察人类活动与地理环境的关系，还要遵循科学的观察顺序和方法，以确保获得准确的信息。例如，在进行自然地理观察时，学生要先确定观察的对象和范围，然后按照从整体到局部、从宏观到微观的顺序进行观察。在观察过程中，要注意运用多种感官，如视觉、听觉、嗅觉等，全面地感受地理现象。同时，要学会使用辅助工具，如望远镜、显微镜、温度计、湿度计等，提高观察的精度和准确性。

2.测量法

测量是地理实践活动中常用的方法之一。在运用测量法时，学生需要掌握正确的测量工具和方法，以确保测量结果的准确性和可靠性。例如，在进行地形测量时，学生可以使用水准仪、经纬仪等测量仪器，测量地面的高度和角度。在测量过程中，要严格按照测量仪器的使用说明进行操作，确保测量数据的精度。同时，要注意测量的环境因素如天气、地形等对测量结果的影响。在进行气象测量时，学生可以使用温度计、气压计、雨量器等测量仪器，测量气温、气压、降水量等气象要素。在测量过程中，要定期进行仪器的校准和维护，确保测量结果的准确性。同时，要注意测量的时间和地点的选择，以保证测量数据的代表性。

3.实验法

实验是地理实践活动中验证地理原理和规律的重要方法之一。在运用实验法时，学生需要设计科学合理的实验方案，严格控制实验条件，以确保实验结果的可靠性和有效性。例如，在进行土壤侵蚀实验时，学生可以设计不同的坡度、植被覆盖度、降水强度等实验条件，观察土壤侵蚀的程度和速度。在实验过程中，要严格控制实验变量，确保实验结果的准确性。同时，要对实验结果进行科学的分析和总结，得出土壤侵蚀与各实验因素之间的关系。

（三）地理实践活动需经科学论证与评估

1.依据教学大纲与课程标准确定主题与目标

在设计地理实践活动的初始阶段，教师应紧密围绕教学大纲和课程标准进行科学论证。教学大纲与课程标准是教学活动的根本指南，它们明确了地理学科的知识体系与学生应达到的能力层次。基于此，所确定的实践活动主题需与教学内容高度契合，同时具备现实意义与探究价值。例如，在学习自然地理中的气候类型相关内容时，可设计以本地不同气候区域的实地观测为主题的实践活动。活动目标要明确具体，不仅要具备可测量性，还应便于评价。比如，对学生能否准确识别并记录不同气候区域的典型气候特征这一目标，可通过后续的观测记录与数据分析进行量化评估。

2.选择适宜的实践地点与时间

地理实践活动的地点选择至关重要。所选地点应具有典型的地理特征，这样才能为学生提供丰富的地理现象与数据。例如，在进行地质构造相关的实践活动时，选择具有明显褶皱、断层等地质构造的区域，如某些山区或地质公园。而实践时间的确定则需综合考虑多方面因素。天气状况对活动影响显著，应避免在暴雨、大风等恶劣天气条件下开展活动。季节因素也不容忽视，不同季节的地理现象存在差异，比如研究植被的地理实践活动在不同季节会观察到植被生长的不同阶段。合理选择实践时间可确保活动顺利进行，使学生能够在最佳的环境条件下进行观察与探究。

3.设计详细的活动方案

一个完善的活动方案是地理实践活动成功的关键。它应涵盖活动的步骤、方法、组织形式及安全措施等多个方面。活动步骤需条理清晰、循序渐进，让学生明确每一个环节的任务与操作方法。例如，在进行河流地貌的实践活动中，可先进行河流的整体观测，再分别对河流的侵蚀地貌、堆积地貌等进行详细观察与测量。活动方法应多样化，包括实地测量、样本采集、问卷调查等，以满足不同的学习需求。组织形式可根据学生的数量与特点进行分组或集体活动。同时，安全措施的制定不容忽视，如在山区实践时需配备必要的防护装备，并对学生进行安全教育，确保活动的安全性与可操作性，使学生在安全的环境中获得有效的学习体验。

4.活动实施要经过多维度评估

在地理实践活动实施后，科学评估应从多个方面展开。学生的参与度是一个重要的评估维度，要观察学生在活动中的积极性、主动性及参与活动的深度与广度。知识掌握程度可通过学生在活动过程中对地理概念、原理的理解与运用情况来衡量。技能提升情况包括野外测量技能、数据分析技能、地理信息技术运用技能等方面的进步。情感态度价值观的变化也不容忽视，如学生对地理学科的兴趣是否增强、对环境的保护意识是否提高等。

5.活动实施中要多方式收集数据

为了全面准确地评估活动效果，可采用多种方式收集评估数据。观察是最直接的方式之一，教师在活动过程中观察学生的行为表现、小组合作情况等。问卷调查可了解学生对活动的感受、收获及对活动内容与组织形式的满意度。测试可针对活动相关的地理知识与技能进行量化考核。

二、实践性原则是地理实践力活动的核心

（一）实践性原则是中学地理实践力培养的坚实根基

实践活动在中学地理教学中具有至关重要的意义，它不仅是理论知识的延伸，更是学生全面发展的关键途径，实践性原则奠定了中学地理教学的坚实根基。在中学地理教学中，实践原则在地理实践活动中的应用具有不可替代的重要性。地理学科作为一门兼具自然科学与人文科学特性的综合性学科，其知识体系的构建与能力的培养离不开实践活动的支撑。

首先，实践活动能够激发学生的学习兴趣。传统的课堂教学往往以教师讲授为主，学生被动接受知识，容易感到枯燥乏味。而实践活动则为学生打开了一扇通往丰富多彩的地理世界的大门，与传统课堂教学相比，实践活动更加生动、有趣，能够让学生在亲身体验中感受到地理知识的魅力。其次，实践活动能够提高学生的学习效率。通过亲身体验和主动探索，学生能够更加深入理解地理知识，掌握地理技能，提高地理实践能力。在实践活动中，学生不再是被动地接受知识，而是主动地去观察、思考、分析和解决问题。最后，实践活动能够培养学生的综合素质。地理实践活动不仅涉及地理学科的知识和技能，还涉及其他学科的知识和方法，如数学、物理、化学、生物等。通过参与地理实践活动，学生可以培养自己的跨学科思维能力、团队合作能力、

创新能力和社会责任感等综合素质。例如，在地理调查中，学生需要运用数学统计方法对数据进行分析；在地理实验中，学生需要运用物理和化学知识解释实验现象；在团队合作中，学生需要学会与他人沟通、协调和合作，共同完成任务。这些综合素质的培养对于学生的未来发展具有重要意义。

（二）实践性原则是指导地理实践活动设计与实施的基本原则

1.情境真实性

创设贴近学生生活实际或具有典型地理特征的情境，是实践性原则的重要体现之一。真实的情境能够使学生在学习过程中产生强烈的代入感，增强学习的现实意义。例如，在学习城市地理时，可以组织学生对当地的城市进行实地考察，了解城市的空间结构、功能分区、交通状况等。通过这种方式，学生可以将所学的理论知识与实际生活相结合，更好地理解城市地理的相关内容。同时，具有典型地理特征的情境也能够激发学生的学习兴趣。比如，在学习自然地理时，可以带领学生前往山区、河流、湖泊等地进行实地考察，让学生亲身感受大自然的魅力，加深对自然地理现象的理解。

为了实现情境的真实性，教师可以充分利用校内外资源。在校内，可以利用地理实验室、多媒体教室等设施，创设模拟的地理情境；在校外，可以与当地的自然保护区、科技馆、博物馆等单位建立合作关系，组织学生进行实地参观和学习。此外，教师还可以利用现代信息技术，如虚拟现实技术、地理信息系统等，为学生创设更加真实、生动的地理情境。

2.主体性发挥

确保学生在活动中占据主体地位，是实践性原则的核心要求之一。为了确保学生的主体地位，教师要转变教学观念，从传统的知识传授者转变为学生学习的引导者和促进者。教师要尊重学生的个性差异和兴趣爱好，鼓励学生积极参与地理实践活动，发挥自己的特长和优势。同时，教师要为学生提供必要的指导和帮助，及时解决学生在活动中遇到的问题和困难。

在地理实践活动中，学生应该是活动的设计者、参与者和评价者。教师要鼓励学生自主设计实验方案、选择研究问题、分析数据并得出结论，培养学生的独立思考与创新能力。例如，在地理实验活动中，教师可以提供一些实验主题和实验器材，让学生自主设计实验方案。学生可以根据自己的兴趣和能力，选择不同的实验主题。同时，教师要给予学生充分的自主选择权，让学生根据自己的兴趣和能力，选择不同的研究问题进行深入探究。在分析数据和得出结论的过程中，教师要引导学生运用科学的方法进行分析和推理，培养学生的科学思维能力。

3.过程导向性

重视活动过程的体验与反思，是实践性原则的重要体现之一。在地理实践活动中，过程比结果更加重要。教师要引导学生关注过程中的发现、困惑与解决策略，而非仅仅追求最终的结果或成绩。例如，在实地考察活动中，教师可以引导学生观察地理现象、收集地理数据、分析地理问题。在这个过程中，学生可能会遇到各种问题和困惑，如地理现象不明显、数据收集不准确、问题分析不深入等。教师要鼓励学生积极思考，寻找解决问题的方法和策略。同时，教师要引导学生对活动过程进行反思，总结经验教训，提高自己的地理实践能力。

为了实现过程导向性，教师可以采用多样化的评价方式。除传统的考试评价方式外，教师还可以采用过程性评价、表现性评价等方式，对学生在活动过程中的表现进行评价。过程性评价可以关注学生在活动过程中的参与度、合作能力、创新能力等方面的表现；表现性评价可以通过学生的作品展示、口头报告等方式，对学生的地理实践能力进行评价。

4.资源整合性

充分利用校内外资源，是实践性原则的重要保障之一。地理实践活动需要丰富的学习材料和实践平台，而校内外资源的整合可以为学生提供更加丰富多样的学习资源。在校内，教师可以利用地理实验室、图书馆、多媒体教室等设施，为学生提供实验器材、图书资料、多媒体课件等学习材料。同时，教师还可以组织学生开展校内地理实践活动，如校园地理调查、地理实验等。在校外，教师可以与当地的自然保护区、科技馆、博物馆、企业等单位建立合作关系，组织学生进行实地参观和学习。此外，教师还可以利用互联网等现代信息技术，为学生提供丰富的地理学习资源。

三、综合性原则在地理实践活动中的重要应用价值

综合性原则在地理实践活动中具有重要的应用价值。通过将自然地理、人文地理、区域地理等多个领域的知识融合在一起，采用多样化的实践方法，综合考虑学生的知识水平、能力水平和兴趣爱好等因素，能够有效地提高学生的综合思维能力和地理素养。在中学地理教学中，我们应充分认识到综合性原则的重要性，积极探索和创新地

理实践活动的内容和方法，为学生的成长和发展提供更加丰富和有效的地理教育。

（一）综合性原则的内涵与重要性

综合性原则强调地理实践活动的内容和方法应具有广泛的综合性。地理学科本身就是一门综合性极强的学科，它涵盖自然地理、人文地理、区域地理等多个领域。自然地理研究地球的自然环境，包括大气、水、地形、土壤、生物等要素；人文地理则关注人类活动与地理环境的相互关系，如人口、城市、产业、文化等方面；区域地理则将自然地理和人文地理相结合，研究不同地区的地理特征和发展差异。

通过综合性的地理实践活动，学生能够将不同领域的地理知识有机地结合起来，形成系统的地理认知。这种综合思维能力不仅有助于学生更好地理解地理学科的本质，还能培养他们在面对复杂现实问题时的分析和解决能力。同时，综合性原则也有助于提升学生的地理素养。地理素养包括地理知识、地理技能、地理思维和地理情感等多个方面。综合性的地理实践活动能够让学生在实践中全面提升这些素养，使他们具备更广阔的视野、更深刻的洞察力和更强的社会责任感。

（二）综合性原则在地理实践活动内容中的应用

1.自然地理与人文地理的融合

在地理实践活动中，可以将自然地理和人文地理紧密结合起来。在进行野外考察时，不仅可以让学生观察地形地貌、气候植被等自然地理现象，还可以引导他们思考这些自然环境对当地人类活动的影响。比如，在山区考察时，学生可以了解到山地地形对交通、农业和聚落分布的影响；在河流流域考察时，学生可以分析河流的水文特征对周边城市发展和农业灌溉的作用。通过这种融合，学生能够深刻认识到自然地理与人文地理的相互关系，提高综合分析问题的能力。

2.区域地理的综合研究

区域地理是综合性原则的重要体现。在地理实践活动中，可以选择特定的区域进行综合研究。学生可以通过实地调查、资料收集和数据分析等方法，了解该区域的自然地理特征、人文地理特点及区域发展问题。例如，对一个城市的地理实践活动可以包括对城市的地理位置、气候条件、地形地貌、人口分布、产业结构、交通网络等方面的研究。通过对区域的综合研究，学生能够掌握区域分析的方法，提高对不同地区地理差异和发展规律的认识。

3.跨学科知识的整合

地理实践活动可以整合其他学科的知识，体现综合性原则。地理学科与数学、物理、化学、生物、历史、政治等学科都有着密切的联系。例如，在研究地理环境对生物多样性的影响时，可以结合生物学知识；在分析城市交通拥堵问题时，可以运用数学模型和物理学原理；在探讨历史文化名城的保护与发展时，可以结合历史学科的知识。通过跨学科知识的整合，学生能够拓宽思维视野，提高综合运用知识的能力。

（三）综合性原则在地理实践活动方法中的应用

1.多样化的实践方法

为了体现综合性原则，地理实践活动应采用多样化的方法。除传统的实地考察、野外调查等方法外，还可以结合地理实验、地理模拟、地理信息技术等现代方法。地理实验可以让学生在实验室环境中模拟自然地理现象，加深对地理原理的理解；地理模拟可以利用计算机软件对地理过程进行模拟，帮助学生预测地理变化趋势；地理信息技术则可以为学生提供丰富的地理数据和空间分析工具，提高学生的地理信息处理能力。通过多样化的实践方法，学生能够从不同角度认识地理现象，提高综合实践能力。

2.小组合作与自主探究相结合

在地理实践活动中，可以采用小组合作与自主探究相结合的方法。小组合作可以让学生在团队中发挥各自的优势，共同完成实践任务。学生可以通过分工合作，进行实地调查、数据收集、资料整理和报告撰写等工作。同时，小组合作也有助于培养学生的团队合作精神和沟通能力。自主探究则可以激发学生的学习主动性和创造性，让学生在实践中独立思考、发现问题和解决问题。教师可以引导学生提出自己感兴趣的地理问题，并通过查阅资料、实地考察和实验研究等方法进行自主探究。通过小组合作与自主探究相结合，学生能够在实践中提高综合能力和创新能力。

（四）综合性原则在地理实践活动设计与实施中的考虑因素

1.学生的知识水平和能力水平

在设计地理实践活动时，必须充分考虑学生的知识水平和能力水平。对于不同年级的学生，应设计不同难度和深度的实践活动。对于低年级的学生，可以选择一些简单的实地观察和调查活动，如观察校园内的植被分布、调查周边环境的污染情况等；对于高年级的学生，则可以安排一些较为复杂的区域综合研究和地理实验活动。同时，教师还应根据学生的能力水平，合理安排实践活动的任务和要求，确保学生能够在实践中有所收获。

2.学生的兴趣爱好

学生的兴趣爱好是设计地理实践活动时需要考虑的重要因素。兴趣是最好的教师，只有激发学生的兴趣，才能让他们积极主动地参与实践活动。教师可以通过问卷调查、课堂讨论等方式了解学生的兴趣爱好，然后根据学生的兴趣设计相应的实践活动。例如，对于喜欢旅游的学生，可以组织地理考察活动，让他们亲身体验不同地区的自然风光和人文景观；对于对环境保护感兴趣的学生，可以开展环境保护主题的地理实践活动，让他们了解环境保护的重要性和方法。

3.活动的针对性和实效性

为了确保地理实践活动的针对性和实效性，教师在设计和实施活动时应明确活动的目标和任务。活动目标应与地理课程标准和教学要求相符合，任务应具体明确、可操作。同时，教师还应选择合适的实践地点和时间，确保活动的顺利进行。在活动实施过程中，教师应加强对学生的指导和监督，及时解决学生遇到的问题和困难。活动结束后，教师应组织学生进行总结和反思，评价活动的效果，为今后的实践活动提供经验和借鉴。

四、开放性原则在地理实践力培养中的重要性

（一）开放性原则的内涵及重要性

开放性原则在中学地理实践活动中，主要体现在其内容与形式的开放性上。传统的地理教学往往局限于既定的教材内容和相对固定的教学模式，而开放性原则打破了这些束缚。它赋予学生自主选择实践主题和方法的权利，让学生从被动接受转变为主动探索。其重要性主要表现在以下几点。

1.契合地理学科特点

地理学科本身具有高度的综合性与复杂性，涵盖自然地理、人文地理、区域地理等诸多领域。开放性原则为学生提供了深入探究这些领域的机会。例如，在研究自然地理方面，学生可以从全球气候变化到局部地区的生态系统等多个角度进行探索；在人文地理领域，可以从城市规划到乡村发展等多个主题中进行选择。

2.激发主观能动性与创造性

当学生拥有自主选择的权利时，他们的主观能动性会被极大地激发出来。以选择实践主题为例，学生基于自身兴趣和生活经验进行选择，如对传统文化感兴趣的学生可能会选择研究当地古村落的地理布局与文化传承之间的关系。在这个过程中，学生需要独立思考、积极探索，创造性地设计实践方案，从而使他们的创新思维得到锻炼。

3.培养自主学习与合作精神

开放性原则促使学生在实践过程中主动获取知识，提高自主学习能力。同时，许多地理实践活动需要学生以小组形式进行。例如，对某一区域的生态环境进行调查。在小组合作中，学生分工协作、相互交流，共同解决实践中遇到的问题，这有助于培养他们的合作精神。

（二）开放性原则在地理实践活动中的应用

1.自主选择实践主题

在地理实践活动中，学生的兴趣是推动他们深入探究的内在动力。例如，有些学生对环境问题极为关注，他们可能会选择“当地河流污染治理”这一主题。在实践过程中，学生通过实地考察河流污染状况、采集水样进行分析等活动，将理论知识与实际操作相结合。而对旅游地理感兴趣的学生选择“某著名旅游景区的可持续发展”主题后，会深入景区调研游客流量、旅游设施对环境的影响等方面。这种基于兴趣的自主选择使学生全身心地投入实践活动中，提高了学习的积极性。

2.培养问题意识与创新思维

在选择主题的过程中，学生需要对地理问题进行深入分析与思考。例如，在确定“城市垃圾分类现状与对策”这一主题之前，学生需要对城市垃圾产生的源头、种类、当前处理方式等方面进行初步了解，并分析其中存在的问题。这个过程不仅培养了学生的问题意识，而且在探索解决问题的方法时，激发了他们的创新思维。

3.设计和实施地理实验

通过设计和实施地理实验，学生可以深入探究自然地理现象的形成过程和规律。比如，在模拟水循环实验中，学生可以构建一个小型的水循环模型，观察水在蒸发、凝结、降水等过程中的变化，理解水循环的原理。在模拟大气环流实验中，利用简单的实验设备模拟地球表面的热力差异，观察空气的流动和气压的变化，从而对大气环流的形成机制有更深刻的认识。这些实验内容不仅增强了学生的动手能力，也加深了他们对地理原理的理解。

4.开展地理调查研究

开展地理调查研究是了解人文地理现象的重要方式。例如，在研究当地人口分布时，学生可以通过问卷调查、访谈等方式收集数据，分析人口密度与地形、交通、经济发展等因素之间的关系。在调查当地产业结构时，深入企业和相关部门了解各产业的发展状况、就业人数等信息，绘制产业结构图表。这种实践内容使学生将书本知识与社会实际相结合，提高了他们分析和解决实际问题的能力。

（三）开放性原则在地理实践活动评价中的应用

1.多种评价主体

采用教师评价、学生自评和学生互评相结合的方式，从多个角度全面评估学生的地理实践能力。教师评价注重从专业的角度对学生的实践过程和结果进行分析，指出学生在知识运用、技能掌握等方面的优点和不足。学生自评则让学生对自己在实践活动中的表现进行反思，如在参与度、学习态度等方面进行自我评估，提高自我认知。学生互评促进了学生之间的相互学习和交流，如在团队合作项目中，学生可以评价队友在分工协作、沟通能力等方面的表现。

2.多维度评价内容

除传统的学习结果评价外，更加注重对学生学习过程中多方面能力的评价。例如，在评价学生的创新意识时，关注学生在实践活动中是否提出了新颖的观点和独特的解决方案；在评价合作精神时，考察学生在小组合作中是否积极参与讨论、是否尊重他人意见等。

五、安全性原则是地理实践力活动的保障

地理实践活动往往涉及户外考察、实地调研等环节，存在一定的安全风险。因此，安全性原则在地理实践活动中至关重要，它是确保活动顺利进行、保障学生人身安全和财产安全的根本前提。

(一)安全性原则在地理实践力中的重要意义

地理实践活动的目的是让学生通过亲身体验和实地观察，加深对地理知识的理解和掌握，提高地理实践能力。然而，如果在活动中忽视了安全问题，不仅会影响活动的顺利进行，还可能给学生带来身体上的伤害和财产上的损失，甚至会对学生的心理

造成严重的影响。因此，安全性原则是地理实践活动必须遵循的首要原则。

首先，保障学生的人身安全是地理实践活动的基本要求。学生是地理实践活动的主体，他们的安全是活动成功的关键。在地理实践活动中，学生可能会面临各种自然和人为的危险因素，如恶劣的天气、复杂的地形、交通意外等。只有充分考虑这些因素，制订科学合理的安全预案，才能有效地保障学生的人身安全。其次，保护学生的财产安全是地理实践活动的重要任务。在地理实践活动中，学生可能会携带一些贵重物品，如手机、相机等。如果这些物品在活动中丢失或损坏，不仅会给学生带来经济上的损失，还可能影响学生的学习和生活。因此，在地理实践活动中，必须采取有效的措施，保护学生的财产安全。最后，确保地理实践活动的顺利进行是安全性原则的重要目标。如果在活动中发生安全事故，不仅会影响学生的学习和生活，还会给学校和教师带来很大的压力。因此，在地理实践活动中，必须充分考虑安全问题，制订科学合理的安全预案，确保活动的顺利进行。

（二）安全性原则在地理实践活动设计中的应用

1.活动地点的选择

在选择地理实践活动地点时，必须充分考虑安全因素。首先，要选择安全可靠的地点，避免选择存在安全隐患的地方，如悬崖峭壁、河流湍急处、地质灾害易发区等。其次，要考虑地点的交通便利性和可到达性，确保学生能够安全、顺利地到达活动地点。最后，要了解活动地点的周边环境和治安情况，避免选择治安较差的地方。

2.活动时间的安排

在安排地理实践活动时间时，也要充分考虑安全因素。首先，要选择合适的季节和天气条件，避免在恶劣的天气条件下进行活动，如暴雨、狂风、高温等。其次，要合理安排活动时间，避免在夜间或交通高峰期进行活动，确保学生的安全。最后，要考虑活动地点的开放时间和管理规定，确保学生能够在合法、安全的时间内进行活动。

3.活动内容的设计

在设计地理实践活动内容时，要充分考虑学生的年龄、身体状况和心理特点，避免设计过于危险或难度过大的活动内容。例如，对于低年级的学生，可以选择一些简单的实地观察和调查活动，如观察校园内的植物、调查周边环境的污染情况等；对于高年级的学生，可以安排一些较为复杂的户外考察和实地调研活动，如考察山区的地形地貌、调研城市的交通状况等。同时，在活动内容的设计中，要注重培养学生的安全意识和自我保护能力，让学生在活动中学会如何避免危险和应对突发事件。

（三）安全性原则在地理实践活动实施中的应用

1.安全教育

在地理实践活动实施前，必须对学生进行全面的安全教育。安全教育的内容包括活动地点的安全注意事项、活动过程中的安全要求、突发事件的应急处理方法等。通过安全教育，让学生了解活动中的安全风险，掌握必要的安全知识和技能，提高学生的安全意识和自我保护能力。

2.安全管理

在地理实践活动实施过程中，必须加强安全管理。首先，要建立健全安全管理制度，明确各部门和人员的安全职责，确保安全管理工作落到实处。其次，要加强对活动现场的安全监管，及时发现和排除安全隐患。例如，在户外考察活动中，要安排专人负责观察天气变化和地形地貌情况，及时提醒学生注意安全；在实地调研活动中，要加强对交通和治安情况的监管，确保学生的安全。最后，要建立突发事件应急预案，一旦发生突发事件，能够迅速、有效地进行处理，保障学生的人身安全和财产安全。

3.安全保障

在地理实践活动实施过程中，必须提供必要的安全保障。首先，要为学生配备必要的安全装备，如安全帽、安全带、急救包等。其次，要安排专业的医护人员和救援人员随队，确保在发生突发事件时能够及时进行救治和救援。最后，要为学生购买必要的保险，为学生的人身安全和财产安全提供保障。

（四）地理实践活动指导教师的安全职责

1.具备安全知识和技能

地理实践活动指导教师必须具备一定的安全知识和技能，能够及时处理突发事件。指导教师要了解活动地点的安全情况和风险因素，掌握必要的急救知识和技能，能够在发生突发事件时迅速、有效地进行处理。同时，指导教师还要具备良好的组织协调能力和沟通能力，能够有效地组织学生进行活动，确保学生的安全。

2.制订安全预案

在地理实践活动实施前，指导教师要制订科学合理的安全预案。安全预案的内容包括活动地点的安全评估、活动过程中的安全措施、突发事件的应急处理方法等。通过制订安全预案，能够有效地预防和应对突发事件，保障学生的人身安全和财产安全。

3.加强安全教育和管理

在地理实践活动实施过程中，指导教师要加强对学生的安全教育和管理。指导教师要向学生详细介绍活动地点的安全注意事项和活动过程中的安全要求，让学生了解活动中的安全风险，掌握必要的安全知识和技能。同时，指导教师还要加强对活动现场的安全监管，及时发现和排除安全隐患，确保学生的安全。

4.及时处理突发事件

在地理实践活动实施过程中，如果发生突发事件，指导教师要迅速、有效地进行处理。指导教师要保持冷静，按照安全预案的要求，及时组织学生进行疏散和救援。同时，指导教师还要及时向学校领导和相关部门报告，请求支援和帮助。

第五章　中学地理实践力培养的途径与方法

第一节　在课堂教学中利用地理实验教学培养地理实践力

教育的改革与发展对学生的实践力提出了更高要求，《普通高中地理课程标准（2017 年版 2020 年修订）》在核心素养部分指出，地理实践力有助于提升人们的行动意识和行动能力，更好地在真实情景中观察和感悟地理环境及其与人类活动的关系，增强社会责任感。由此可以看出地理实践力对学生发展的重要意义。实验教学是高中地理教学落实地理实践力的主要元素，因此在具体的教学过程中，教师要积极寻找在实验教学中培养地理实践力的方法，为学生更好地走向社会做好铺垫。

一、地理实验教学与地理实践力培养的关系

（一）地理实验教学的内涵与分类

《辞海》对“实验”的定义为：设计来检验一个理论或证实一种假设而进行的一系列操作或活动。《现代汉语词典》中“实验”的含义有两个方面：一是为了检验某种理论或假设而进行某种操作或从事某种活动；二是实验工作，比如科学实验。而地理实验教学是基于地理学科理论知识，通过设计和实施各种实验活动，让学生在实际操作过程中观察地理现象、验证地理原理、探索地理规律的一种教学方式，它不仅是简单的动手操作，更是一个将抽象的地理知识具象化的过程。

地理实验的概念有广义与狭义之分。广义地理实验指通过观察、观测等方式，探索地理事物现象、成因、过程等的实践活动不仅包括狭义的地理实验，还包括地理观察、地理调查等。狭义地理实验指运用设备和器材，人为地把要学习的地理事物、现象、变化过程表现出来，验证、获得知识的方法，一般只指室内自然地理实验，不包括地理室外观察等活动。

总之，地理实验教学是在课堂和地理课外实践活动中，借助一定的实验器材与实验设备，有目的、有计划、有步骤地完成模拟、演示、操作等过程，来揭示和验证某种地理现象、规律、原理的教学方法和活动形式。我们在这里所说的地理实验是广义的地理实验，不仅包括室内的地理实验，还包括课外的地理观察、地理考察、地理调

查等实践活动。

关于地理实验教学，不同学者有着不同的分类。徐宝芳根据实验内容的不同，将地理实验分为地球系列实验、地质系列实验等；依据实验场所的不同，将地理实验分为课内实验、课外实验。张卫青依据实验层次，将地理实验分为验证类实验、设计类实验、综合类实验。还有其他相关研究者基于不同视角对地理实验教学进行了相关分类，如按照学科性质，分为自然地理实验、人文地理实验。

按照活动方式的不同可以将地理实验分为演示类地理实验、绘制类地理实验、实践类地理实验三类。这样既可以为后续的研究提供基础条件，也能为学生地理实践力的培养提出相应的教学策略。

演示类地理实验主要由教师在课堂上进行操作展示，这种实验的优点在于能够在短时间内吸引学生的注意力，将复杂的地理过程以清晰、有序的方式呈现出来，主要是指使用一定的材料，来模拟较大的时空尺度的地理事物的分布、特征与演变规律，根据所借助材料性质的不同，可以分为实物模拟与计算机模拟，如利用地球仪模拟地球自转与公转是实物模拟，利用计算机软件模拟地球运动是计算机模拟；绘制类地理实验包括绘图与制作地理模型两类，如绘制全球气候类型分布图属于绘图，使用乒乓球等材料制作三圈环流模型，属于制作地理模型类；实践类地理实验包括地理野外观察、地理调查、地理考察，是以现实地理环境为实验载体，以某一有代表性的典型地区为例，对地理环境各要素的状态、特征进行推理、实验，并对实验结果进行分析、归纳、总结的实践过程，如野外辨别方向、调查家乡工业区分布等。

（二）地理实验教学对地理实践力培养的作用

学生地理实践力的培养与提升和地理实验教学的应用之间存在着密切的关联，它们相互影响、相互作用。地理实验教学可以成为培养学生地理实践力的主要途径与依托，为学生地理实践力的发展提供丰富的土壤，而地理实践力的形成与发展又是地理实验教学有效开展的基本前提与保障。地理实验教学的实施能够大力促进学生地理实践力的培养，反过来，地理实践力的形成也确保了地理实验教学能够更加顺利、高效地开展。

1.地理实验教学有助于强化学生的地理实践力知识

达·芬奇的名言“实验是科学知识的来源，智慧是实验的女儿”，深刻地揭示了实验在科学领域的重要意义。在地理学科范畴内，地理实验作为一种形象且高效的教学形式与方法，对于学生学习和理解地理知识意义重大，为地理实践力的塑造奠定了坚实基础。

陶行知先生将知识的获取分为闻知、说知、亲知三类。课堂上聆听教师讲解属于闻知与说知，而通过实践获得知识则是亲知。闻知和说知必须建立在亲知的基础之上，方能成为“真知”。在地理学习中，从实验里去学习和理解相关知识，能让学生达到亲知的层面。例如，对于北半球陆地最高温在 7 月，而海洋最高温出现在 8 月这一知识点，很多学生理解起来存在困难。此时，通过模拟实验的方式让学生获得亲知就显得尤为重要。让学生准备一盆水、一盆沙以及温度计等器材，将它们置于相同环境中。在太阳升起前，分别测量并记录水和沙的温度，在日出到日落期间，每隔一段时间重复测量记录。通过对比多组数据，学生能够自主得出结论，并深入分析原因，从而深刻理解“海陆热力性质差异”这一地理原理。这种从实验中得来的知识，并非简单的记忆，而是融入了学生自身的思考与探索，能有效强化他们的地理实践力知识体系。

2.地理实验教学有助于学生技能的发展

在地理实验教学活动中，学生是核心的践行者。从实验的初始阶段开始，学生需要自主收集和准备与实验相关的数据与材料。这一过程锻炼了学生的信息收集与整理能力。在实验操作环节，学生需要按照实验步骤有条不紊地进行操作，这考验了他们的动手操作能力及对实验流程的熟悉程度。

在实验过程中，仔细观察和准确记录实验现象与数据也是至关重要的环节。学生需要保持高度的注意力，不放过任何一个细节，同时要学会运用科学的记录方法，确保数据的准确性和完整性。实验结束后，对实验资料的整理、对研究结果的分析及在小组内进行讨论与交流并最终得出结论等过程综合培养了学生多方面的地理能力。例如，让学生利用泡沫板、橡皮泥、刻刀等工具分组制作地质构造模型。在这个过程中，学生依据所学知识，通过小组合作的方式共同设计并完成制作。这不仅有助于学生加强对地质构造知识的理解，而且在动手操作与团队协作的过程中，培养了他们的创新设计能力与合作探究能力。这些技能的发展是地理实践力综合体中技能部分的重要体现，为学生在更复杂的地理实践活动中发挥能力奠定了基础。

3.地理实验教学有助于学生品质的培养

美国心理学家威廉·詹姆斯曾说：“播下一个行动，收获一种习惯；播下一种习惯，收获一种性格；播下一种性格，收获一种人生。”地理实验教学的核心目的在于让学生在实验过程中获取知识。学生通过动手操作、实地参考及自主探究等多种形式来探索和验证地理现象的形成与变化过程。在这个过程中，学生逐渐养成求真务实的科学态度。他们不再满足于对知识的表面理解，而是追求对地理现象本质的探索。这种对真理的追求精神会逐渐内化为他们的行为习惯。例如，在进行地理野外实验时，面对复杂的地理环境和不确定的实验结果，学生需要保持耐心和细心，认真对待每一个实验步骤和数据。这种经历会让他们形成严谨、认真的做事态度。

同时，地理实验教学还能培养学生主动探索知识的行为习惯。当学生在实验中遇到问题时，他们会主动去查阅资料、请教教师或者与同学讨论，这种主动探索的精神会逐渐成为他们的一种习惯。而且在不断探索与实践的过程中，学生的良好品质与人格也会得到塑造。他们学会了在团队中相互协作、相互支持，懂得了如何面对困难与挫折，这些都对学生品质的发展起到了积极的推动作用。

（三）地理实践力培养对地理实验教学的具体帮助

1.地理实践力的培养有利于地理实验教学活动的开展

要促进学生地理实践力的提升，需要关注学生的操作绘制能力，通过开展实物模拟实验、计算机模拟实验、绘图实验等途径来进行培养；要促进学生地理实践力的提升，需要关注学生的观察观测能力，可以通过开展天文观察、气象观测等实验活动来进行培养；要促进学生地理实践力的提升，需要关注学生的考察调查能力，可以通过开展地理调查、地理考察等实验活动来进行培养。总之，地理实践力的培养，为地理实验活动的开展奠定了基础。林庆安在论述学生地理实践力的培养方法中就选用了地理实验的方法，如通过地理观测实验来测量正午太阳高度角，通过地理实物模拟实验来解释植被涵养水源的功能，通过地理绘图实验向学生讲解绘制地图的方法。李京燕在论述地理实践力的培养途径时，提到地理实践场所的建设，一类是户外考察、调查的实践基地建设，另一类是动手训练的室内实验室建设。实践基地的建设为地理实验教学活动的开展提供了物质基础。

2.地理实践力的发展有利于地理实验教学目标的达成

地理实验教学的开展不仅是为了让学生掌握一定的地理知识，也是为了能更好地激发学生的地理学习兴趣、培养学生的地理思维能力、促进学生形成正确的价值观念。而这些实验教学目标的达成并不是一蹴而就的，而是一个不断发展、不断进阶的过程，学生只有在掌握知识、理解知识的基础上，才能学会运用知识、迁移知识，才能在实践中促进技能的发展，形成良好的习惯与态度。地理实践力是一个完整的综合体，由知识、技能、品质构成。当学生的地理实践力得以发展时，学生的知识、技能与品质必然也会得到提升。学生拥有更丰富的知识、更娴熟的技能，在地理实验过程中，其知识运用能力、迁移能力能更好地得以运用，实验操作能力与地理思维能力能更好地得以发展，对地理学习的兴趣、情感能更有效地得以培养，学生的价值观念也能更好地得以锻炼与提升。由此可见，学生地理实践力的提升将更加有利于地理实验教学目标的达成。

3.地理实践力的形成有利于地理实验教学评价的完善

对地理实验教学的评价必须贯穿整个地理实验活动过程。之前的地理教学的评价主要侧重学生学习的最终结果，以终结性评价为主，而对于学生学习中知识获取的过程、技能的培养、创新精神与情感态度的评价与关注则相对较少。在地理实践力素养提出之前，我国地理实验教学的评价主要集中在学生知识的获取与能力的习得方面，不同的学者提出了对于地理实验的评价方法。李家清认为在地理实验类的研究性学习中，评价的主要方法为档案袋评价法、文章展示、作品展示等方法。陈林森认为，在地理实验教学评价中应该有自评、他评等评价方法，应有多种评价方式相结合。虽然学者们对于地理实验都提出了相对完整的评价方法，但对其具体的评价过程、地理实验中评价的侧重点未进行深入挖掘。当学生的地理实践力素养逐步形成之后，对于实验教学的评价，可以置于实验活动进行的过程之中。如对地理操作绘制类实验的评价，要在学生的动手操作与绘图制图整个过程中进行。掌握科学的操作方法、操作程序直接关系到实验结果的准确性，教师在对学生的动手操作实验进行评价时，要关注学生对方法的掌握与运用、对实验程序的选择等评价要素，才能对其实验操作能力进行科学有效的评价。对其他地理实验的评价也是如此，当学生的地理实践力逐渐形成之后，实验评价的关注点就会逐步转向知识、技能、价值观等方面，实验教学评价的内容也将会更加完善。

二、在地理实验教学中培养学生的地理实践综合能力

（一）在地理实验教学中培养学生的地理操作绘制能力

1.提升学生操作绘制意识

学生地理实践力的培养需要依托“地理实验”这一重要载体，因此，在地理实验

教学中如何操作才能更好地锻炼学生的地理实践力是需要重点探讨的问题。地理操作绘制能力是学生在进行地理操作绘制实验时所要具备的基本能力要求，也是地理实践力综合体的重要组成部分。

意识是行动的先导，在地理教学活动中，学生的操作绘制意识相对欠缺，因此，要提高学生的操作绘制能力，首先要提升学生的操作绘制意识。学生的操作绘制意识欠缺是由于受到了教学方式的影响。我国的教育长期受应试教育的影响，教师在教学过程中主要侧重于知识的传授。由于高考试题中未对学生操作绘制能力进行考查，所以教师在教学中很少对学生的操作绘制进行相应训练。要提高学生的操作绘制能力，教师应在平时的教学过程中逐渐渗透动手操作绘制相关教育，提升学生的动手操作制作意识。教师渗透操作绘制的教育，可以在教学过程的导入、讲解、结束、复习等环节进行。

学生操作绘制能力的培养是一个长期而缓慢的过程，教师在教学过程中要不断更新自己的教学观念，将学生的动手操作、动手绘制等活动贯穿整个教学过程，渗透于知识讲解、知识迁移、知识运用的各个环节，让学生逐步形成操作绘制的意识，明确自己的目标与方向。

2.激发学生的操作绘制兴趣

兴趣是最好的教师，在地理学习过程中，学生与初中生相比，在学习兴趣方面具有更强的稳定性和持续性。教师在地理操作绘制实验中，可以组织各种不同形式的操作绘制实验活动，增添活动的趣味性，让学生在参与中感受到操作绘制的乐趣，使学生面对地理实验活动时产生快乐的情绪，而不是抵触和厌恶的情绪，也让学生在活动中体验到成功的兴奋感，形成自主动手操作、动手绘制的志向，让学生对地理操作绘制实验兴致勃勃。

学生的学习兴趣在地理教学过程中至关重要，教师在教学过程中要充分了解学情，认识学生的性格特征、个性差异、兴趣爱好，设计出符合学生需求的操作绘制活动，激发学生的实验参与热情与兴趣。教师可以组织地理模型制作活动、地理模拟操作比赛活动、分组地理绘图活动等不同形式的活动来激发学生的操作绘制兴趣。如在学习完成“中国地理”相关内容后，可以组织学生进行“中国地理电子拼图”的比赛活动，让学生以比赛的形式来记忆和熟悉中国省级行政区划的位置、文化景观等；在学习完成“世界地理”相关内容之后，可以将全班分成不同小组，每一小组画出某一大洲或区域的地形、气候简图，让学生在绘制地图中获得知识，激发学习兴趣。

3.纠正操作绘制失误，激励操作绘制创新

不同的学生由于性格特征、学习经历、个人知识积累、学习能力的不同，在地理操作绘制中会出现不同的能力表现倾向。操作绘制能力相对欠缺的学生在地理操作绘制实验过程中，失败和错误难以避免。这时，教师如果对学生进行过多的批评与指责，只会降低学生实验操作的热情与积极性，不利于学生操作能力的培养。对于操作绘制过程中存在失误的学生，教师要及时进行辅导，与学生一起分析产生失误的原因，帮助学生纠正错误，使学生的实验活动步入正轨。而对于部分操作绘制能力较强的学生，他们可能对实验操作内容有更深刻的理解与更新颖的想法，可能会制作出更加新颖的地理模型，绘制出更完美的地图。这时，教师如果不进行及时的鼓励与肯定，可能会抑制他们的创造思维与能力。对这些能设计出新颖作品的同学，教师要进行及时的激励，促进他们创新能力的培养。

4.增加操作绘制训练，培养操作绘制习惯

美国心理学家华生提出“频因律”，认为在其他条件相同的前提下，某种行为练习的频率越高，习惯形成得就越快。因此，练习频率在习惯形成中具有重要的作用。教师要在平时的地理教学过程中加强对学生的操作绘制训练，以培养学生良好的操作绘制习惯，促进其地理操作绘制能力的形成。在课程教学目标中，教师可以将学生的操作绘制训练纳入教学计划或者教学建议，对每学期地理操作绘制训练的次数进行规定，确保有章可循。在地理教学过程中，教师在课堂上可以对学生进行相应的地理实验操作活动培训，培养学生操作绘制的意识与能力。在课程结束后，教师可以布置相应的操作绘制的练习，让学生在课下自主完成，以培养学生的操作绘制习惯。

5.建立合理评价机制，展示设计优秀作品

科学合理的教学评价，可以准确及时地为地理教师提供反馈信息。根据这些信息，教师可以发现教学中的问题与不足，适时地调整教学进度，改进教学方法，革新教学手段，从而提高地理教学水平，提高教学质量。科学合理的教学评价也可以改进学生学习，促进学生的全面发展。在地理操作绘制实验中建立合理的教学评价机制，可以让教师在教学过程中不断地反思自己的教学方法与策略，调整教学方案，提高教学水平，为学生的操作绘制提供更好的引导。学生也可以通过科学合理的评价，来改变学习方法，更新学习计划，改善学习策略，操作绘制出更优秀的作品，促进操作绘制能力的成长。与此同时，教师可以建立地理模型储存室，将学生设计的优秀地理模型进行收藏和展示，也可以通过开办黑板报、墙报、作品栏等形式将学生绘画的地图、制作的地理模型进行展示，来提高学生的自信心，增强学生操作绘制的兴趣与积极性。

（二）在地理实验教学中培养学生的地理观察观测能力

1.选择观察观测内容，明确实验目的要求

地理观察观测活动是学生深入了解地理环境及其发展变化规律的重要手段，是发展学生地理智能、培养学生科研能力的重要途径。在地理观察观测活动中培养学生的观察观测能力是进行地理实验，促进学生地理实践力提升的重要内容。

地理观察观测的内容十分丰富，涉及地理内容的多个方面，包括天文观察观测（星空观察观测等）、气象观测（空气温度湿度观察观测等）、生物观察观测（植被叶群类型观察观测）等。学生不可能在短暂的学习过程中全部完成。因此，在进行地理观察观测实验时，要明确实验的目的与要求，精选实验内容，使观察观测的对象具有典型性、代表性。如中图版必修一“课题”中有“寻找正午太阳高度角变化的证据”这一问题，此时，可以开展正午太阳高度角变化的观测实验来验证这一问题。学生可以选择学校操场附近的空旷地区作为观察观测地点，通过记录、测量来证实正午太阳高度角的变化规律。

2.确定观察观测顺序，做好实验活动准备

明确观察观测内容后，还要进一步选定具体的观察观测顺序和线路，预知每一步观察观测所要解决的实际问题。地理观察观测顺序可以分为时间顺序、空间顺序、时空结合顺序三种类型。如在观测正午太阳高度角的变化时，明确目的内容后，观察观测的顺序应该是时空结合顺序，即在同一地点，在连续的一段日期当中，选择当地正午 12 时的时间对太阳高度角进行测量。除了确定观察观测地点，还应该做好实验活动的准备，即知识准备、技能准备、物质准备、组织准备等。知识准备是让学生熟悉实践活动所涉及的基础知识及所需要的知识资料。技能准备主要是使学生学会使用和操作实验观察观测仪器，如地图、罗盘、温度测量器等。物质准备是指要准备好实践活动所需的设备、工具等。组织准备是指学生之间的分组与分工安排。准备工作在地理观察观测实验中必不可少。如在正午对太阳高度角进行测量时，教师先对学生进行相关知识的讲解，让学生具备基本知识，然后准备好实验所需器材，如时钟、指南针、皮尺、量角器、旗杆等物质资源。

3.注重个别辅助指导，突出观察观测重点

地理观察观测活动的开展是实验活动的关键，由于各种地理观察观测的内容与对象不尽相同，每位学生的学习背景、学习经验、学习能力也有所不同，而观察观测的实际情况又是复杂多变的，部分学生可能由于各种原因在观察观测过程中存在着欠缺与不足，此时教师应该对学生进行个别的辅助，对观察观测活动进行具体的指导。教师要注重随时随地进行启发，让学生通过联想、对比等分析所观察到的地理现象。教师还可以用文字、摄影等形式，将实验活动及时地记录下来；进行标本采集，并妥善保存。观察记录和采集到的标本，作为以后记录和学习的重要资料，可为实验活动的总结提供基础和依据。

4.整理资料信息资源，积累观察观测成果

地理事物与地理现象都处于运动变化之中，有其自身发展的复杂性与规律性，要习得地理知识，把握地理事物的原理与规律，理解地理事物的变化发展过程，就要坚持长期的观察与测量。在每一次观察观测实验结束后，要注重对数据、文字等资料的收集、整理、分析、分类，形成相对科学完整的结论与成果，并对成果进行积累，为以后的观察观测提供参考和依据。只有对资料进行整理，不断累积和扩充观察观测成果，才能为相关问题的解决提供科学可靠的参考与依据，同时也有利于学生养成良好的观察观测习惯，提高学生的观察观测能力，促进学生形成良好的意志与品质。

5.建立新型评价体系，开展交流分享活动

学生的地理观察观测能力很难通过单一的形式来进行考察与评价，因此教师要建立新型的评价体系来促进地理观察观测能力评价的形成。在评价形式上，教师可以将形成性评价、诊断性评价与过程性评价相结合，既注重学生在观察观测实验中的准备情况，也注重学生在实验中的参与情况和参与效果；既要注重学生地理知识的掌握，也要注重学生观察观测能力的培养和正确情感态度价值观的形成。在评价方法上，要综合运用观察法、谈话法、测验法、问卷法、档案袋评价法等方法。如在地理观察观测实验中，教师可以作为观察者和监督者，对学生的观察观测行为进行观察与记录；在实验活动结束后，教师可以设计调查问卷对学生进行考核，通过建立学生个人或小组学习档案对学生或团体的学习进步程度进行及时的跟踪记录，明确学生的学习进展；教师还可以在班级开展观察观测实验交流分享活动，让学生对自己的观察观测过程、结论、疑惑等进行交流与分享，让学生在集体交流中实现自我评价和同学互评，在评价中实现自我的成长和班级的共同进步。

（三）在地理实验教学中培养学生的地理调查考察能力

1.研究课程标准要求，预设调查考察方案

地理调查考察是地理学科重要的研究方法，也是获取地理知识、甄别地理信息的重要手段。在地理实践调查活动、地理野外考察活动中培养学生地理调查考察能力，是培养学生地理实践力，渗透学科特征的重要要求与具体体现。

由于地理调查考察活动主要是在野外进行，需要耗费一定的时间和精力，也需要一定的物质条件支撑，在实验活动开展之前，首先要弄清为什么开展地理调查考察活动。如果没有弄清这一问题，地理实践只是盲目的实践，调查考察的对象与地域不确定，活动就难以进行，也会造成物资、时间等资源的浪费。因此，在地理调查考察活动开始之前，教师要认真研究课程标准，根据地理课程标准活动建议，充分考虑学生的兴趣与学情，并结合地理调查考察的特征，预设地理调查考察活动方案。活动方案的制订可以由教师和学生一起讨论，参考学生的意见和建议，进行相应的时间选择、小组分工、项目设置，这样便于发挥学生的主观能动性，充分尊重学生在实验活动中的主体地位。

2.了解区域地理概况，确定调查考察范围

明确了为什么开展地理调查考察活动之后，就要确定在哪儿开展地理调查考察活动，这就要求师生在开展地理调查考察活动之前，对自己所在区域的地理状况进行充分了解，以确定调查考察的大概范围。了解区域地理概况，包括认识区域的地形地貌类型及其分布特征、主要气候类型、河流分布及河流水文状况，植被分布地区及植被类型、土壤分布及土壤类型、主要面临的自然灾害和环境问题等自然地理特征，人口分布、人口结构和人口迁移、聚落结构、城市化发展水平、经济结构、工农业生产水平、历史文化发展水平等人文地理特征。师生可以通过实地考察、查阅资料、调查访问、访谈等形式认识和熟悉区域地理特征，也可以利用多媒体软件来了解区域地理特征，如可以在课堂利用软件，向学生介绍调查与考察地区的相关地理状况。对区域中的相关地理状况有充分认识和了解，做到心中有数，才能进一步选取所要研究的地理范围。

3.发掘乡土资源，选定调查考察主题

明确了在哪儿进行活动后，就要确定开展哪一类型的活动，即明确地理调查考察

活动的对象，选定地理调查考察活动的主题。没有主题，便没有探索的目标和方向，也就无从进行考察。因此，学生的地理考察活动是以学生确定主题为重要前提的。而地理调查考察主题的具体实施需要以乡土地理资源为依托，所以师生首先要能发掘乡土资源，以便选定主题。如2018年8月，山东多地（包括滨州地区）暴雨致多地山洪肆虐，险情不断，形成了重大的自然灾害，造成了巨大的经济损失和社会影响。学生在学习“自然灾害”相关内容时，可以将此开发整理成调查考察资源，让学生围绕这一次气象灾害，选取家乡所在区域进行实地调查，了解这一次气象灾害给当地的农业生产、工业生产、交通设施、居民生活等带来了哪些影响，让学生结合自己所学知识与调查现状，分析此次气象灾害产生的原因、危害，尝试提出以后可以进行改善的措施，使学生逐渐学会将地理知识学以致用，树立尊重自然、保护自然的环境意识。

4.整合调查考察资料，撰写地理研究报告

在学生调查考察活动结束之后，让学生对活动中调查到的、实际考察到的信息、结论等资料进行整理，按照类型进行科学合理的归类，对相同类型的资源进行鉴别和整合，以确保资料的科学性与可靠性。同时要引导学生根据所学地理知识与活动的体验，撰写调查考察报告。地理研究报告的撰写是教育科研辛勤劳动的结晶，是显示和提高研究水平的重要实践，也是进行交流和学习推广的重要形式。地理研究报告包括引言、正文、结论及标题、署名、注释、参考文献等部分。研究报告撰写完成之后，要进行反复检查和修改，最后进行保存，以便日后学习交流。

5.建立健全评价指标，促进学生总结反馈

学生调查考察能力的培养也不是一朝一夕的过程，而是要经过日积月累的实践练习及在实践过程中不断地总结与反馈。在地理调查考察实验活动中，建立健全评价指标体系，可以更好地对实验活动进行反馈和调节，为学生地理调查考察能力的培养进行保驾护航。在地理调查考察活动中，可以从多个角度来建立其评价指标，如可以将学生在调查考察实验活动中的实验准备情况，实验中学生的参与程度、知识运用、能力发展，实验后学生的总结反馈等环节作为实验活动的评价指标，也可以利用相关的学习理论、教学理论建立其评价指标，还可以从学生的综合思维、区域认知、人地观念、地理实践力的形成等核心素养达成的角度建立起评价体系。无论建立起哪种类型的评价指标体系，都要注重评价对学生能力发展的反馈功能，让学生在参与学习评价的过程中获得及时的反馈信息，认识到自己的优势与不足，以便在以后的地理调查考察活动中发挥自己的优势与特长，努力弥补自己在实验活动中的不足，促进自身调查考察能力的全面发展。

第二节　问题式教学模式下的中学地理实践力培养研究

一、问题式教学的概念界定

问题式教学是一种基于“问题”，学生自主探究、合作探究的教学模式。问题式教学着眼于问题，问题是整个教学活动中不断引导学生进行学习的线索。在教学过程中，通过引出问题、讨论问题、结合已掌握知识解决问题及关于问题的分析总结的过程，最终建构起与问题相关的知识结构，形成应对真实、复杂世界的基本技能与核心素养。

本节中的问题式教学特指的是存在于地理教学、地理教育中的问题式教学，其在一般意义之上，一是更加强调地理的学科性，即区域性、综合性特征；二是注重地理的价值观，即人地协调观。因此，站在地理学科角度的问题式教学，问题的提出要以地理的学科性和价值观为依据。基于不同时空尺度的区域背景，问题情境的创设符合学生已有认知，设置综合性的地理问题链，这样才能调动学生的地理思维、能力推动地理问题的解决，同时在解决问题的过程中渗透人地协调观的教学方式。从这个角度看，地理问题式教学既具有其学科特殊特征，也具有问题式教学模式的一般特征。

对于教学活动过程中问题的定义，不同的学者、学科有其不同的解释。值得注意的是，从教育教学角度来说的“问题”，特指那些基于教学目的，通过解决学生已有知识经验与教学目标之间的障碍，从而促进学生发展、推进教育教学的学习困境和教学疑难点，具有情境性、可探究性、启发性等基本特征。本节所指的“问题”，是具有地理学科属性的“问题”，特指中学地理教学中通过解决存在于学生已有知识经验和要达成的地理教学目标间的学习疑问，从而促进学生掌握基本地理知识、培养核心素养与基本技能的地理学科领域的学习困境。

二、问题式教学研究的理论基础

地理教学设计最直观、最重要的理论参照就是地理教学理论。作为学科教学的理论指导体系，从教学开始，到发生、结束，最后到评价这一系列环节，地理教学理论详细地进行了论述。实践是地理教学理论重要的途径之一，但问题式教学作为一种教学模式或教学方式，适用于多种学科，具有一般性特征，但问题式教学若脱离地理学科的特性，也就失去了对地理教学的指导意义，因此，基于问题式教学的方法来培养地理实践力，需要重视地理学科的教学规律和学科特征。

问题式教学作为一种教学模式或方法，最早起源于苏格拉底的谈话法，即“产婆术”法。后来美国教育家杜威又提出了基于“问题情境——问题设定——假设形式——推理——假设验证”的课堂五步教学法。最后经过以马秋斯金、马赫穆多夫等为代表的苏联教育专家深入细致的研究，问题式教学理论研究趋于系统化，并在20世纪后半期成为一种特定教学模式——问题式学习，在教学中得到广泛应用。

问题式教学理论系统阐述了问题式教学的内涵、特征、结构、流程、评价等内容，指出不管是作为一种教学模式还是教学方式，问题式教学的本质在于用问题串联学习内容，强调问题是教学的起点并贯穿始终，问题并不是单纯的提问，问题教学也不仅仅指“提出问题——回答问题”的简单过程；问题式教学着眼于真实的问题场景，并通过发现问题、分析问题、解决问题等流程，使学生从构建知识、发散思维及提升能力等多个方面促进能力的发展。该理论详细阐述了情境创设、提出问题、解决问题等的建议和开展方法，旨在倡导学生直面问题，自主、探究、合作解决问题，促进学习目标的达成，因此，问题式教学理论是中学地理问题式教学开展的基石。

三、问题式教学与地理实践力的相关性分析

（一）问题式教学与地理实践力的内在联系

分析发现，问题式教学与地理实践力之间具有内在联系，问题式教学用问题串联学习内容，通过问题发现和问题解决来培养地理核心素养，通过问题情境创设、问题分析、问题解决、总结评价、迁移运用这五个环节，使学生掌握知识、提升思维、提高地理实践能力。地理实践力是学生通过开展地理实践活动而锻炼的意志品质和行动能力，它的定义、表现和特征被详细地列在了地理课程标准中，地理实践力既强调内隐的性情品质，又强调外显的操作技能，具体分为三大部分：一是收集信息并对其进行处理的能力，具体包含在这一个过程中渗透的方法、对信息和问题的意识等；二是设计地理实践活动方案的能力，具体包含能否与小组成员进行合作设计、方案的创意如何和工具使用情况等；三是实施地理实践活动的能力，特别强调其中不可忽视对过

程体验后的反思。由此可见，地理实践力可以在地理实践活动中得到增强，并且在问题情境下的地理实践活动对问题的发现、解决等环节更加立体，进而锻炼意志，培养能力。问题式教学始终围绕着“问题”进行教学，是在真实问题情境下开展地理实践活动并最终落实地理实践力的有效方式。

（二）问题式教学与地理实践力的培养

一是问题式教学与地理实践力培养中都要求真实的问题情境，在对问题情境的创设需求上，两者具有完全相同的侧重。问题式教学要求情境的来源是真实的生活，是学生身边正在发生的一些地理现象或者地理案例，这样有助于激发学生的探究欲望，引发学生的好奇，从而驱动学生自主加入分析问题与解决问题的过程。地理实践活动所在的环境本身就是一种真实的情境，真实的情境驱动学生进行探究，进而收集和分析地理信息，从而制订和实施地理方案等。

二是问题式教学与地理实践力培养中都以“问题”为切入点，包含问题发现和问题解决两个重要阶段。通过问题的发现，激发学生的探索欲与实践欲，然后借助学生固有的知识与经验，设计一系列具有联系的问题链条，在问题解决的过程中掌握知识，在解决不同层次的子问题过程中，地理知识得到积累，知识网络得到构建，学习能力得以进阶。

三是问题式教学与地理实践力培养具有相同的师生观。问题式教学中教师是学生自主学习、合作学习、探究学习的促进者，教师主导着学习过程，在其中起引导和帮助作用；学生是学习的主体，在发现问题——分析问题——解决问题——评价反思的过程中主动建构知识，这个过程是学生亲自经历的过程，而不是教师代替或直接告知学生结果。地理实践力的培养中，强调学生的主动发现和探索问题、学生的主动体验和反思，这都表明地理实践力培养的主体也是学生，培养的过程中强调学生亲自实践、体验、反思。

四是问题式教学与地理实践力培养都强调合作探究。问题式教学鉴于问题的复杂性、开放性，决定了问题式教学中不能只由某一个学生参与，必须由多个学生参与并且组成小组合作展开，这样才能提高问题解决的效率，保证问题的解决。地理实践活动中的考察、实验、调查往往具有一定的难度，地理实践活动的顺利开展也需要学生进行合作学习，通过各取所长、任务分工，共同完成地理实践的任务，最终在实践的过程中提升地理实践力。可见，两者的实施过程中所体现的方式也是相同的。

综上分析，问题式教学在多个方面的多个过程中体现出与地理实践力培养密切相关，其内在一致性体现在情境创设、问题驱动、师生关系、学习方式等各个方面，问题式教学借助地理实践活动来开展，并且通过其各个教学环节达到了贯穿地理实践力培养的始终。问题式教学中问题情境的真实性、复杂性有助于调动学生开展地理实践活动的兴趣，在发现与提出问题的过程中，学生通过收集和分析地理信息，确定具有实践价值的问题。在分析问题和解决问题的过程中，小组合作探究培养学生的合作态度，学生在依靠多种途径寻找问题答案的过程中，培养使用工具、设计实施地理实践活动的能力，这些能力是保障活动正常向前推进的保障。当活动结束时，学生表达想法、交流观点，有助于学生理解和接受他人想法，从而促进学生创造性方法的生成，并通过反思，获得新的知识，形成相应的品质和精神。

四、基于问题式教学的地理实践力培养优化策略

（一）有针对性地进行地理实践活动准备

问题式教学的开端、起点来源于创设的情境，这也是地理实践活动所处的环境。学生能从情境中获取明确的实践问题，才能进行有针对性的地理实践活动准备。针对问题式教学，教师在情境唤起环节中只提供给学生大量的情境信息，并没有提出指向性明确的地理实践问题，导致学生难以进行地理实践活动准备的情况，优化的策略主要有以下几个方面。

1.选取学生熟悉的真实情境，激发实践欲

情境创设是问题式教学的首要环节，需要把学生引入与实践活动相关的情境中，而通过真实、熟悉的情境更能吸引学生兴趣。精选学生熟悉的真实情境，从而迅速激起学生的好奇心，使学生联系已有的知识和经验，快速进入地理实践活动的准备之中。例如，观察课例 A2 中，教师设置的情境是让学生观察教室内暖气片和风扇的位置关系，暖气片一般分布在靠窗的下面，风扇一般挂在教室的顶部。这个情境是学生非常熟悉，随时随处都可见的，对于这种常见的现象学生却不知道其原因，学生的好奇心立马被激起，想要一探究竟，迅速进入实践活动中。在观察课例 A6 中，教师以播放《少年派的奇幻漂流》影片作为课堂导入，通过少年“派”乘坐的船在太平洋马里亚纳海沟失事，乘坐的皮划艇经过漫长的漂流最终到达墨西哥东海岸海域的情境，来激发学生的实践欲。“派”的漂流历程充满了神秘色彩，背后蕴藏着与洋流相关的知识，

但不足之处在于"派"的漂流奇遇线路是学生所陌生的，学生无法被情境与自身认知之间的冲突吸引，对即将要开展的地理实践活动兴趣不高。如果教师可以帮助学生将陌生的奇遇路线通过图片形式直观呈现，就会让学生认识到这一奇遇路线的漫长与曲折，从而吸引学生进行实践活动。

因此，在我们实际的教学活动中，建议教师多挖掘基于乡土的情境材料，如学生所处的校园及其周边环境中的植被和物候现象；教师在平时的教学中应该多积累，不断丰富地理情境素材库。

2.提出明确的情境问题，培养学生信息意识

教师在创设情境时，不能漫无目的地呈现信息，要根据创设的问题情境，提出具体的实践指向，引导学生获取情境中与实践活动相关的地理信息，并对信息进行加工，用于即将要开展的地理实践活动中。以2017年版地理课程标准解读中的某一节标准教学案例为例进行说明：在"水循环"一节的问题式教学中，教师选用的地理情境是"济南的泉水"，教师首先进行了情境的呈现，紧接着指出了明确的方向——济南泉水近年来屡次发生停喷的问题。本案例中教师呈现的情境问题指向明确且具有启发性，能够使学生聚焦对核心主题的思考，从而调动学生从获取的信息中挖掘可探究的地理问题，为后续发现问题、提出问题奠定基础。

3.呈现地理实践活动目标，明确实践的指向

地理实践活动目标指引着地理实践活动的开展，缺少了目标的指引，地理实践活动犹如一艘漫无目的航行的船只，不知将要驶向何处。在问题式教学培养地理实践力中，通过呈现给学生明确的地理实践活动目标，能够使学生明确在即将开展的地理实践活动要做些什么，要达到什么程度。实践目标是否明确也关乎着评价是否有效，评价需要与实践目标相匹配，教学目标的达成度是衡量地理实践活动是否成功的关键要素，通过评价可推测学生对知识的掌握程度、能力水平与核心素养的发展程度。例如，在观察课例A1中，在进行流水作用实验时，教师在进行实验1时提出的实验目标是：观察实验中河谷侵蚀的方向，并思考该种侵蚀会使河谷发生什么变化。在此案例中，学生在进行实验观察时清楚观察的重点在于实验中河谷侵蚀的方向与河谷形态变化之间的关系。学生对实验观察的重点更加明确，也就更能抓住实验现象。根据学生观察后的表达与描述，教师可以从学生的回答中推测学生对实验观察目标的达成度和在该实验中对侵蚀作用这一知识的掌握程度。在实际的地理教学中，不可将地理实践活动目标与本节课的学习目标混为一谈，在告知了学生本节课的学习目标后并不能止于此，也要让学生明确本节课的实践目标到底是什么，两者不可互相替代。

（二）提高学生问题意识，驱动地理实践活动开展

问题式教学中的问题并不仅仅特指其中的某一个问题，也不是特指教师提出的问题，而是由学生自主发现并提出的一系列具有联系的问题链条。学生通过这些问题，不断思考问题解决的途径，从而持续对地理实践活动保持好奇心和实践欲，进而不断推进地理实践活动进行，最终指向问题的解决。在这个环节中存在的问题主要有两点：第一个是教师提供情境顺便提出问题，学生只需要进行回答就可以；第二个是教师事先设置了一个问题链，这个问题链十分制约学生，忽视了学生提出的问题。基于以上问题提出以下解决策略。

1.引导学生提出问题，自主设计实践方案

通过对选取的课堂案例和教学作品进行诊断，发现地理实践活动往往局限于教师呈现情境，教师直接提出实践活动要探究的具体问题，学生只是按照教师提出的问题实施实践活动。在这种局限下，学生往往难以参与实践活动方案的设计，也就难以达到地理实践力水平中对设计能力的要求。在教学中，教师的作用是引导，而不是取而代之。教师在呈现问题情境后，要留出足够的时间让学生思考问题情境，让学生对情境进行讨论、质疑，鼓励学生采取头脑风暴的方式提出地理问题。具体实施策略，还是以 2017 年版地理课程标准解读中的某一节标准教学案例为例进行说明：在“水循环”一节的问题式教学中，教师选用的地理情境是“济南的泉水”，教师首先进行了情境的呈现，紧接着指出了明确的方向——济南泉水近年来屡次发生停喷的问题。在下一步的问题驱动环节，教师的巧妙之处在于，并没有急于向学生交代一些指向本节课的核心的实践问题，而是戛然而止。此时，学生七嘴八舌地开始讨论着。有学生发出疑问：“济南为什么这么多泉水呀？‘泉城’美称的地理原因是什么？”还有学生问：“泉水是从什么地方来的？”有的学生紧接着问：“泉水停喷了，我们的生活会有什么影响吗？”围绕着情境的问题一一被提出，这些问题有很多是需要进行实践才能得出答案的，于是此时教师再次登场，对学生提出的问题分类，分成若干个子项目，让学生自主设计实践方案，去进行地理实践。

2.重视生成性问题，培养问题意识

问题式教学中的“问题”不仅指为了整合相关学习内容而事先预设的问题，更应

该关注课堂教学中时刻生成的问题。在实践过程中，学生通过不断地发现并提出问题，从而持续地保持对地理实践活动的好奇心和实践欲，进而不断推进地理实践活动，最终指向问题的解决。在教学过程中，教师要避免用事先预设好的问题去过度地限制学生，从而忽视学生提出的疑惑。教师应该重视学生提出的问题，引导导学生由“提出问题”向“分析问题”到“发现问题”并最终指向“解决问题”。例如，在课例A1中，教师让学生回答“沟坡面上沟的形状发生了什么变化？”学生回答：变得宽了。学生没有回答出教师想要的答案：变深、变长。于是教师越过学生的答案直接引出自己想要的答案——溯源侵蚀。在此案例中，学生对于“变得宽了”的回答就属于生成的问题，学生观察到坡面上沟变宽了这一现象，在实践过程中教师可以进一步就学生提出的变宽这一现象展开探讨，提问坡面上沟变宽与流水的何种作用相关，从而引出河流的侧蚀作用，进一步提问学生侧蚀作用一般发生在河流的哪一河段。继续观察沟坡面上沟的形状除了变宽外还有什么变化、与此种变化相关的流水作用是什么等。通过学生的生成性问题，教师引导学生对问题进行分析，最终指向问题的解决，这样的过程不仅解决了教师预设的问题，还通过生成性问题使不同流水侵蚀作用下河谷的形态形成对比。因此，教师不必非要按照事先预设：先分析溯源侵蚀、再分析侧蚀作用。

（三）加强实践方法指导，提高问题解决能力

问题解决的过程实质上就是那些具有相互联系的实践活动进行的过程，也就是地理实践活动方案顺利实施的过程。在不同的地理实践活动中，学生要操作地理工具、观察地理现象、记录地理数据，从而完成地理实践活动。在这一过程中，学生要将已掌握的知识与方法进行迁移，应用到新的地理实践活动情境中，进行问题的解决；学生要深度参与整个地理实践的过程，通过完成相关地理实践任务，进行问题的思考与建构。在实践活动中要使用的地理工具众多，若学生对地理工具的使用不熟悉，缺乏或没有掌握正确的工具使用方法、科学的观察方法和规范的记录方法，往往会导致实践活动的失败。例如，在A6课例中，教师给学生提供了非常丰富的地理工具用于模拟实验，但未进行培训。随后在实际操作过程中，由于学生吹吸管时用力不均匀导致实验没有达到预想的结果。虽然在操作过程中教师也关注到了这一现象，及时提醒学生注意均匀、用力吹气，但是大部分学生没有进行调整，导致实验结果不理想，实验被迫中止。在该案例中，教师在实践活动开展前应进行精心策划，提前对实践过程中可能要使用的工具、运用的方法事先对学生进行相应的指导，以保障实践活动顺利开

展。凸显实践活动的总结评价，升华地理实践力通过对课例进行观察，发现在总结评价阶段的问题主要体现在：学生的总结评价多是对实践活动中涉及的知识的总结评价，对实践过程、方法的反思缺乏。针对以上问题，主要通过以下两种策略进行改进：一是提供多元化的评价方式；二是实施表现性评价。

（四）提供多元化的总结评价方式，全面评价地理实践力

在对课例的观察诊断中发现，在总结评价环节存在两个问题。一是评价的方式主要只有两种：一种是教师通过口头表达的形式，对活动实践成果进行总结，主要给予简短的语言评价；另一种是通过纸笔测验，对本节课所学进行测试，通过获得的分数来对学生进行评价。二是评价的内容多为实践活动中所涉及的地理知识，而对地理实践活动过程的评价不多。

地理实践力是一种实践性的素养，所要达到的意志品质和行动能力通过口头的表达和纸笔测验，都难以进行全面评价。因此，对于地理实践力的评价方式选择要多元化，可以是绘制示意图的方式、制作实验模型的方式、论文的方式、实验报告的方式，也可以是多种方式结合；可以是学生自己对自己的实践进行评价，也可以是一个实践小组的成员基于活动中的表现情况相互来进行评价；在评价反馈上，尽量避免教师通过简短的语言如“很好、很棒、不错”等来进行评价反馈，教师应引导学生进行总结评价，尽量不要给出结论性的评价结果，这样对于地理实践力的培养没有实质性的意义。

第三节　利用研学旅行培养学生的地理实践力

研学旅行作为核心素养实施的重要载体，在培养学生地理实践力方面意义非凡。研学旅行作为一项户外的实践活动，是学生不可多得的一次培养地理实践能力的机会。研学旅行将“学”与“行”相结合，不仅能够拓宽学生的视野、增长见识，同时学生在教师的带领下对周边事物和环境进行考察，能够发现问题并积极运用已学知识和技能，通过独立自主或合作探究的方式最终解决问题。

研学旅行作为落实地理实践力培养的重要路径之一，有助于培养学生的地理观察力和实践力，有助于培养学生较强的地理实践能力，有助于延伸地理课堂教学。

一、研学旅行的定义、特点及类型

（一）研学旅行的定义

研学旅行是一种将研究性学习与旅行体验相结合的校外教育活动。从教育层面来看，它以中小学生为主体对象。在旅行过程中，学生走出校园，走进自然、社会等真实场景。从学习方式而言，研学旅行基于学生的直接经验，学生通过参观、考察、调研、实验等多种实践方式，围绕特定的主题进行探究学习；从目的角度来说，研学旅行旨在让学生在真实的情境中拓宽视野、丰富知识、培养能力，包括观察力、思考力、实践能力、团队协作能力等，同时还能促进学生对社会、自然、文化的了解，激发学生的学习兴趣和创新精神，增强社会责任感，实现综合素养的提升。

2013年2月，国务院印发的《国民旅游休闲纲要（2013–2020年》中首次提出“推行中小学生研学旅行”的计划，从此研学旅行有了相关政策的支持。2014年3月，教育部在《关于进一步做好中小学生研学旅行试点工作的通知》中对“研学旅行”作了详细解释：面向全体中小学生，由学校组织安排，以培养中小学生的生活技能、集体观念、创新精神和实践能力为目标，是基础教育课程体系中综合实践活动课程的重要组成部分。2016年11月，教育部等11个部门联合印发了《关于推进中小学生研学旅行的意见》，提出要推动研学旅行与学校课程的有机统一与融合。

概括来说，研学旅行指的是学校根据研学基地特色、学生身心发展情况和学情安排，以学生作为学习主体，以集体旅行、集中食宿的形式离开课堂，在自然风光与人文景色中学习知识、拓宽眼界，从而提高自我的学习方式，具有自然性、实践性和探究性等特点。

（二）研学旅行的特点

1.自然性

研学旅行具有鲜明的自然性特点，强调学习与自然的密切联系。在研学旅行中，学生有机会走出封闭的校园环境，走进大自然的怀抱。他们可以在青山绿水间观察山川的壮美、河流的奔腾；可以在森林中聆听鸟儿的歌声、感受微风的轻抚；可以在田野里探究动植物的生长奥秘。这种与自然的亲密接触，让学生能够放松身心，摆脱学业压力的束缚。在自然的环境中，学生的感官被充分调动起来，他们可以用眼睛去发现自然之美，用耳朵去倾听自然之声，用手去触摸自然之物。这种基于自然的学习体验，是课堂教学无法给予的，它能激发学生对世界的好奇心和探索欲，让他们在自然中汲取知识的养分，促进自身的全面发展。

2.实践性

“纸上得来终觉浅，绝知此事要躬行”，现代教育不是以教师为主体的“满堂灌”模式，而是强调学生的主体性、体验性及实践性。研学旅行活动将学校内的教育教学与学校外的旅游实践相结合，打破教材和学校课堂的局限性，不断扩大学生学习活动的范围，并通过开展各种各样的户外活动，充分培养学生的实践能力，使学生能够将书本知识和生活经营融会贯通，亲身体验并实现研学旅行的教育目的。与此同时，在实践中检验真理，相较于教师将真理讲授给学生的效果无疑是更为深刻的。

3.探究性

研学旅行也具有一定的探究性。在研学旅行过程中，需要学生切身观察、感受每一事物，大胆质疑，发现问题，独立自主或分工合作调查研究，通过分析探讨，最终解决问题。研学旅行需要每一位学生积极主动参与“学”与“行”的过程，使学生能更好地掌握探究性学习的学习模式，主动获取及应用知识，学会科学的知识与技能，形成科学的思维模式，最终解决问题。

（三）研学旅行的主要类型

1.地理类研学旅行

地理类研学旅行涵盖了位置与地理名称、地理各要素与景观、地理环境及地理审美等丰富内容。它是地理、科学、艺术等学科在研学旅行中的深度融合。在这一过程中，学生需要借助地图、地理信息技术等工具，以自然和人文地理环境为依托展开活动。通过自然考察、走访、实验及社会调查等多样形式，学生深入探究地质地貌、气象水文、土壤植被等自然要素，以及人口、聚落、经济、文化、城市等人文地理事象。例如，在对某地区的地质地貌进行考察时，学生亲自测量地形数据、观察岩石的风化特征，这不仅让他们直观地理解了书本上的地理知识，更培养了他们在野外收集数据、分析地理现象的实践能力。当学生发现该区域存在的人地关系现状后，提出恰当的解决对策。这个过程要求学生运用所学的地理理论知识，结合实际情况进行思考与分析，从而深刻认识到理论与实践相结合的重大价值。此类课程对培养学生地理实践力的作用显著，它能促使学生在实践中不断锤炼自己的观察能力、分析能力与解决问题的能力，进而培育学生的综合思维、人地协调观等核心素养，为学生地理实践力的发展奠定坚实基础。

2.自然类研学旅行

自然类研学旅行聚焦于欣赏自然现象与景观、自然资源与灾害、生态与规律等方面。它是地理、生物、科学、艺术等多学科在研学旅行中的综合体现。学生借助生态、林草、地质、水利等学科的科学研究方法，走进自然保护区、风景名胜区、地质公园、矿山公园、森林公园、湿地公园、水利风景区、生态旅游区等自然保护地。在这些区域里，学生通过考察、采样、实验等方法，使用电子数码设备等开展合作学习。比如，在对湿地生态系统的研究中，学生分组进行水样采集与分析，观察湿地动植物的生存状况，这有助于他们深入了解自然环境与人类发展的相互关系。同时，学生需要走访、调查、考察及收集当地文献资料等。在这一系列活动中，学生学会了如何在自然环境中进行科学研究，如何与团队成员协作。此类研学旅行在培养学生地理实践力方面发挥着独特作用，它不仅使学生在实践中提高了对自然地理环境的认识与理解，还让学生在协调人地关系的过程中，树立了科学理念，增强了社会责任感，这都是地理实践力的重要组成部分。

3.历史类研学旅行

历史类研学旅行的内容主要包含历史古迹、物质与非物质文化遗产、古村落、纪念地等方面。它主要体现了历史、思想政治、社会、地理等学科在研学旅行中的综合作用。学生通过考证、社会考察、地理探究等方法，借助历史遗迹、革命遗址、博物馆、纪念馆等人文遗产开展学习活动。例如，在参观古村落时，学生不仅可以了解到村落的历史变迁，还能从地理的角度分析村落的选址、布局与当地自然环境的关系。在对历史古迹的考察中，学生需要运用地理知识去理解古迹所处的地理位置对其发展的影响。在体验、欣赏、感悟中华优秀传统文化、智慧、道德伦理、文化艺术特色、历史名人名事等过程中，学生的文化底蕴得到了丰富。这种跨学科的学习方式对培养学生地理实践力具有深远意义，它让学生学会从不同的视角去分析地理现象，将地理知识与历史文化相结合，从而拓展了学生的思维广度与深度，为地理实践力的提升提供了新的思路与方法。

4.科技类研学旅行

科技类研学旅行主要关注科技的发展、研发、创造等方面。它主要体现了数学、科学、物理、化学、生物、信息技术等学科在研学旅行中的作用。学生借助人工智能、

VR、AR、3D 打印等现代技术及科学探究和实验方法，依托科技馆、科技展览、科研组织、高校、科技园等场所，通过参观、培训、实验等形式进行学习。比如，在科技馆中参与有关地球科学的互动实验，学生可以借助先进的科技设备更直观地理解地理知识。这种研学旅行在培养学生地理实践力方面的作用在于，它激发了学生的创新意识与探索精神。学生在接触前沿科技的过程中，会不自觉地将科技与地理知识相结合，尝试运用新的技术手段去解决地理问题。同时，学生在科学实验与探究中培养了严谨的科学态度与科学伦理，这些素养的提升都对地理实践力的发展起到了积极的推动作用。

二、中学地理研学旅行的理论基础

（一）自然教育理论

关于自然教育理论，最早可以追溯到古希腊时代，其中亚里士多德关于自然教育的理论思想主要为“教育必须适应人的自然发展”。后来到 16–17 世纪，夸美纽斯在其教育著作《大教学论》中曾说过“教育必须适应自然”，也就是说教育必须遵循自然界的普遍规律。18 世纪法国教育家卢梭通过其教育代表作《爱弥儿：论教育》，提出了以人的自由发展和自然教育为基础的培养新人的教育思想，指出“这种教育，我们或受之于自然，或是受之于人，或是受之于事物，我们的才能和器官的内在发展，是自然的教育；别人教我们如何利用这种教育，是人的教育；我们对影响我们的事物获得良好的经验，是事物的教育”。在卢梭看来，人所接受的教育的来源有三种，分别是“受之于自然”“受之于人”“受之于事物”，也就是知识来源于自然教育、人为教育及事物教育。与此同时，卢梭还提出人为教育和事物教育要服从自然教育，使这三种教育相互配合并趋于自然。在卢梭之后，瑞士教育家裴斯泰洛齐、德国教育家福禄贝尔也提出过一些关于自然教育的理论。现代的自然教育更偏重于自然环境的教育，主要是指人在自然环境中通过科学有效的方法发现问题、调查和收集信息、解决问题，并形成缜密的逻辑思维。研学旅行让学生走出教室，增多了与大自然亲近的机会，使学生在接触自然的真实场景当中，加强对自然地理知识的认知。

（二）建构主义学习理论

建构主义学习理论的代表主要为瑞士认知教育心理学家皮亚杰和美国认知教育心理学家布鲁纳。皮亚杰认为，学习的过程就是认知发展变化的过程，而环境和个体特征又会影响个体的认知结构的变化，因此提出“同化”和“顺应”两种基本心理机制。布鲁纳讨论了儿童在各个年龄段对客观世界进行建构的方法及阐明了认知结构和知识建构之间的相关问题。归根结底，建构主义学习理论是认知主义理论的进一步发展，学生的学习不是被动地将知识经验一股脑儿地从外部塞到学生的头脑中，而是积极主动地与社会、文化、生活、外部环境积极互动的过程。基于地理实践力培养的研学旅行在学生已有的知识经验基础上、在真实的户外情境中，能够在教师的引导下积极主动地发现问题、解决问题。

（三）杜威“做中学”理论

杜威是美国著名的教育学家和心理学家，他的“做中学”理论强调在“做”的过程中获取知识，要与社会实践活动相联系。杜威要求以经验论为基础，从做中学，在已获得的经验中汲取知识，并要求学校多开展类似园艺、烹饪、纺织、绘画等具有活动性的手工课堂，以此来取代传统的以书本为统治地位的课堂形式。在杜威看来，这些具有活动性的、经验性的手工课堂不仅能够满足儿童心理发展的需要，还能满足社会对儿童成长成才的期盼，也能使儿童对某一知识和事物的认识更全面、更统一。研学旅行正是符合“做中学”理论，学生在研学过程中，能够将理论知识切实与实践活动相结合，在“行”的过程中“学”，能更好地理解活动中蕴含的相关知识，为今后的学习打下基础。

（四）生活教育理论

教育家陶行知的教育思想对中国现代教育发展史的影响巨大，其中影响力最大的就是生活教育思想。陶行知在其创办的晓庄学校确立了“生活即教育”“社会即学校”“教学做合一”的理论。其中，在“生活即教育”中，他强调生活的重要性，认为生活和教育是密不可分的，生活孕育着教育；“社会即学校”又强调社会与教育相互包含，运用社会的力量来发展教育，通过教育来满足社会的需求；“教学做合一”则教给人们怎么去学怎么去做，强调实践的重要性，教育要与实践相结合，反对学校课堂注入式的教学方法。基于地理实践力培养的中学地理研学旅行将课堂转化为生活情境，能够帮助学生结合实际更好地理解其中的地理知识，学以致用。

三、研学旅行在地理实践力培养中的积极作用

（一）研学旅行有助于延伸地理实践力课堂教学

学生在地理课堂上的学习只是汲取了一些理论知识，要实现知识应用需要亲自实践，实践才是检验真理的唯一标准。目前，我们的基础教育偏向“读万卷书”，而缺乏“行万里路”，学生仅有系统的应试技能和地理知识，教师也不重视实践能力与操作能力培养。研学旅行的提出，就是要统一“读万卷书”与“行万里路”的求学过程，使室内教育和室外活动相结合，能够提供给教师一种室外研学旅行教学的思路，让教师提高面对复杂而又真实的研学旅行教学的应对智慧。

现代中学开展旅行活动，将“学”与“行”相结合，学生对没有去过的游学地点有极大的好奇心和新鲜感，因此在研学旅行过程中能极大程度上提高学习兴趣和学习积极性。中学地理的学习主要包括三大部分，分别为自然地理、人文地理及区域地理，因此研学旅行活动无论将研学的活动定点设定在哪里，其中必定会蕴含着地理知识。在游览某一景观或事物时，学生如果在课堂上学过对该景观或事物描述的相关知识的话，当亲眼所见之后，就会对这一景观或事物的认识更加形象、直观，从而印象也就更深刻，掌握的知识也就更牢固；学生如果在课堂上没有学过对该景观或事物描述的相关知识的话，能在第一时间对该景观或事物有个直观清晰的表象，可为今后的地理课堂学习做好充分的准备，也能够更好地理解该景观或事物的相关知识，为今后的学习打下基础。

（二）研学旅行有助于促进教师地理实践力的专业发展

在中学地理实践力教学的领域中，研学旅行这种新的教学模式为教师提供了开阔视野的机会。在研学旅行中，教师不再仅是知识的传授者，他们需要重新审视自我的教学角色，从单纯的讲解者转变为引导者、组织者及共同探索者，这种角色调整对于教师的成长意义重大。在中学地理实践力教学中，研学旅行对于教师专业发展与教学组织的积极作用不可忽视。它推动着教师不断进步，让教师在新的教学模式中探索出更多培养学生地理实践力的有效途径，为学生的地理学习与成长提供更优质的引导与支持。

在中学地理实践力教学中，教师的综合学科专业水平是有效开展研学旅行的重要保证。研学旅行并非简单的游玩，而是蕴含着丰富的地理知识与实践元素，教师需要

凭借自身扎实的专业知识，将地理实践力的培养融入旅行的每一个环节之中。同时，研学旅行还能增强教师对教学过程处理的能力。在传统课堂中，教学过程相对可控，但在研学旅行的复杂环境中，会面临各种突发情况。比如，天气变化影响行程安排、学生对某个地理现象提出意料之外的问题等，教师需要迅速作出反应，调整教学计划与策略。这就锻炼了教师处理复杂教学过程的能力，也增强了教师研学旅行教学的效果。研学旅行促使教师不断提高个人专业素质。教师为了更好地组织研学旅行，需要不断学习新的地理知识、掌握新的教学方法及了解最新的地理实践研究成果。他们会更加关注地理学科领域的动态，将这些新的元素融入后续的教学之中。而且在与学生共同参与研学旅行的过程中，教师可以从学生的视角去看待地理问题，这种换位思考也有助于教师改进教学方式。

（三）研学旅行有助于培养学生较强的地理实践能力

在中学地理实践力教学中，研学旅行就像是一把钥匙，打开了学生地理实践能力提升的大门。它让学生在真实的情境中，综合运用所学知识，培养多种关键能力，为他们成为具有创新精神和实践能力的人才奠定了基础。

在研学旅行的过程中，学生以小组为单位开展活动。每个小组搭档对于特定地理现象的认知、体验与创造情况都不尽相同，在这种相对放松的氛围里，没有了教室的束缚和考试的压力，学生更愿意积极地与同伴进行沟通交流。他们会分享自己对于某一地理现象的独特见解。比如，在观察一条河流时，有的学生关注河水的流速，有的则注意到河岸的侵蚀状况，在这种交流与思想的碰撞中，他们从不同的视角看待问题，从而对地理现象的认识得到了升华。

研学旅行课程具有综合多样的活动方式和丰富的课程内容。在参观地质公园时，学生可以近距离观察各种奇特的地质构造，亲手触摸不同类型的岩石，感受地球的沧桑变化；在走访古老的村落时，他们能够探究当地独特的建筑风格与地理环境之间的关系，了解人文地理的奥秘。这些丰富多彩的活动让学生在体验中感悟，在践行中接受实践育人的洗礼。在不同的场景之中，学生实现了知识与经验的顺应。例如，在考察一个山地生态系统时，他们会将课堂上学到的关于地形、气候、植被等方面的知识运用到实际观察中。当发现实际情况与书本知识有所不同时，他们会积极思考，调整自己的认知，这就塑造了他们解决地理问题的能力。在小组合作中，学生需要清晰地表达自己的观点，认真倾听他人的意见，这锻炼了他们的表达与沟通能力。在野外进行简单的地理测量或者搭建临时住所等活动时，学生的动手操作和自力更生能力也得到了培养。

通过这些活动，学生的批判性和创造性思维得到了促进。他们不再满足于被动地接受知识，而是开始主动地质疑、探索。比如，在研究某地区的农业发展模式时，他们会思考是否有更优化的方案。这种思维习惯的养成，对于学生地理实践力的塑造意义深远。

第四节　开展项目式学习培养学生的地理实践力

一、项目式学习的概念界定

“项目式学习”的英文全称是“Project-Based Learning”，简称 PBL，在实际研究中有“项目学习”“基于项目的学习”“项目教学法”等提法。在认识项目式学习之前，有必要了解一下“项目”（Project）。项目的概念源于管理学，它是指将需要解决的问题拆分成一系列彼此关联的任务，通过互相合作有效利用资源，创造特定的产品或提供服务，从而在一定时间内实现特定的目标。管理学中的项目逐渐应用于教育领域，于是在教学中出现了项目式学习的教学模式。

对于具体什么是项目式学习，国内外学者没有给出统一的定义。美国专门研究项目式学习的权威机构巴克实验室将项目式学习定义为一套系统的教学方法，认为项目式学习既是学生在一段时间内对真实复杂问题的探索，也是对项目设计、规划、实施、精心设计作品的过程，学生在这个过程中将会掌握并发展所需要的知识和技能。美国学者汤姆·马克汉姆在其著作《项目学习手册：初、高中教师实施标准项目学习导向》中将项目式学习定义为一种教学模式，是指学生在真实的情境中，围绕某一特定的主题，在教师的精心安排下，进行一段时间的开放式探索，从而使有意义的知识得以构建，自身的能力得到提高。

近年来，国内学者也提出了对项目式学习的理解。刘景福及其团队是我国较早对项目式学习进行深入系统研究的，他们认为项目式学习是一种新型的探究式学习模式，它是以学科概念和原理为中心，要求学生在真实世界中借助各种资源解决一系列互相关联的问题，在一定时间内完成作品制作并进行推广的探究性学习活动。黎加厚认为项目式学习的核心是学习和研究学科的核心知识和基本原理，以项目学习活动为载体，学生在项目活动中进行调查和研究来解决问题；在此过程中，学生主动建构知识体系，并将其应用到社会实践中。

尽管国内外学者和机构对项目式学习的定义各有不同，但都强调项目式学习具有以下共性特征。

（1）注重学习的问题性，项目式学习以驱动性问题为起点展开研究，强调一个或者多个驱动型问题的解决贯穿项目式学习始终。驱动型问题的设计应注重学科核心概念和原理，能够激发学生的学习兴趣，吸引学生主动投入，具有开放性。

（2）强调学习的真实性。项目式学习强调每个项目都要有一个明确的主题和真实的情境，学生在真实情境中发现问题，深入思考、主动解决真实问题。在这个过程中学生主动建构的知识和发展的能力可以在现实生活中进行迁移应用。

（3）强调学习的合作性与探究性。项目式学习强调以学生为中心，学生是学习的决策者，直接参与学习过程。团队协作是项目成功的关键，团队成员为共同的目标协作努力，在相互帮助中完成多样化的学习，培养合作学习能力。

（4）强调学习的持续性。项目式学习是学生在一段时间（一个星期到一个学期）内进行的持续探究活动。

二、项目式学习在地理实践力培养中的作用

（一）项目式学习可以促进学生地理实践行动能力的提升

地理实践行动能力是地理实践力外显的具体行为，是指通过实践体现出来的可操作、能够应对现实问题的能力，主要包括收集和处理地理信息的能力、设计地理实践活动方案的能力及实施地理实践活动的能力。在项目准备阶段，学生需要利用图书馆、网络等渠道收集与项目主题相关的信息，对信息进行加工分类，增进对项目主题的了解。在项目实施阶段，学生需要通过实地考察、调研访谈等获取直接信息或通过动手实验获得探究和验证信息。在成果制作阶段，学生能够对获取的信息进行分类整理，融会贯通，构建完整的知识体系。学生在项目学习过程中能够掌握收集和处理信息所应用的方法，增强信息意识，促使收集和处理地理信息的能力不断提升。在项目学习活动中，学生根据选定的项目主题，在教师的指导下，与小组同伴一起制订方案计划，在方案的制作与修改过程中，不仅学习到如何与他人交流分享，还能锻炼团队合作能力和方案设计能力。在实施项目过程中，学生自主操作项目，并在操作过程中自主思

考、不断完善项目，运用团队的智慧去完成一项项任务，动手操作能力得到加强。总而言之，在地理教学中开展项目式学习能够有效提升学生地理实践行动能力，从而促进地理实践力的培育。

（二）项目式学习能够塑造学生良好的地理意志品质

项目式学习以核心项目主题为依托，以项目活动为载体，学生通过小组合作的形式参与学习。在项目活动过程中，学生需要对提出的要求和问题进行深层次思考，具备较强的问题探究意识；项目学习需要小组合作才能完成，学生积极参与集体行动，互帮互助，学会与他人沟通，形成良好的合作意识；学生在项目学习过程中遇到问题不气馁，学会勇敢地面对困难，习得克服困难的方法，形成求真务实的科学态度；学生在项目活动体验和反思中学习，并及时记录改正，有助于增强反思意识；在项目活动中，学生针对调查区域的资源、环境和生态等问题提出解决措施，提高环境保护及生态文明意识，增强社会责任感。因此，学生能够在项目学习过程不断塑造个人良好的地理意志品质。

三、构建学生地理实践力培养项目式学习的实施路径

在建构主义学习理论、实用主义教育理论及多元智能理论的指导下，在前人已有的地理项目式学习模式的启发下，结合地理课程的特点，以地理实践力素养为导向，深入剖析项目式学习设计，构建学生地理实践力培养项目式学习的实施路径。该路径包含项目设计、项目实施、项目评价三个阶段。

第一阶段：项目设计，导向地理实践力培养要求。在这个阶段，教师需要基于地理课程标准、学生现实生活和兴趣特点，以地理实践力素养培养为目标导向确立项目，即选定项目主题。据此根据项目活动需要达到的预期效果，地理教学内容以及学生现有的知识储备、能力发展、心理特征等情况，制定项目学习目标。接着教师将项目主题拆解成一个个子项目，依据逻辑关系和学生的认知特点，将子项目拆解成驱动性问题和须知问题，明确学生活动探究的方向。最后，针对项目教学目标和问题设计，整合多方资源，统筹规划项目活动时间和任务；安排项目活动需要的资源、工具和场所；搭建学生学习支架；设计项目评估方案，形成详细的项目计划。

第二阶段：项目实施，促进地理实践力形成和发展。在这个阶段，以学生为主体进行项目活动探究。教师先创设真实情境，引入项目主题，激发学生探究学习的兴趣，

帮助学生感知项目、清晰理解项目。接着，学生分组制订项目活动计划，小组在教师的指导协助下，通过交流讨论，明确需要解决的问题，对问题解决过程中涉及的学科知识、研究方法、实践工具、任务分配、时间安排进行分析，制订出详细的项目方案。在此基础上，学生根据任务分工，通过查阅资料和教师搭建的学习支架实施项目探究活动，在实践过程中借助多种手段收集信息和资料，最终汇总整理完成项目作品制作。在项目实施过程中，学生是学习的主导者，学生以小组交互、协作的形式参与活动探究中，在问题解决过程中不断反思、再建构，推进项目进程，最终完成作品制作，落实地理实践力的培养。

第三阶段：项目评价，检验地理实践力培育效果。在这一阶段，师生共同进行项目评价。教师要为学生提供场地和设备，以便公开展示、交流项目成果。通过汇报成果，交流展示活动，有利于学生和观众发现不足，进一步优化项目成果。然后引导师生及其他参与项目式学习的研究人员对成果进行评价。通过对学生进行过程性评价，诊断学生的能力素养，引导学生对项目化学习进行反思和经验总结。

（一）项目设计，导向地理实践力培养要求

1.对应地理课程标准

项目设计是教师在教学中实施项目前的准备工作，即教师从项目主题确立到整个项目的完整规划所进行的全部工作。项目设计阶段的全部工作以地理实践力培养要求为目标导向。教师在这一阶段中起主导作用。项目主题的确立是项目活动的开端，它决定着项目内容及项目活动的方向。一个好的项目主题能够激发学生的探究兴趣，推动项目活动走向成功。

地理课程标准是指导地理教学的纲领性文件。高中阶段地理实践力的内在含义、内容要求、成果的评价标准等均来自课程标准，并提供了明确且具体的掌握程度说明。因此，项目学习主题必须满足地理课程标准的要求，以培养学生地理核心素养为终极目标。只有项目主题与课程标准紧密相关，才能确保项目的严谨性和价值性。应通过研读地理课程标准，过滤零散、记忆性的知识，从中提取地理学科的大概念和地理原理，明确地理实力的培养方向，组建项目主题。

2.主题具有真实性

将项目学习的内容与现实世界相关联，可以使学生产生主人翁意识，进而提升在项目中的参与度，帮助他们更好地理解学习目标。地理教育的基本理念就是学习对生

活有用的地理，地理学科与现实生活联系紧密，因此项目主题的设计应该回归于学生的生活实际，使学生处于真实而有价值的情境之中。项目主题的真实性还可以从学习环境的真实、解决问题与使用工具的真实及学习产生的影响的真实等方面进行考虑。

3.契合学生的兴趣

学生的兴趣是维系项目活动的驱动力。项目学习主题设计要契合学生的兴趣，考虑学生真正热爱的事情，从而激发学生的思考，推动项目活动顺利开展。教师可以通过调研、相互采访的方式走进学生的世界，记录学生有趣的问题，在此基础上设计出富含趣味性的主题。

4.基于教学内容、立足学情制定项目目标

在确定项目主题后，教师紧接着就要根据项目式学习活动需要达到的预期效果，来制定项目学习目标，进一步明确地理实践力的培养方向。对于以学生为中心的项目学习活动来说，目标不仅可以衡量和评价学生的学习效果，还可以对学生产生激励、指引、调控等心理影响。项目目标设计应立足教学内容和学生学情，以核心素养目标的形式呈现。教师选取相对应的项目学习内容，综合考虑学生知识储备、能力基础及认知特征，在此基础上对项目内容进行深入剖析，挖掘其中蕴藏的学生素养发展和能力提升的功能价值与教学要求，设计出具体、可衡量、切实可行的项目学习目标。

（1）拆解项目、聚焦学习目标设计项目问题。项目式学习的主题由一个驱动性的问题开始。项目主题确定后，需要将项目主题拆解成多个相互联系，但也可以独立运作的子项目。这些子项目由一个个可探究、具有现实意义、能够引起学生兴趣、具有一定开放性、层次清晰具体的项目问题组成。再根据问题逻辑关系和重要性，把子项目拆解成驱动性问题和须知问题。驱动性问题必须导向项目学习目标，并串联和聚焦整个探究过程，具有持续探究性。须知问题是为解答驱动问题而必须掌握的问题，用来协助项目进程的持续探究。须知问题应是开放的，不良结构的，具有挑战性的，是基于地理学科的核心问题和学生的认知水平设计的。

（2）整合资源、结合客观实际规划项目活动。项目式学习是长时间持续性的探究活动，学习环境多样、内容范围广、时间跨度大。因此，在项目正式启动前，教师需要面向学生制定既详尽又灵活的项目活动规划，才能保证项目学习活动有序、渐进地开展。具体包括统筹安排项目活动时间、任务及项目开展所必需的资源、工具和场所、学生学习支架，设计项目学习评估方案和制定项目日程表。

教师应根据前期设计的项目主题和学习目标，统筹安排项目活动的总课时，进而分解子项目，细化各个任务所需要的课时。此外，教师应合理地规划自己需要提供的活动指导和学生需要完成的活动探究时间，尽可能地将教师的辅助指导活动集中在课堂上，安排学生在课下自主完成探究活动，使学生能够更好地将知识学习与解决问题的实践联系起来。

任务课时分配完成后，教师需要精心筹备每一课时需要的学习资源、工具。项目式学习活动要求学生在真实情境中完成一系列复杂的任务。这个真实情境涵盖校内和校外两大实践场所，教师需要提前熟悉学生活动涉及的实践场所，在保证学生安全的前提下，合理、恰当地安排学生开展探究活动。教师还需要搭建学习支架，为不同起点的学生创造条件和支持，让每一位学生都能踮起脚尖够着学习目标，获得学习上的成长。

项目学习评估方案的内容包含三个方面：何时使用评估、为什么进行评估及怎样进行评估。无论是教师还是学生都应该在项目伊始对项目学习阶段性取得的成果和评估方式有清晰的认识，以便更好地推进项目活动。项目评估方案既需要平衡形成性评估与总结性评估，也需要平衡个人和小组、自评和互评、学科知识和能力素养的评估。此外，教师还应制定项目日程表，管理项目时间，帮助学生计划、组织和看清他们的项目进度。

在项目规划的最后，教师有必要仔细审查项目活动的全部流程，完善设计。重点检查项目主题是否基于课程标准，源于真实，契合学生的兴趣；项目目标设计是否与预期效果相匹配；项目拆解是否合理；项目问题设计是否聚焦学习目标；项目活动规划是否合理且具有可操作性。教师应进一步完善和优化其中不足之处。

（二）项目实施，促进地理实践力形成发展

项目实施阶段就是项目式学习活动正式开展的过程，即由教师向学生提出问题到学生制作作品到解决问题的过程。在此阶段，学生的地理实践能力素养得以形成和发展。这一阶段具体包括入项活动、制订方案、活动探究和作品制作四个环节。学生在这一阶段中起主导作用，是项目方案的制订者、活动探究的实践者、项目作品的制作者；教师是提供指导和协助的管理者、推进项目的监督者。

1.创设情境，引入项目主题

入项活动是学生项目学习的开始，教师可以通过多样化的形式引入项目主题，如

以故事导入、视频导入、时事新闻导入、角色扮演导入等形式引起学生的关注，引发他们对项目探究的浓厚兴趣。入项活动不仅要达到吸引学生兴趣的目的，还需帮助学生感知项目、理解项目。因此，在介绍项目主题后，教师应详细解释，使学生对项目有一个清晰的理解，但同时也应给学生一些思考和探索的空间。

2.协助指导，制订项目方案

教师遵循“组间同质、组内异质”原则，在参考学生意见的基础上对学生进行分组。在学生理解项目主题后，分组制订项目活动计划，包括计划项目进度、任务及需要准备的实践工具。制订计划阶段主要培养学生与他人进行合作设计地理实践活动的方案及独立思考并选择适当的工具开展活动的能力。

学生应当对整个项目活动的时间有一个全面的规划，并且要合理分配每一个任务的时间。合理的时间安排不仅能有效促进学生的学习，提高效率和质量，而且还能有效地锻炼时间管理意识。学生项目进度应基于教师的课时计划，并在教师计划的课时内重新规划。教师可以通过日程表、团队日志、任务跟踪器等工具帮助学生计划、组织和了解他们的学习进度。项目任务计划是指学生通过剖析项目主题，明确要处理的具体问题、需要开展的活动、需要的工具及采用的研究手段方法等，形成相应的项目计划书，并在小组内进行项目分工。

项目计划是在小组合作讨论的基础上形成的，是学生在地理活动中设计方案和与他人合作能力的体现。在此阶段，教师作为辅助者，应指导学生制订计划并提出合理化的建议。

3.学生主导，实施活动探究

活动探究是学生将上一环节形成的活动方案付诸实践的过程。它是项目学习的核心阶段，是学生解决问题的关键步骤，学生的学习活动在这一阶段得以体现和发展。学生在这个过程中要经历多种实践，诸如地理观测、调查、考察、实验等形式的地理实践活动，小组讨论、合作，收集、整理、分析资料或者数据，技术操作，工具使用等。学生在实践过程中进行详细观察和记录，获取解决问题的相关数据和信息，为最终形成解决问题的项目成果做准备。学生大部分知识的获取、技能的掌握及地理实践力素养的培养都是在这一阶段完成的。在活动探究阶段，学生的行动能力和意志品质可以得到有效的锻炼。行动能力包括收集和处理地理信息的能力、实施地理实践活动的能力及动手操作的能力等，意志品质包括问题探究意识、团结合作精神及克服困难的勇气等。

在活动探究过程中，学生是学习的主导者，教师主要扮演着指导者和管理者的角色。教师的作用是及时识别学生的需要，为他们提供学习资源、鼓励和改换方向的建议，让他们在整个过程中尽可能独立地进行探究。教师可根据项目学习活动的类型和要求，适时提供学生需要的资源包和工具，借助微课、QQ、微信等交互平台为学生提供远程指导和帮助。在小组讨论中，教师通过聆听与观察了解学生的参与情况，记录学生的表现；当小组讨论陷入沉默和瓶颈时，使用开放式的问题帮助学生摆脱困境，并鼓励学生坚持不懈；当小组学习目标偏离时，及时提醒，帮助学生重新聚焦他们的学习目标。总之，教师要参与活动探究的全过程，获取反馈信息，及时推进项目活动的进度。

4.整理资料，制作项目作品

区别于传统的学习方式，基于项目的学习成果是以作品的形式呈现的。作品的形式可以是 PPT 课件、视频、调研报告、手抄报、地理模型、小论文等，充分体现学生的个性化表达。在作品制作阶段，学习小组整理、组织和加工实践活动中收集的数据、资料，借助信息技术和其他工具完成作品制作。在制作作品过程中，可以有效锻炼学生的地理信息收集能力、信息整理能力和动手操作能力。教师在这一阶段，要为学生提供相应的技术支持，并对学生的作品给予指导。

（三）项目评价，检验地理实践力培育效果

项目评价是项目学习的最后阶段，包括公开展示、交流项目成果和综合评价、诊断能力素养两个环节。

1.公开展示、交流项目成果

学生在小组合作完成活动探究和作品制作后，展示并交流项目学习成果。通常情况下，每个小组分别展示他们的项目学习成果，团队之间相互交流、完成评估。还可以借助相关节日活动，将其成果作为展览和报告会的一部分，在年级和学校向没有参加项目活动的人员展示。通过公开展示项目学习成果，来发现不足，及时优化改进，促使学生完成高质量的作品。通过汇报成果，交流展示活动，可锤炼学生的语言表达、交流沟通、逻辑思维等多种能力。

2.综合评价、诊断能力素养

项目式学习评价是对学生在项目活动中的学习态度、能力水平和学科核心素养等的综合性评价，是对学生学习成果和能力素养的综合考虑。项目式学习评价倡导评价主体多元化、过程性评价和总结性评价有机结合，评价内容指向项目学习目标，符合地理课程标准的评价理念。因此，项目评价不仅要评价成果，还要评价项目学习的过程。项目成果评价量表设计要以项目学习目标为依据，结合项目式学习各阶段的主要活动特点和对学生在知识掌握、学习态度、能力水平、素养培养等方面的要求，设计过程性评价内容。

第六章 中学地理实践力培养的评价体系

随着地理学科核心素养的提出，地理实践力的培养日益受到重视。为了确保地理实践力培养的有效性，建立一套科学合理、行之有效的评价体系显得至关重要。有了明确的评价体系，教师能够更加清晰地认识到地理实践力培养的具体要求和方向，从而更好地设计和组织地理实践活动；同时，中学地理实践力评价体系的构建也为学生提供了努力的方向和目标。在学习过程中，学生往往需要明确的学习目标和评价标准，以激发他们的学习兴趣和积极性，中学地理实践力评价体系的构建激发了学生的学习兴趣和积极性，为学生的全面发展奠定了坚实的基础。

第一节 中学地理实践力评价遵循的原则

构建中学地理实践力评价指标应遵循科学性、多元化、可操作性、发展性和导向性原则，以确保评价指标的科学合理、有效可行，为中学地理实践教学提供有力的支持和保障。

一、中学地理实践力评价的科学性原则

构建中学地理实践力评价指标必须以科学的教育理论和地理学科知识为基础，要遵循科学性原则。通过科学的指标选取、权重确定和实践检验，不断完善评价指标体系，为中学地理实践教学提供有力的支持和保障，才能促进学生地理实践力的全面提升和地理学科核心素养的有效落实。

（一）科学的教育理论是构建中学地理实践力评价指标的基础

科学的教育理论是构建中学地理实践力评价指标的重要基础，教育理论为我们提供了关于学生学习和发展的基本规律及教学方法和评价的指导原则。在构建中学地理实践力评价指标时，我们应充分借鉴认知发展理论、建构主义学习理论等先进的教育理论。

认知发展理论强调学生的认知发展是一个渐进的过程，不同年龄段的学生具有不同的认知水平和能力，因此在构建中学地理实践力评价指标时，我们应根据学生的年

龄特点和认知发展水平，合理确定评价指标的内容和难度。例如，对于初中学生，评价指标可以侧重于观察能力、简单的数据收集和整理能力等基础地理实践技能；而对于高中学生，评价指标则可以更加注重问题解决能力、创新思维能力等高层次的地理实践能力。

建构主义学习理论认为，学生的学习是在一定的情境中，通过与他人的互动和合作，主动建构知识的过程。这一理论启示我们，在构建地理实践力评价指标时，应注重评价学生在地理实践活动中的参与度、合作能力和自主学习能力。例如，可以设置评价指标来考察学生在小组合作中的沟通能力、协作能力和分工合理性；评价学生在实践活动中是否能够主动提出问题、探索解决方案，并积极反思和总结自己的学习过程。

（二）地理学科知识是构建中学地理实践力评价指标的重要支撑

地理学科具有综合性、区域性、实践性等特点，地理实践力的培养需要学生掌握扎实的地理学科知识。地理学科的综合性要求学生具备跨学科的知识和能力，在构建中学地理实践力评价指标时，应考虑到地理学科与其他学科的联系，如与物理、化学、生物等自然科学的联系，以及与历史、政治、经济等社会科学的联系。例如，可以设置评价指标来考察学生在地理实践活动中是否能够运用跨学科的知识和方法解决问题，如运用物理学中的力学知识分析地形地貌的形成原因，运用生物学中的生态知识评估地理环境对生物多样性的影响等。

地理学科的区域性特点要求学生具备区域认知能力和空间思维能力。在构建中学地理实践力评价指标时，应注重评价学生对不同区域的地理特征、地理问题的认识和理解，以及学生在地理实践活动中是否能够运用地图、地理信息技术等工具进行区域分析和空间定位。例如，可以设置评价指标来考察学生是否能够准确识别不同区域的地理位置、地形地貌、气候特征等；评价学生是否能够运用地理信息技术绘制区域地图、分析区域发展问题等。

地理学科的实践性特点要求学生具备实地考察、实验探究等实践能力。在构建中学地理实践力评价指标时，应重点评价学生在地理实践活动中的实际操作能力和问题解决能力。例如，可以设置评价指标来考察学生在野外考察中的观察能力、数据收集能力和安全意识；评价学生在地理实验中的实验设计能力、操作能力和数据分析能力等。

（三）评价指标选取与权重确定的科学论证

评价指标选取与权重确定是构建中学地理实践力评价指标的关键环节。为了确保评价结果的客观性、准确性和可靠性，评价指标选取与权重确定应经过科学的论证和实践检验。在指标选取方面，我们应遵循全面性、针对性、可操作性等原则。全面性原则要求评价指标应涵盖地理实践力的各个方面，包括观察能力、信息收集与处理能力、问题解决能力、团队合作能力、创新能力等。针对性原则要求评价指标应根据不同的地理实践活动和教学目标进行有针对性的选取，突出重点和难点。可操作性原则要求评价指标应具体明确，易于测量和评价，能够通过观察、测试、问卷调查等方式进行量化评价。

在权重确定方面，我们可以采用层次分析法、德尔菲法等科学方法。层次分析法是一种将复杂问题分解为多个层次，通过两两比较确定各因素相对重要性的方法。在确定中学地理实践力评价指标的权重时，我们可以将地理实践力分解为多个一级指标和二级指标，然后通过专家咨询、问卷调查等方式，对各指标的相对重要性进行两两比较，建立判断矩阵，最后通过计算得出各指标的权重。德尔菲法是一种通过多轮专家咨询，逐步收敛专家意见的方法。在确定中学地理实践力评价指标的权重时，我们可以邀请地理教育专家、一线地理教师等相关人员组成专家小组，通过多轮问卷调查和意见反馈，逐步确定各指标的权重。

二、中学地理实践力评价的多元化原则

（一）多元化原则的内涵

中学地理实践力评价多元化原则是指在评价学生的地理实践力时，应采用多种评价方式、方法和标准，全面、客观、准确地反映学生在地理实践活动中的表现和发展。这一原则涵盖了评价主体、评价内容、评价方法和评价标准等多个方面的多元化。

1.评价主体多元化

传统的地理实践力评价往往以教师为单一评价主体，这种评价方式存在一定的局限性。评价主体多元化意味着除教师之外，还应包括学生自己、同学及家长等。学生自评可以促使学生对自己的地理实践活动进行反思和总结，提高自我认知和自我管理能力；学生互评可以让学生从不同的角度看待他人的表现，培养学生的合作精神和批判性思维；家长参与评价可以让家长了解学生的学习情况，加强家校合作，共同促进

学生的成长。

2.评价内容多元化

地理实践力是一个综合性的能力体系，包括观察能力、信息收集与处理能力、问题解决能力、团队合作能力、创新能力等多个方面。评价内容多元化要求在评价学生的地理实践力时，不能仅仅关注学生的知识掌握程度，还应全面考察学生在各个方面的表现。

3.评价方法多元化

评价方法多元化是指在评价学生的地理实践力时，应采用多种评价方法，如观察法、测试法、问卷调查法、作品分析法等。不同的评价方法有其各自的特点和适用范围，通过综合运用多种评价方法，可以更加全面、客观地评价学生的地理实践力。

4.评价标准多元化

评价标准多元化是指在评价学生的地理实践力时，应根据不同的评价内容和评价方法，制定不同的评价标准。评价标准应具有灵活性和可操作性，能够适应不同学生的发展水平和特点。

（二）多元化原则的重要性

1.促进学生全面发展

中学地理实践力评价多元化原则可以全面、客观地评价学生的地理实践力，避免单一评价方式可能带来的片面性和局限性，通过评价主体、评价内容、评价方法和评价标准的多元化，可以让学生在不同的方面得到肯定和鼓励，激发学生的学习兴趣和积极性，促进学生的全面发展。

2.提高评价的客观性和准确性

单一的评价方式往往容易受到主观因素的影响，导致评价结果不够客观和准确。多元化原则通过综合运用多种评价方式、方法和标准，可以减少主观因素的影响，提高评价的客观性和准确性。

3.适应学生个体差异

每个学生都有自己的特点和优势，单一的评价标准往往难以适应学生的个体差异。多元化原则可以根据不同学生的发展水平和特点，制定不同的评价标准，从而更好地适应学生的个体差异。例如，对于学习能力较强的学生，可以提高评价标准，要求他们在地理实践活动中表现出更高的水平；对于学习能力较弱的学生，可以适当降低评价标准，关注他们的进步和努力，给予他们更多的鼓励和支持。

4.促进教学方法的创新和改进

多元化原则要求教师采用多种评价方式、方法和标准，这就促使教师不断探索和创新教学方法，以适应多元化的评价要求。例如，为了培养学生的团队合作能力，教师可以采用小组合作学习的教学方法，让学生在小组中共同完成地理实践任务，并通过学生互评的方式对小组的表现进行评价；同时，多元化的评价也可以为教师提供更多的教学反馈信息，帮助教师了解学生的学习情况和需求，从而有针对性地改进教学方法，提高教学质量。

（三）多元化原则的实施策略

1.明确评价目的和要求

在实施中学地理实践力评价多元化之前，教师应明确评价的目的和要求，让学生和家长了解评价的内容、方法和标准。评价目的应与地理教学目标相一致，评价要求应具体、明确、可操作。例如，在开展地理野外考察活动之前，教师可以向学生和家长介绍本次活动的评价目的和要求，包括考察的内容、方法、评价以及学生在活动中的注意事项等。

2.培训评价主体

中学地理实践力评价多元化涉及多个评价主体，为了确保评价的质量和效果，教师应对评价主体进行培训。培训内容包括评价的目的、要求、方法和标准等，让评价主体了解自己的职责和任务，掌握评价的方法和技巧。

3.选择合适的评价方法和标准

教师应根据不同的评价内容和评价目的，选择合适的评价方法和标准。在选择评价方法时，应考虑评价的可操作性、客观性和准确性等因素；在选择评价标准时，应考虑评价的发展性、灵活性和适应性等因素。

4.及时反馈评价结果

评价结果的及时反馈对于学生的学习和发展至关重要。教师应及时将评价结果反馈给学生和家长，让学生了解自己的学习情况和进步，同时也让家长了解学生的学习情况，共同促进学生的成长。在反馈评价结果时，教师应注意方式方法，既要肯定学生的成绩和进步，又要指出学生的不足和问题，并提出具体的改进建议和措施。

5.不断反思和改进评价体系

中学地理实践力多元化评价是一个不断发展和完善的过程。教师应在实践中不断反思和总结评价体系的优缺点，及时调整和改进评价方法和标准，以提高评价的质量和效率。例如，教师可以通过与学生、家长的交流和沟通，了解他们对评价体系的意见和建议，从而有针对性地进行改进和完善。

中学地理实践力评价多元化原则是一种科学、合理、有效的评价原则，通过实施多元化评价，可以全面、客观、准确地评价学生的地理实践力，促进学生的全面发展，提高评价的客观性和准确性，适应学生的个体差异，促进教学方法的创新和改进。在中学地理教学中，我们应充分认识到多元化原则的重要性，积极探索和实践多元化评价的方法和策略，为培养具有创新精神和实践能力的高素质人才奠定坚实的基础。

三、中学地理实践力评价的可操作性原则

（一）可操作性原则的内涵

中学地理实践力评价的可操作性原则是指在设计和实施地理实践力评价时，应确保评价指标具体明确、评价方法简便易行、评价过程易于管理，能够在实际教学中顺利进行并取得可靠的评价结果。

1.评价指标要具体明确

评价指标是评价体系的核心，它直接决定了评价的内容和方向。为了保证可操作性，中学地理实践力评价指标应具体明确，能够清晰地反映学生在地理实践活动中的表现。具体而言，评价指标应避免模糊、抽象的表述，而是要明确指出学生在地理实践活动中应具备的具体能力和行为表现。

2.评价方法要简便易行

评价方法是实施评价的手段，其简便易行程度直接影响评价的效率和可行性。在中学地理实践力评价中，应选择简便易行的评价方法，以便教师在实际教学中能够轻松操作。

3.评价过程要易于管理

评价过程的管理是确保评价顺利进行的重要保障。在中学地理实践力评价中，应建立规范的评价流程和管理制度，使评价过程易于管理。在地理实践活动开始前，教师应向学生明确评价的指标和方法，让学生了解评价的要求和标准。在实践活动过程

中，教师要及时观察学生的表现，记录学生的行为和能力发展情况。在实践活动结束后，教师要组织学生进行自评、互评，连同教师评价汇总评价结果，并及时反馈给学生。

4.要建立有效的评价管理制度

评价管理制度包括评价数据的收集、整理和存储制度，评价结果的反馈和申诉制度等。评价数据的收集应真实、准确、全面，整理和存储应规范、有序，评价结果的反馈应及时、具体、有针对性，让学生能够清楚地了解自己的优势和不足。同时，要建立申诉制度，让学生对评价结果有异议时能够提出申诉，确保评价的公平公正。

（二）可操作性原则的重要性

1.确保评价的有效性

可操作性原则能够确保中学地理实践力评价的有效性。只有评价指标具体明确、评价方法简便易行、评价过程易于管理，才能使评价真正反映学生的地理实践力水平，为教学提供有价值的反馈信息。如果评价体系缺乏可操作性，评价指标模糊不清、评价方法复杂烦琐、评价过程难以管理，评价结果就可能不准确、不可靠，无法为教学提供有效的指导。

2.提高评价的效率

可操作性原则有助于提高中学地理实践力评价的效率。在实际教学中，教师的时间和精力有限，如果评价体系过于复杂、操作难度大，就会耗费大量的时间和精力，影响教学进度。而可操作性强的评价体系能够让教师在较短的时间内完成评价工作，提高评价效率，从而有更多的时间和精力投入教学。

3.促进学生的参与

可操作性原则能够促进学生积极参与地理实践力评价。如果评价体系简单易懂、操作方便，学生就能够清楚地了解评价的要求和标准，积极参与评价过程。通过自评、互评等方式，学生能够更好地认识自己的优势和不足，激发学习的动力和兴趣，提高地理实践力水平。

4.推动教学的改进

可操作性原则有利于推动中学地理教学的改进。通过可操作性强的评价体系，教师能够及时了解学生的地理实践力水平和教学中存在的问题，有针对性地调整教学策略和方法，提高教学质量。同时，评价结果也可以为学校和教育部门提供决策依据，促进地理教育的改革和发展。

（三）可操作性原则的实施策略

1.深入研究地理课程标准和教学目标

地理课程标准和教学目标是设计中学地理实践力评价指标的重要依据。教师应深入研究地理课程标准和教学目标，明确地理实践力的培养要求和具体内容，将其转化为具体明确的评价指标。同时，要结合学生的实际情况和教学实际，合理确定评价指标的权重和难度，确保评价指标具有可操作性。

2.选择适合的评价方法

教师应根据地理实践活动的特点和评价的目的，选择适合的评价方法。在选择评价方法时，要充分考虑方法的简便易行性、有效性和可靠性。可以综合运用多种评价方法，相互补充，提高评价的准确性和全面性。例如，在野外考察活动中，可以结合观察法和问卷调查法，让学生在实地考察中观察地理现象，同时通过问卷了解学生对地理知识的掌握和应用情况。

3.加强评价过程的管理

教师要加强对中学地理实践力评价过程的管理，确保评价工作的顺利进行。要建立规范的评价流程和管理制度，明确各环节的责任和要求。在评价过程中，要及时收集和整理评价数据，确保数据的真实性和准确性。同时，要注重评价结果的反馈和应用，让学生和教师能够根据评价结果及时调整学习和教学策略。

4.提高教师的评价素养

教师的评价素养是实施可操作性强的中学地理实践力评价的关键。教师应不断提高自己的评价素养，包括评价理论知识、评价方法和技能、评价数据分析和处理能力等。可以通过参加培训、学习交流等方式，不断提高自己的评价水平，确保评价工作的科学、规范、有效。

可操作性原则是中学地理实践力评价的重要原则之一。在构建中学地理实践力评价体系时，应充分考虑可操作性原则，确保评价指标具体明确、评价方法简便易行、评价过程易于管理。只有这样，才能使评价体系真正发挥作用，为中学地理教学提供有力的支持和保障。

四、中学地理实践力评价的发展性原则

中学地理实践力评价的发展性原则是指在评价学生的地理实践力时，应以学生的发展为核心，关注学生在地理实践活动中的进步和成长，注重评价的过程性和动态性，为学生的未来发展提供指导和支持。发展性原则是中学地理实践力评价的重要原则之一，通过实施发展性原则，能够促进学生的全面发展，适应学生的个体差异，推动教学的持续改进，提高中学地理教学的质量和水平。

（一）发展性原则的内涵

1.以学生的发展为核心

发展性原则强调评价的目的是促进学生的发展，在中学地理实践力评价中，应将学生的发展作为评价的出发点和落脚点，关注学生在地理实践活动中的学习过程、学习方法和学习态度，以及学生在知识、技能、情感等方面的发展。评价不仅要关注学生的学习结果，更要关注学生的学习过程和发展潜力，为学生的未来发展提供指导和支持。

2.关注学生的进步和成长

发展性原则要求评价关注学生在地理实践活动中的进步和成长，每个学生都有自己的发展起点和发展速度，评价应尊重学生的个体差异，关注学生在地理实践活动中的点滴进步和成长。通过评价，让学生感受到自己的努力和进步得到了认可，从而激发学生的学习兴趣和积极性，促进学生的持续发展。

3.注重评价的过程性和动态性

发展性原则强调评价的过程性和动态性。地理实践力的培养是一个长期的过程，学生的地理实践力水平会随着学习的深入和实践经验的积累而不断提高，因此评价应贯穿地理实践活动的全过程，关注学生在不同阶段的表现和发展。评价结果不应是一次性的、静态的，而应是动态的、不断变化的，反映学生的发展轨迹和趋势。

（二）发展性原则的重要性

1.促进学生的全面发展

发展性原则能够促进学生的全面发展。通过关注学生在地理实践活动中的知识、技能、情感等方面的发展，评价能够为学生提供全面的反馈信息，帮助学生认识自己的优势和不足，明确自己的发展方向。同时，评价也能够激发学生的学习兴趣和积极

性，促进学生在各个方面的不断进步和成长。

2.适应学生的个体差异

每个学生都有自己的特点和优势，发展性原则能够适应学生的个体差异。评价应关注学生的个体发展，尊重学生的发展起点和发展速度，为学生提供个性化的反馈信息和发展建议。这样，每个学生都能够在自己的基础上得到发展，充分发挥自己的潜力。

3.推动教学的持续改进

发展性原则有助于推动教学的持续改进。评价不仅是对学生学习结果的检验，更是对教学过程的反思和改进。通过关注学生在地理实践活动中的表现和发展，教师能够及时发现教学中存在的问题和不足，调整教学策略和方法，提高教学质量。同时，评价也能够为教学改革提供依据和参考，推动地理教学的不断创新和发展。

（三）发展性原则的实施策略

1.制定明确的发展目标

发展目标应根据地理课程标准和学生的实际情况制定，具有可操作性和可测量性。发展目标可以分为短期目标和长期目标。短期目标可以是学生在一次地理实践活动中的具体目标，如掌握某种地理观测方法、完成一份地理调查报告等；长期目标可以是学生在一个学期或一个学年内的发展目标，如提高地理实践能力、培养地理思维等。

2.采用多元化的评价方法

评价方法应包括形成性评价和终结性评价、定性评价和定量评价、教师评价和学生评价等。形成性评价关注学生在地理实践活动中的学习过程，及时反馈学生的学习情况，为学生的学习提供指导和支持；终结性评价关注学生的学习结果，对学生的学习进行总结和评价。定性评价关注学生的学习态度、学习方法和情感体验等方面的发展，定量评价关注学生的知识和技能的掌握程度。教师评价和学生评价相结合，能够充分发挥教师和学生在评价中的作用，提高评价的客观性和全面性。

3.建立动态的评价体系

发展性原则要求建立动态的评价体系，评价体系应随着学生的发展和教学的变化不断调整和完善。评价体系可以包括评价指标、评价标准、评价方法和评价工具等方面。评价指标应根据学生的发展需求和教学目标不断调整和完善；评价标准应具有灵活性和可操作性，能够适应不同学生的发展水平；评价方法和评价工具应不断创新和改进，提高评价的效率和准确性。

4.提供及时的反馈和指导

评价结果应及时反馈给学生和教师，让学生和教师了解学生的学习情况和发展水平。反馈应具有针对性和具体性，指出学生的优点和不足，并提出具体的改进建议和发展方向。同时，教师应根据评价结果为学生提供个性化的指导和支持，帮助学生克服困难，实现自己的发展目标。

五、中学地理实践力评价的导向性原则

（一）导向性原则的重要性

在中学地理教学中，科学合理的评价体系对于准确评估学生的地理实践力水平、有效引导地理教学方向起着关键作用。其中，导向性原则在中学地理实践力评价中具有突出的意义。中学地理实践力评价的导向性原则是指评价指标应明确指向地理实践力的培养目标，为教师的教学和学生的学习提供清晰的方向指引，促进地理实践教学的有效开展和学生地理实践力的不断提升。

1.促进地理实践教学的有效开展

导向性原则能够为地理实践教学提供明确的方向和目标，使教师在教学过程中有据可依，避免教学的盲目性和随意性。教师可以根据评价指标精心设计实践活动内容和教学方法，合理安排教学进度，确保地理实践教学的系统性和有效性。同时，导向性原则也有助于激发学生的学习兴趣和积极性，提高学生参与地理实践活动的主动性和自觉性。

2.提高学生地理实践力水平

通过明确的评价指标，学生能够更加清晰地认识到地理实践力的重要性和具体要求，从而在学习过程中有意识地培养和提高自己的实践能力。评价指标的导向作用可以促使学生在观察、信息收集、问题解决、团队合作和创新等方面不断努力，逐步提高自己的地理实践力水平。此外，评价指标还可以为学生提供具体的学习目标和努力方向，激发学生的学习动力和竞争意识。

3.推动地理学科核心素养的落实

导向性原则下的地理实践力评价指标与地理学科核心素养的要求紧密结合，能够

引导教师在教学中注重培养学生的综合素养，促进学生全面发展。通过对学生地理实践力的评价，可以检验学生在地理学科核心素养方面的达成情况，为进一步落实地理学科核心素养提供有力支持。

（二）导向性原则的实施策略

1.制定科学合理的评价指标体系

确保导向性原则的有效实施，需要制定科学合理的评价指标体系。评价指标的制定应依据地理课程标准和地理学科核心素养的要求，结合学生的实际情况和教学实际进行。指标体系应具有全面性、针对性和可操作性，能够涵盖地理实践力的各个方面，同时又能突出重点和难点。在制定指标体系时，可以广泛征求教师、学生和专家的意见，确保指标体系的科学性和合理性。

2.加强评价指标的宣传与解读

制定好评价指标体系后，教师应加强对评价指标的宣传与解读，让学生和家长充分了解评价指标的内涵和要求。教师可以通过课堂讲解、发放资料、组织讨论等方式，向学生详细介绍评价指标的具体内容和评价方法，让学生明确自己在地理实践活动中的努力方向。同时，教师也可以向家长宣传评价指标，争取家长的支持和配合，共同促进学生地理实践力的提升。

3.将评价指标融入教学过程

教师在教学过程中应将评价指标有机地融入各个教学环节中，以评价指标为导向开展地理实践教学活动。在教学设计中，教师可以根据评价指标确定教学目标、教学内容和教学方法；在教学实施过程中，教师可以对照评价指标对学生的学习过程进行及时评价和反馈，引导学生不断调整学习策略；在教学总结阶段，教师可以依据评价指标对学生的学习成果进行综合评价，为下一步教学提供参考。

4.注重评价结果的反馈与应用

评价结果的反馈与应用是导向性原则实施的重要环节。教师应及时将评价结果反馈给学生，让学生了解自己在地理实践力方面的优势和不足，明确今后的努力方向。同时，教师也可以根据评价结果调整教学策略和方法，改进教学内容和教学过程。此外，评价结果还可以作为学生综合素质评价的重要依据，为学生的升学和发展提供参考。

总之，导向性原则在中学地理实践力评价中具有重要的意义，通过明确评价指标的培养目标指向，为教学和学生学习提供方向指引，可以促进地理实践教学的有效开展，提高学生地理实践力水平，推动地理学科核心素养的落实。在实际教学中，教师应制定科学合理的评价指标体系，加强评价指标的宣传与解读，将评价指标融入教学过程，注重评价结果的反馈与应用，以充分发挥导向性原则的作用，为培养具有创新精神和实践能力的高素质人才奠定坚实的基础。

第二节　中学地理实践力评价的常用方法

地理实践力涵盖观察能力、信息收集与处理能力、问题解决能力、团队合作能力和创新能力等多个方面，不同的评价方法可以针对不同的能力维度进行精准评估，只有选择合适的评价方法，才能全面、准确地反映学生的真实水平，为教师调整教学策略提供依据。因此，科学合理地选择中学地理实践力评价方法，具有重大而深远的意义，它不仅关系到学生地理实践力的准确评估和培养，也对地理实践教学的优化和地理学科的发展起着积极的推动作用。常见的中学地理实践力评价方法有观察法、问卷调查法、作品分析法和档案袋评价法。

一、观察法

观察法作为中学地理实践力评价的一种重要方法，具有直观、及时、培养学生自我认知能力和促进教师教学反思等重要意义。在运用观察法进行地理实践力评价时，教师应明确观察目的和内容，选择合适的观察时机和地点，运用多种观察方法和手段，做好观察记录和分析，以提高评价的准确性和有效性，促进学生地理实践力的提升。

（一）观察法在中学地理实践力评价中的意义

1.可以直观地反映学生在地理实践中的表现

观察法是教师在地理实践活动中直接观察学生的表现，记录学生的行为和能力发展情况的方法。这种方法能够直观地反映学生在实践活动中的真实状态，包括观察能力、问题解决能力、团队合作能力等方面的表现。例如，在野外考察中，教师可以观察学生对地理现象的观察是否准确、细致，是否能够提出有价值的问题；在小组合作活动中，教师可以观察学生之间的沟通、协作和分工情况。

2.及时反馈学生的学习进展

通过观察法，教师可以及时了解学生在地理实践活动中的学习进展和存在的问题，为学生提供及时的反馈和指导。例如，当教师发现学生在观察地理现象时存在方法不当的问题时，可以及时给予纠正和指导，帮助学生提高观察能力；同时，及时的反馈也能够激发学生的学习兴趣和积极性，促进学生更好地参与地理实践活动。

3.培养学生的自我认知能力

观察法不仅可以让教师了解学生的表现，也可以让学生通过自我观察和反思，提高自我认知能力。在地理实践活动中，教师可以引导学生进行自我观察，记录自己的表现和进步，分析自己的优点和不足。通过这种方式，学生可以更加清楚地了解自己的学习情况和发展需求，为自己的学习制订更加合理的目标和计划。

4.促进教师的教学反思和改进

观察法为教师提供了一个反思和改进教学的机会。教师通过观察学生的表现，可以发现教学中存在的问题和不足，及时调整教学策略和方法，提高教学质量。例如，如果教师发现学生在团队合作方面存在问题，可以设计更多的小组合作活动，培养学生的团队合作能力；如果教师发现学生在问题解决能力方面有待提高，可以引导学生运用地理知识和方法，分析和解决实际问题。

（二）观察法在中学地理实践力评价中的应用

1.明确观察目的和内容

在运用观察法进行地理实践力评价时，教师要明确观察的目的和内容。观察目的应与地理实践力的培养目标相一致，观察内容应涵盖地理实践力的各个方面。例如，在野外考察活动中，观察目的可以是评价学生的观察能力、问题解决能力和团队合作能力，观察内容可以包括学生对地理现象的观察是否准确、细致，是否能够提出有价值的问题，以及学生之间的沟通、协作和分工情况等。

2.选择合适的观察时机和地点

观察时机和地点的选择也非常重要。教师应根据地理实践活动的内容和要求，选择合适的观察时机和地点。例如，在野外考察中，教师可以选择在学生观察地理现象、采集样本、进行小组讨论等环节进行观察；在实验室实验中，教师可以选择在学生进行实验操作、记录数据、分析结果等环节进行观察。同时，教师还应注意观察地点的安全性和便利性，确保观察活动的顺利进行。

3.运用多种观察方法和手段

为了更加全面、准确地观察学生的表现，教师可以运用多种观察方法和手段。例如，教师可以采用定点观察和移动观察相结合的方法，对学生在不同地点的表现进行观察；可以采用直接观察和间接观察相结合的方法，通过观察学生的作品、记录和反思等间接了解学生的学习情况；可以采用个体观察和小组观察相结合的方法，对学生的个体表现和小组合作情况进行观察。

4.做好观察记录和分析

在观察过程中，教师应做好观察记录，详细记录学生的表现和行为。观察记录可以采用文字描述、表格记录、图片拍摄等方式，确保记录的准确性和完整性。观察结束后，教师应及时对观察记录进行分析和总结，评价学生的地理实践力水平，发现学生存在的问题和不足，并提出相应的改进建议和措施。

二、问卷调查法

问卷调查法作为中学地理实践力评价的一种重要方法，具有全面了解学生的实践体验和收获、收集多方面的反馈意见、促进学生的自我反思和评价、为教学的改进提供依据等重要意义。在应用问卷调查法进行地理实践力评价时，应设计合理的问卷、选择合适的调查对象、进行科学的数据分析和处理，并及时反馈和应用评价结果，以提高评价的准确性和有效性，促进学生地理实践力的提升。

（一）问卷调查法在中学地理实践力评价中的意义

1.全面了解学生的实践体验和收获

问卷调查法可以通过设计一系列问题，全面了解学生在地理实践活动中的体验和收获。例如，可以询问学生在实践活动中对地理现象的观察和理解程度、信息收集和处理的方法和效果、问题解决的思路和过程、团队合作的情况和感受、创新思维的发挥和成果等方面的问题。通过学生的回答，可以深入了解学生在地理实践力各个方面的发展情况，为教师提供全面的评价依据。

2.收集多方面的反馈意见

问卷调查法不仅可以收集学生的意见，还可以收集家长和教师等多方面的反馈意见。家长可以从学生在家中的表现和对地理知识的应用等方面提供反馈；教师可以从教学的角度对学生的实践能力进行评价。多方面的反馈意见可以更加全面、客观地反映学生的地理实践力水平，为教师提供更丰富的评价信息。

3.促进学生的自我反思和评价

问卷调查法可以引导学生进行自我反思和评价，在回答问题的过程中，学生需要回顾自己在地理实践活动中的表现，分析自己的优点和不足，提出自己的改进措施和发展目标。这种自我反思和评价的过程可以帮助学生更好地认识自己，提高自我管理和自我发展的能力。

4.为地理实践力教学的改进提供依据

问卷调查法收集到的大量数据，可以为教师改进地理实践力教学提供依据。教师可以通过分析学生的回答，了解学生在地理实践力方面的需求和问题，从而有针对性地调整教学内容和方法，提高教学质量。

（二）问卷调查法在中学地理实践力评价中的应用

1.设计合理的问卷

设计合理的问卷是问卷调查法成功应用的关键，问卷的设计应遵循以下原则。明确目的：问卷的设计应围绕地理实践力的评价目标进行，确保问题具有针对性和有效性；内容全面：问卷的内容应涵盖地理实践力的各个方面，包括观察能力、信息收集与处理能力、问题解决能力、团队合作能力和创新能力等；结构合理：问卷的结构应清晰、合理，问题的排列应遵循一定的逻辑顺序，便于学生回答；语言恰当：问卷的语言应简洁明了、通俗易懂，避免使用生僻的专业词汇和复杂的句子结构。

2.选择合适的调查对象

问卷调查法的调查对象可以包括学生、家长和教师等多方面的人员。选择合适的调查对象可以确保收集到的反馈意见具有代表性和客观性。例如，可以选择不同年级、不同性别、不同学习水平的学生进行调查，以了解不同学生群体在地理实践力方面的差异；可以选择部分家长进行调查，了解学生在家中的地理实践情况和对地理知识的应用情况；可以选择地理教师和其他学科教师进行调查，了解学生在课堂内和课堂外的地理实践表现。

3.进行科学的数据分析和处理

问卷调查法收集到的大量数据需要进行科学的分析和处理，才能得出有价值的结论。数据分析和处理可以采用以下方法。

（1）统计分析。对问卷中的数据进行统计分析，计算各项指标的平均值、标准差、百分比等，了解学生在地理实践力各个方面的总体水平和分布情况。

（2）对比分析。对不同年级、不同性别、不同学习水平的学生进行对比分析，了解不同学生群体在地理实践力方面的差异。

（3）相关性分析。分析问卷中不同问题之间的相关性，了解地理实践力各个方面之间的关系。

4.及时反馈和应用

问卷调查法的结果应及时反馈给学生、家长和教师等相关人员，以便他们了解学生的地理实践力水平和存在的问题。同时，教师应根据问卷调查的结果，制定相应的教学改进措施，提高地理实践教学的质量和效率。

三、作品分析法

在中学地理教学中，对学生地理实践力的准确评价至关重要，作品分析法作为一种有效的评价方式，能够深入洞察学生的学习成果和能力发展水平，为教学提供有价值的反馈。

（一）作品分析法在中学地理实践力评价中的意义

作品分析法通过分析学生在地理实践活动中产生的作品，如调查报告、地图绘制、实验报告等，为评价学生的地理实践力提供了具体而直观的依据。这种方法不仅能够衡量学生对地理知识的掌握程度，还能反映他们在实践过程中所展现出的观察能力、信息收集与处理能力、问题解决能力、创新能力等多方面的素养。

首先，对于教师而言，作品分析法有助于全面了解学生的学习状况。教师可以通过分析学生的作品，发现学生在地理实践中的优势和不足，从而有针对性地调整教学策略，优化教学内容和方法，更好地满足学生的学习需求。其次，对于学生来说，作品分析法能够促使他们更加重视地理实践活动，提高参与度和积极性。学生在知道自己的作品将被认真分析和评价后，会更加努力地投入实践活动，力求创作出高质量的作品。同时，通过对作品的评价反馈，学生可以清楚地认识到自己的进步和不足之处，明确努力的方向，进一步提升自己的地理实践力。

（二）作品分析法在中学地理实践力评价中的应用

1.分析调查报告的评价维度

（1）内容方面。在评价调查报告的内容时，要重点关注学生对地理现象的描述和分析是否准确、深入。学生应能够准确地描述地理现象的特征、分布和变化规律，并运用所学的地理知识进行合理的分析。此外，还要看学生是否提出了具有针对性和可行性的结论和建议。

（2）结构方面。一份优秀的调查报告应具有清晰的逻辑结构，引言部分应明确报告的主题和目的，引起读者的兴趣；正文部分应详细阐述调查的过程、方法和结果，内容丰富、条理清晰；结论部分应总结调查的主要发现，提出明确的观点和建议。

（3）语言表达方面。语言通顺、表达准确、简洁明了是评价调查报告语言表达的重要标准。学生应能够运用恰当的地理术语和专业词汇，准确地表达自己的观点和想法。同时，报告的语言应简洁明了，避免冗长和复杂的句子结构，使读者能够轻松理解报告的内容。

（4）创新性方面。创新性是评价调查报告的重要维度之一。学生应能够在报告中提出新颖的观点和方法，对传统的地理问题进行创新的思考和解决。例如，在关于旅游资源开发的调查报告中，学生可以提出利用互联网技术进行旅游资源推广的创新方法，或者提出开发特色旅游产品的创意。

2.分析地图绘制的评价维度

（1）准确性方面。地图的准确性是评价地图绘制的首要标准。学生绘制的地图应准确反映地理现象的分布和特征，包括地理位置、地形地貌、河流湖泊、交通线路等。例如，在绘制中国地图时，学生应准确标注各个省份的位置、形状和省会城市及主要的山脉、河流和湖泊等地理要素。

（2）完整性方面。完整的地图应包括必要的地理要素，如比例尺、图例、注记等。比例尺可以帮助读者了解地图的比例关系，图例可以解释地图上各种符号的含义，注记可以标注地理要素的名称和特征。

（3）美观性方面。美观的地图能够吸引读者的注意力，提高地图的可读性和欣赏性。评价地图的美观性可以从色彩协调、布局合理、线条流畅等方面进行。色彩协调是指地图上的颜色搭配应和谐、美观，避免过于鲜艳或刺眼的颜色；布局合理是指地图上的地理要素分布应合理，避免过于拥挤或分散；线条流畅是指地图上的线条应清晰、流畅，避免出现断线、模糊等情况。

3.分析实验报告的评价维度

（1）实验设计方面。实验设计的科学性、可行性和创新性是评价实验报告的重要标准。学生设计的实验应具有明确的实验目的和假设，实验方法应科学合理，实验步骤应清晰可行。同时，实验设计应具有一定的创新性，能够体现学生的独立思考和创新能力。

（2）实验操作方面。学生在实验操作过程中应能够正确操作实验仪器，按照实验步骤进行实验，确保实验数据的准确性和可靠性。教师可以通过观察学生的实验操作过程或者查看实验记录等方式，评价学生的实验操作能力。

（3）数据分析方面。数据分析是实验报告的重要组成部分。学生应能够运用恰当的方法对实验数据进行分析和处理，得出合理的结论。例如，在进行气温变化实验时，学生可以运用图表分析的方法，直观地展示气温的变化趋势，并分析影响气温变化的因素。

（4）结论得出方面。结论得出是实验报告的最后环节。学生应能够根据实验结果得出合理的结论，并对实验过程进行反思和总结。结论应简洁明了，能够回答实验目的和假设提出的问题。同时，学生还应在结论中提出进一步的研究方向和建议。

四、档案袋评价法

档案袋评价法作为一种独特的中学地理实践力评价方法，具有重要的意义和价值。通过实施档案袋评价法，可以全面记录学生的学习过程和成长轨迹，促进学生的自我认知和自我管理能力，为教师提供丰富的评价信息。在实施档案袋评价法的过程中，教师需要确定档案袋的内容和结构，指导学生收集和整理档案袋材料，定期对档案袋进行评价和反馈，总结和反思档案袋评价法的实施效果，以确保档案袋评价法的有效实施，为提高中学地理教学质量和学生的地理实践力水平作出贡献。

（一）档案袋评价法在中学地理实践力评价中的意义

1.全面记录学生的学习过程和成长轨迹

档案袋评价法通过收集学生在地理实践活动中的各种作品、记录和反思材料，能够全面记录学生的学习过程和成长轨迹。这些材料包括学生的观察记录、调查报告、地图绘制、实验报告、学习反思等，可以反映学生在不同阶段的学习成果和能力发展情况。例如，学生在进行野外考察时，可以记录下自己的观察发现和思考感悟；在完成调查报告时，可以展示自己的信息收集与处理能力和问题解决能力；在绘制地图时，可以体现自己的空间思维能力和绘图技能。通过对这些材料的整理和分析，教师可以清晰地看到学生在地理实践力方面的进步和成长，为评价学生的学习成果提供了有力的依据。

2.促进学生的自我认知和自我管理能力

档案袋评价法让学生参与评价过程，有助于促进学生的自我认知和自我管理能力。学生在整理自己的档案袋时，需要对自己的作品和反思材料进行回顾和分析，这有助于他们更好地了解自己的学习情况和能力水平。同时，学生可以根据自己的评价结果，制订合理的学习目标和计划，有针对性地进行学习和提高。例如，学生在发现自己在信息收集与处理能力方面存在不足时，可以加强这方面的学习和训练；在发现自己在团队合作能力方面有待提高时，可以积极参与小组合作活动，提高自己的沟通和协作能力。此外，学生在参与档案袋评价的过程中，还可以学会自我评价和反思，提高自己的学习责任感和自主学习能力。

3.为教师提供丰富的评价信息

档案袋评价法为教师提供了丰富的评价信息，有助于教师全面了解学生的学习进展和能力发展情况。教师可以通过查阅学生的档案袋，了解学生在地理实践活动中的参与度、努力程度和学习成果，从而对学生的地理实践力水平进行全面、客观的评价。同时，教师还可以从学生的作品和反思材料中发现学生的学习需求和问题，为教师调整教学策略和方法提供参考。例如，教师在发现学生在实验报告中存在数据分析不深入的问题时，可以在教学中加强数据分析方法的指导；在发现学生在学习反思中提出了一些有价值的问题时，可以组织学生进行讨论和探究，进一步拓宽学生的思维和视野。

（二）档案袋评价法在中学地理实践力评价中的应用

1.确定档案袋的内容和结构

教师在实施档案袋评价法之前，需要确定档案袋的内容和结构。档案袋的内容应包括学生在地理实践活动中的各种作品、记录和反思材料，如观察记录、调查报告、地图绘制、实验报告、学习反思等。档案袋的结构可以根据评价的需要进行设计，一般可以分为基础部分和拓展部分。基础部分包括学生的基本信息、学习目标和计划、作品目录等；拓展部分可以根据学生的兴趣和特长进行个性化设计，如学生的地理摄影作品、地理小论文、地理手抄报等。

2.指导学生收集和整理档案袋材料

教师在确定档案袋的内容和结构后，需要指导学生收集和整理档案袋材料。教师可以向学生介绍档案袋评价法的目的和意义，让学生了解档案袋的内容和要求。同时，教师可以提供一些收集和整理档案袋材料的方法和技巧，如如何记录观察发现、如何撰写调查报告、如何绘制地图等。此外，教师还可以组织学生进行小组交流和分享，让学生互相学习和借鉴，提高档案袋材料的质量和水平。

3.定期对档案袋进行评价和反馈

教师在学生收集和整理档案袋材料的过程中，需要定期对档案袋进行评价和反馈。教师可以根据档案袋的内容和结构，制定合理的评价标准和方法，如可以从作品的质量、反思的深度、进步的幅度等方面进行评价。教师在评价档案袋时，应注重评价的客观性和公正性，同时要给予学生充分的肯定和鼓励，让学生感受到自己的努力和进步得到了认可。此外，教师还应及时向学生反馈评价结果，让学生了解自己的优点和不足，明确自己的努力方向和目标。

4.总结和反思档案袋评价法的实施效果

教师在实施档案袋评价法的过程中，需要不断总结和反思实施效果。教师可以通过与学生交流、问卷调查、教学反思等方式，了解学生对档案袋评价法的感受和意见，发现实施过程中存在的问题和不足。同时，教师可以根据总结和反思的结果，对档案袋评价法进行调整和改进，提高评价的有效性和科学性。

第七章　中学地理实践力培养的案例分析

第一节　研学旅行培养学生地理实践力案例分析

研学旅行指的是学校根据研学基地特色、学生身心发展情况和学情安排，以学生为学习主体，以集体旅行、集中食宿的形式离开课堂，在自然风光与人文景色中学习知识、拓宽眼界，从而提高自我的学习方式。地理实践力强调在真实的环境中运用地理知识和技能解决实际问题，而研学旅行可以为学生提供真实情境体验，在培养学生地理实践力方面意义重大。研学旅行时，可以带学生走出传统课堂，走进自然和社会的真实场景，促进学生的观察与测量能力，锻炼学生的调查与分析能力，增强学生的地理信息技术应用能力，培养学生的合作与交流能力。同时，通过研学旅行，可以促进教师的专业发展。

本章从地理实践力出发，探讨中学研学旅行中对中学生地理实践力的培养，以山东省某中学为例，在对其研学旅行主题与前期准备、研学路线与内容、研学成果展示分析的基础上，基于科学性、过程性、多元性的原则，对其进行具体评价，并对研学旅行在培养学生地理实践力方面存在的问题，提出相应对策。

一、研学旅行主题的确立及前期准备

（一）研学线路的确定

该中学多次组织研学旅行活动，通过游览北京、南京、西安、曲阜、枣庄等历史文化名城的方式，使学生通过亲身体验、现场感悟，在“行万里路”的过程中，体验各个研学城市之间的自然与人文差异，理解地理环境与人类活动的密切关系，体会人地协调的意义。学生以在研学过程中的亲身感受，将课堂中所学的知识与技能进行体验、运用与探索，在巩固课本知识的同时学习新的课外知识。研学旅行活动将学生在课堂上、书本中所学的静态课程转化为动态课程，边研边发展，边学边发现，培养学生的实践能力、分析能力、处理问题的能力，促进学生地理实践力的培养，使其从“脑、身、心”三个方面得到全面提升。

选取的北京、南京、枣庄等研学旅行城市，都是历史悠久、底蕴深厚的城市，在

长期发展过程中各有特色。其中，北京为五朝帝都，又是中华人民共和国的首都，见证了无数改变中国发展进程的历史事件，见证了中国百年来由落后挨打到繁荣富强的历史进程。新时代青少年不能忘记中国发展的历史，要牢记为实现中华民族伟大复兴而努力的历史使命，在拼搏发展中砥砺前行，因此北京之行确定的主题为“缅怀历史，牢记使命，砥砺前行”。南京为六朝古都，同样有着悠久璀璨的历史文化，秦淮河、乌衣巷、玄武湖不仅蕴藏着深厚的历史积淀，更是教师进行地理教学、培养学生地理实践力的优良场所。南京几千年的古街、小巷不仅让学生感受到其独特的江南文化，又能学到丰富的地理知识，这正是研学旅行的核心之所在，也是研学旅行培养学生地理实践力的重要途径，因此南京之行确定的主题为“金陵之韵四日研学之旅”。枣庄作为近现代依靠煤炭发展起来的山东省工业经济的代表性城市，同样有着悠久璀璨的历史。近年来，如何转变生产方式，升级产业结构，走一条适合自己的可持续发展之路成为诸多资源型城市面临的重大难题，枣庄依托其雄厚的产业基础、悠久的文化历史，积极发展交通，以台儿庄古城、铁道游击队等丰富的文化旅游资源，打造新兴旅游城市，走出了一条适合自己发展的道路，因而枣庄之行的主题确定为“产业转型升级，走可持续发展之路”。

（二）研学旅行任务的制定

1.北京研学旅行任务

北京作为全国的交通中心，诸多铁路干线在此交会，且市内拥有发达的城市轨道交通系统，因而北京研学之行的首要任务是在学生利用地图及相关地理信息技术的基础上，体会北京发达的交通运输条件及发达的交通对北京产生的积极影响。其次，北京拥有数百万流动人口，通过学生在天安门广场的参观学习，培养学生发现问题、解决问题的能力，理解北京流动人口带来的利弊及城镇化进程中流动人口产生的“推力”与“拉力”。最后，让学生在四合院与胡同里感受北京文化，体会地理环境对人类生产与生活造成的影响及人地协调的重要意义。

2.南京研学旅行任务

南京历史文化悠久，以学生在秦淮河、玄武湖与雨花台的研学，培养学生收集和处理地理信息的能力、运用地理工具的实践能力；通过在秦淮河的实地测量，理解河流的水文特征及河流对城市发展的影响；通过对玄武湖形成过程的探究，解释内、外力因素对地表形态变化的影响，以及理解湖泊对城市的积极作用；通过对雨花石形成过程的探究，理解三类岩石的转换过程。

3.枣庄研学旅行任务

枣庄作为资源型城市成功转型的典型，其转型升级的过程是学生体会资源枯竭型城市可持续发展之路的经典教材。枣庄研学之行的首要任务是让学生理解分析枣庄的转型发展之路。其次，通过对滕州、台儿庄的研学调研，理解铁路运输对城市发展的意义及运河兴衰与城市发展的关系。

（三）研学旅行前准备

考虑到选择的研学旅行城市路程较远，且研学旅行学生数量多，所以在研学旅行正式开始之前要做好充足的准备工作。在确定好研学旅行主题与城市的基础上，该中学召集各科教师召开会议，并邀请旅行社的相关负责人员参加，针对研学主题，收集相关资料，制定研学内容，选择最佳研学路线。确定好相关事宜后，邀请学生家长召开家长会，就研学旅行中的种种问题及注意事项向家长阐述明确，并发放“研学明白纸”，就学生的安全问题、物品准备等诸多事宜进行部署。

二、研学旅行的具体内容

（一）缅怀历史，砥砺前行——北京研学之行

北京，中华人民共和国的首都，是全国的政治中心、文化中心、交通中心与国际交往中心。北京历史悠久，是首批国家历史文化名城、中国四大古都之一和世界上拥有世界文化遗产数最多的城市，三千多年的建城史孕育了故宫、天坛、八达岭长城、颐和园等众多名胜古迹。本次北京研学之行，分为名校+讲座、寻访北京历史文化、北京民俗文化、北京代表性博物馆、红色教育五个方面，目的在于让学生充分感受首都独特的地理魅力，在游览之中学习所到之处的地理知识，增强独立思考与实践的能力，培养地理实践力。

北京作为全国最大的交通枢纽，众多铁路干线在此交会，为了让学生“熟练使用地图（包括电子地图），理解北京便捷的交通条件及轨道交通对城市交通的意义”，地理教师引导学生做如下准备。

一是利用“北京铁路干线图”“北京天地图”等电子地图或纸质地图，找出经过北京的铁路干线，并思考发达的交通对北京发展所起的积极作用。

二是乘坐北京地铁，查看地铁站内的北京地铁线路图，感受北京发达的轨道交通，

分析轨道交通对于缓解城市交通拥堵问题产生的积极作用，并思考济南地铁修建需要克服的难题。

1.名校+讲座

北京研学之旅的第一部分为“名校+讲座”：游览参观清华大学，并于清华大学安排讲座，与高校教授面对面交流，明确学生的学习目标，增强学习动力，缓解高考压力。清华大学是中国教育部直属高校、世界著名大学，是中国“211 工程”“985 工程”重点高校，有“红色工程师的摇篮”之美誉。

2.寻访北京历史文化

第二部分以“寻访北京历史文化”为主要内容，主要参观故宫博物院、八达岭长城、圆明园遗址公园等名胜古迹。故宫博物院，位于北京故宫紫禁城内，以明清两代皇宫及其藏品为基础建立，为第一批爱国主义教育示范基地。八达岭长城，中国古代防御外敌的万里长城的重要组成部分，为居庸关重要前哨。圆明园，清朝皇家园林，包括圆明园、长春园与绮春园三部分，故又称“圆明三园”，并有“万园之园”的美称。在第二次鸦片战争中，英法联军入侵圆明园，抢夺园内珍宝，并纵火焚烧圆明园。通过对这三个地方的研学参观，让学生对北京的历史文化有一定的了解，并与熟悉的济南文化进行比较，体会不同的文化差异，培养其人文情怀。

3.北京民俗文化

第三部分主要让学生体验北京的民俗文化。北京在长期历史沉淀中形成了自己独一无二的民俗文化。四合院、胡同等充满“北京特色”的风格建筑，成为其民俗文化的标志。后海胡同、南锣鼓巷作为北京胡同的代表，成为本次研学旅行参观的对象。在参观过程中，为了让学生“理解地理环境对人类生产、生活的影响，体会因地制宜思想，要求学生做好如下工作。

一是观察北京四合院的建筑特点，结合北京的地理位置、气候等因素，分析四合院建筑风格的好处。

二是查阅相关资料，总结南方建筑的特点，思考其与北方建筑的差异。

4.北京代表性博物馆

第四部分为参观北京具有代表性的博物馆——中国国家博物馆与中国科学技术博物馆。中国国家博物馆既有历史的沉淀，又有艺术的美感，其作为综合性博物馆，兼具收藏、展览、考古、教育等功能为一体。中国国家博物馆是世界上单体建筑面积最大的博物馆。中国科学技术馆为国家级综合性科技馆，是奥林匹克公园中心区的重要组成部分，公道杯、明代福船、候风地动仪、水运仪象台等凝聚中国古人智慧结晶的发明创造均是馆内代表展品。通过参观博物馆内展览的众多中国古代历史文物，旨在“增加学生对中华文化的了解，增强其民族自豪感”。

5.红色教育

第五部分以“红色教育”为主题展开。近年来国内学校高度重视红色教育，充分挖掘红色教育资源，让老一辈革命家给我们留下的宝贵精神财富在青少年学生身上发扬光大。这既是时代的命题，又是教育的使命。天安门广场，北起天安门南至正阳门，东起中国国家博物馆西至人民大会堂，占地面积达44万平方米，是世界上最大的城市广场。每天早晨，伴随着太阳升起，天安门广场都会举行升旗仪式。观看升旗仪式，一方面是对学生的红色教育；另一方面是为了“培养学生独立观察与思考的能力，体会城市化进程中流动人口带来的利弊”，对此引导学生思考如下问题。

一是注意观察天安门广场人山人海的庞大人流，并思考他们是否都是北京当地人，这些流动人口对于北京的发展有什么积极作用，庞大的流动人口产生的社会问题有哪些。

二是在城市化进程中，流动人口的出现有哪些“推力”与“拉力”。

（二）金陵之韵——南京研学之行

南京，古称金陵，为江苏省省会、区域中心城市、中国历史文化名城。南京历史文化悠久，文明史达7000多年，东吴、东晋、宋、齐、梁、陈和南唐等朝代均在此建都，因而有“六朝古都”“十朝都会”之称。

1.第一日安排

南京之行首日，研学旅行队伍乘高铁由济南西站前往南京南站。在高铁乘车过程中，地理教师利用“中国铁路线路图”等电子地图或纸质地图，带领学生学习中国主要的铁路干线、“四纵四横”的铁路动脉及全国重要的交通枢纽城市，并查阅相关资料，明确中国高速铁路的发展历史。到达目的地后，由旅行团组织，师生共同参与，举行开营仪式。开营仪式主要宣布本次研学旅行的主题、主要行程安排及其他事项，并开展消防安全教育。对学生进行消防安全教育，不仅关系学生个体健康安全的成长，更关系国家将来的发展。这种安全教育是一项普遍的、长期性的基础性工作。

前期工作准备完成之后，研学旅行小组依次参观紫金山天文台、秦淮河、乌衣巷及夫子庙等名胜。中国科学院紫金山天文台坐落于玄武区紫金山上，于1934年建成，是中国人独自建造的第一所天文学研究机构，有“中国现代天文学的摇篮”的美称。在参观天文台的过程中，在天文台中解说员解说的基础上，要求学生认识天文台的主要设施设备及用途，并以此为契机，带领学生复习高中地理必修一第一章“宇宙中的地球”的相关内容。

秦淮河属于长江下游的右岸支流，其流经区域大部分在南京市境内，是南京市最大的地区性河流，也是南京的母亲河。秦淮河在历史上声名远扬，唐代诗人杜牧的一首《泊秦淮》使其声名大噪。

夫子庙坐落于秦淮河北岸，主要由南京孔庙、学宫、贡院三大建筑群组成，是供奉祭祀孔子的地方。夫子庙内的聚星亭、魁星阁、明德堂等建筑是南京一带建筑风格的代表，是南京的特色景观。

乌衣巷位于秦淮河文德桥的南岸，地处夫子庙秦淮河核心区域。乌衣巷历史悠久，早在三国时期就是军队的驻扎营房，到了东晋时期作为当时权臣王导、谢安等名门望族聚居的地方，民间流传两族子弟喜穿乌衣，故得此名。唐代诗人刘禹锡在《乌衣巷》中写道“朱雀桥边野草花，乌衣巷口夕阳斜。旧时王谢堂前燕，飞入寻常百姓家”。

秦淮河、夫子庙、乌衣巷作为南京地域文化的标签，见证了南京几千年来历史文化的沧桑变化。研学旅行队伍在此处参观游览时，带队地理教师充分利用实地考察的机会，详细讲解此处悠久的历史文化，并结合地理课本，将课堂知识运用到现实生活中去。在参观秦淮河时，除向学生讲授秦淮河深厚的文化底蕴外，重点带领学生学习河流的有关知识。

一是利用中国河流水系图，回答秦淮河是哪条大河的支流，并在地图上找出这条大河的发源地、上中下游分界点、流经的省域。

二是以小组为单位，讨论分析河流的水文特征应该包括哪些要素，并利用相关地理仪器，实地测量秦淮河的水文特征。

三是利用相关地图，查阅相关资料，思考哪些城市的发展与河流密切相关。

2.第二日安排

次日，研学旅行队伍首先参观游览南京知名高校东南大学。东南大学，教育部直属高校，国家“211工程”“985工程”重点建设学校，是建筑“老八校”及原四大工学院之一，培养出了著名物理学家吴健雄、建筑学家王澍等知名学者。带领学生参观东南大学，感受校园浓厚的学术氛围，并在校园内举办沙龙活动，与校内优秀学生交流学习经验，解决学生在学业上遇到的困难。沙龙活动结束后，前往中山陵继续参观。中山陵位于紫金山南麓钟山风景区内，中国近代革命的先行者孙中山先生长眠于此。研学旅行队伍选择中山陵的目的，除参观中山陵的特色建筑外，更重要的是缅怀孙中山先生。孙中山先生生前致力于民主革命，为了改变中国落后、衰败的局面耗尽毕生精力，值得后辈敬仰与怀念。此次中山陵之行，也是本次研学旅行爱国教育的重要组成部分。然后是参观玄武湖，玄武湖位于南京市玄武区紫金山脚下，是中国最大的皇家园林湖泊。玄武湖有“五洲”，分别为环洲、樱洲、菱洲、梁洲与翠洲，并有以五洲春晓、侣园馨风等美景为代表的“玄武十景”。在玄武湖考察过程中，要求学生做如下工作。

一是实地考察玄武湖全貌，以小组为单位讨论玄武湖的形成过程及依据，讨论结束后查阅工具书最终明确其形成过程。

二是教师带领学生学习、探讨“湖泊对城市的作用”，让学生各自发言、各抒己见。

3.第三日安排

第三日，参观侵华日军南京大屠杀遇难同胞纪念馆。侵华日军南京大屠杀遇难同胞纪念馆，又称江东门纪念馆，是为了纪念日本侵华战争时期日军攻占南京后制造的惨无人道的南京大屠杀而建造，是全国爱国主义教育示范基地。随后参观阅江楼与静海寺。阅江楼坐落于南京市鼓楼区狮子山、扬子江畔，号称“江南第一楼”。阅江楼三层大厅中央装饰着中国最大的景德镇巨幅瓷画《郑和下西洋》。静海寺建于明成祖时期，是明成祖朱棣为褒奖郑和下西洋取得的成就而修建的皇家寺院。郑和下西洋作为明代乃至整个中国封建王朝的历史壮举，不仅对于加强古代中国及周边国家的贸易往来与交流合作具有重要意义，而且其开辟的航海路线对“一带一路”具有重要影响。在此基础上利用“一带一路”路线，引导学生查找“一带一路”途经的国家和地区，并思考“一带一路”对我国及沿线国家产生的影响。

4.第四日安排

最后一天，参观总统府、雨花台与国家安全教育馆。雨花台由两个山岗组成，植被覆盖率达 90%，包括雨花阁、雨花石博物馆、雨花台烈士陵园等，将美丽动人的自然风光与独具特色的人文景观融为一体，成为著名的风景名胜区。雨花石是雨花台的特色，但并不产于此。为“增强学生观察地理事物并提取相关地理信息的能力，并将课堂知识应用于实践”，教师引导学生做如下工作。

一是参照雨花石实物，以小组为单位分工合作，查阅相关资料，明确雨花石的形成过程，思考雨花石所属的类型。

二是复习高中地理必修一第二章第三节“地壳的运动和变化”中的“三类岩石的转换”，手绘三类岩石转换示意图。

最后参观雨花台烈士陵园，陵园为纪念在 1927 年“四一二”反革命政变中牺牲的中国共产党员和爱国人士而修建，是本次研学旅行爱国主义教育的地点之一。

（三）产业转型升级，走可持续发展之路——枣庄研学之行

枣庄，山东南部地级市，最早以煤炭资源发展壮大，因第二次世界大战中的著名战役台儿庄大战及共产党领导的铁道游击队而闻名中外，但随着煤炭资源的逐渐枯竭，枣庄目前正作为新兴的旅游城市蓬勃发展。枣庄的研学之旅分为台儿庄大战纪念馆、微山湖湿地红荷旅游风景区、台儿庄古城三站。

枣庄历史悠久，四五十万年前就有人类在此居住生活。近代以来，以“鲁南煤城”著称的枣庄凭借悠久的采煤历史及高质量的煤炭资源，迅速发展起来，成为山东省工业经济发展的先驱代表。为了使学生对高中地理必修二第三章中的“工业区位因素”有更加深刻的理解，进行如下设计。

一是利用“百度地图”“高德地图”等手机 App 或纸质地图查找枣庄市的地理位置，并借助其他资料明确枣庄的自然资源分布。

二是实地调查枣庄煤矿在发展过程中采取哪些措施来提高经济效益，国内外类似于枣庄这种发展模式的城市或工业区还有哪些。

三是学生分小组讨论：上述发展模式存在哪些弊端，应该采取哪些措施实现可持续发展？

1.台儿庄大战纪念馆

第一站是位于枣庄市台儿庄区西南角的台儿庄大战纪念馆，该馆为纪念中国抗日战争时期取得的台儿庄大捷而建造。台儿庄大战纪念馆是本次研学旅行爱国主义教育的重要内容。

2.微山湖湿地红荷旅游风景区

第二站为位于滕州市的微山湖湿地红荷旅游风景区。滕州作为山东省管县、鲁南经济带的中心城市、中国综合实力百强县，近年来其国内生产总值几乎占据枣庄的一半。滕州的迅速发展离不开便捷交通运输的支撑。为了展示“交通运输对区域发展的影响”，教师组织学生以小组为单位，利用“天地图”等电子地图及山东省交通地图集等纸质地图，找出滕州境内的主要公路、铁路干线及现有的汽车站、火车站与高铁站。在此基础上，利用中国交通地图集，鼓励学生独立思考：哪些城市位于公路或铁路干线的交会处，交通运输会对城市发展产生哪些积极作用。

3.台儿庄古城

第三站为台儿庄古城，台儿庄古城位于枣庄市台儿庄区，属鲁苏交界地带，地处京杭大运河的中心位置，有“中国最美水乡”之誉。“江北水乡•运河古城”，目前已经成为枣庄新的城市名片。以运河为出发点，教师带领学生探究“运河兴衰与城市发展之间的关系”，进行如下设计。

一是借助“百度地图”“高德地图”等手机 App 及“京杭大运河流经城市”纸质地图，找到枣庄的地理位置，并明确枣庄与京杭运河的地理位置关系，探讨京杭大运河对枣庄发展起到的积极作用。

二是知识拓展。与历史教师合作，开展跨学科学习，以小组为单位查找京杭大运河开采及扬州发展的有关历史资料。

三是整理相关资料。在历史教师讲解京杭大运河的开采与衰败及扬州在此过程中的发展变化的基础上，深化学生对“运河对城市发展起到的作用”这一知识点的理解。

三、研学旅行成果展示

在北京、南京、枣庄三座城市的研学旅行中，参观实习的地点较多，内容也较为丰富，其中地理知识点涉及高中地理必修一、必修二、必修三的众多内容。其中，北京之行中借助天安门广场升旗仪式时的人流引入人口流动的知识点，南京之行中探讨雨花石的形成过程从而展开三类岩石互相转换的知识点，枣庄之行中以枣庄为例探究资源型城市的可持续发展之路，均是该中学研学旅行中较为典型的案例。研学旅行结束后，形成了海报、调研报告、研学报告、座谈会、口头报告、视频、相册等多种形式的成果。此外，在研学旅行过程中，该中学不仅注重学生地理思维与实践能力的培养，而且重视学生的爱国主义教育与安全教育，引导学生树立正确的世界观、人生观、价值观。

（一）北京研学之行成果展示

1.北京发达的交通

学生以视频的形式展示了北京发达的交通网络系统：北京作为中国的交通中心，全国最大的交通运输枢纽，京广线、京沪线、京九线、京包线、京通线等铁路干线交会于此，北京站、北京东站、北京西站、北京南站、北京北站等火车站点及首都国际机场、大兴国际机场等均是北京的窗口。发达的交通运输条件，不仅加强了北京同国内外的经济、文化、科技、人才等的交流与合作，也是对北京政治中心、文化中心、国际交往中心的巩固。

在学生视频的基础上，教师补充说明了北京市内发达的城市轨道交通系统，其在缓解城区交通拥堵、加强各区市联系、方便居民生活等方面发挥了重要作用。为培养学生热爱家乡的意识，教师又将目光转向济南，向学生介绍由于济南地下多喀斯特地貌及保护地下水系的需要等，修建地铁存在诸多困难。

2.人口流动之探究

本部分内容交流以座谈会的形式展开，在地理课代表的主持下，同学们畅所欲言，对北京流动人口带来的积极影响与消极影响展开了激烈讨论。最终同学代表总结流动人口产生的利弊。流动人口使北京吸收了大批优秀人才，为经济发展、城市建设作出了重要贡献。流动人口满足了北京诸多行业的劳动力资源，如大部分从事楼房建设的农民工都是流动人口；流动人口的到来，拉动了城市消费，促进了城市的经济发展；同时流动人口使各种文化交流融合，丰富了城市文化。但庞大的流动人口也给城市经济、环境等方面带来了巨大压力，也造成了较为严重的社会治安问题。

在此基础上，教师以流动人口为切入点，引导学生探究城市化进程中其出现的“推力”与“拉力”：农村地区经济发展水平低、医疗条件落后、教育资源短缺、基础设施资源不足等“推力”与城市地区发达的经济、众多的就业机会、完善的社会服务资源、发达的教育和医疗服务等“拉力”，是促使流动人口由农村迁移到城市的主要原因。

3.地理环境对人类生活的影响

学生以图片展的形式展示了北京四合院的建筑特点：坐北朝南，东西两侧房屋按轴线对称布置；北方作为正房，高度最高，面积最大，采光性最好，一般为家中老人或长辈居住；东西厢房由晚辈居住，西边厢房高度略低于东边厢房。这些建筑特点无不彰显了北京住房的等级礼仪制度。同时其房屋建造墙体较厚，注重保温防寒防风沙，这主要是由于北京冬季寒冷多大风、春季干燥多风沙造成的。

（二）南京研学之行成果展示

1.秦淮之韵——河流探究

学生以研学报告的形式介绍了秦淮河干流长江的基本情况：长江为世界第三长河，发源于青藏高原上的唐古拉山脉，其干流流经青海、西藏等 11 个省、自治区、直辖市，长度达 6300 多米，流域面积达 100 万平方千米。位于长江的三峡水电站为世界上最大的水电站，兼具防洪、发电、航运的功能。

此外，教师利用学生研学旅行过程中实地测量的秦淮河的河流特征相关数据，让学生明确河流的水文特征分析过程。河流的水文特征包括河流的径流量、流速、含沙量、结冰期、汛期、凌汛、径流量变化、补给类型等要素。针对以上要素，教师引导学生分析秦淮河的水文特征：秦淮河地处亚热带向暖温带过渡气候区，降水比较丰富，是以降水为主要补给类型的河流，因而河流径流量较大，流速较快，含沙量较小，无结冰期与凌汛，汛期出现在夏季。

2.玄武湖的形成过程

学生利用相关实物模拟玄武湖的形成过程：玄武湖本来是断层作用形成的沼泽湿地，后钟山北麓引水至此，形成湖泊。以玄武湖的地质构造为契机，教师带领学生复习断层的相关知识。断层作为一种常见的地质构造，指的是岩层在力的作用下发生断裂，断裂处两侧岩石沿着断裂面发生显著位移。其中断层中相对上升并比两侧高的区域称为地垒，相对下降并比两侧低的区域称为地堑。地垒通常形成山地，如峨眉山、华山等；地垒通常形成低地，如渭河谷地等。此外，教师带领学生明确湖泊在城市当中所起到的积极作用，如提供灌溉水源、维护生物多样性、调节湿度、调蓄洪水、美化环境等作用。

3.“一带一路”

“一带一路”是“丝绸之路经济带”与“21 世纪海上丝绸之路”的简称，学生以海报的形式展现了中国当前实施“一带一路”建设的概况，包括路线所经过的国家和地区及此举对于中国及共建国家和地区产生的重大意义。中国旨在通过“一带一路”加强同共建国家和地区的经济合作关系，积极同各国打造政治互信、经济融合、文化包容的利益共同体、命运共同体和责任共同体。

4.三类岩石转换

雨花石作为雨花台的特色，其形成过程可与高中地理必修一第二章第三节“地壳的运动和变化”中的“三类岩石的转换”相联系。学生以视频动画的形式模拟雨花石的形成过程：雨花石最初由岩浆从地壳喷涌而出，岩浆凝固时气体逸出形成孔洞，在流水侵蚀作用下，水流由孔洞渗进岩石内部，分离出其中的二氧化硅，沉积成以石英、玉髓和燧石或蛋白石等物质为主的混合物。按照岩石性质划分，雨花石属于变质岩。

（三）枣庄研学之行成果展示

1.枣庄的可持续发展之路

枣庄是依靠煤炭资源发展起来的资源型城市，但随着工业的发展，煤炭资源逐渐枯竭，其进行产业转型升级发展旅游业，其可持续发展之路具有典型代表性。为了探究枣庄的可持续发展之路，该中学采取座谈会的形式畅谈枣庄的发展。枣庄在发展煤炭产业过程中，不仅充分利用当地丰富的煤炭资源，还在开拓市场、延长产业链等方面采取了诸多措施，如利用煤炭资源发电、发展煤化工产业等。枣庄依托丰富的矿产资源发展煤炭工业，是名副其实的“资源型城市”。此外，国内外诸多城市或者区域也正是凭借丰富的矿产资源而发展繁荣：德国的鲁尔区最早依托煤炭资源发展，中国的辽中南工业基地也是依托丰富的矿产资源发展重工业，山东省的东营则依托丰富的石油资源发展石油产业。

这些资源型城市依托资源发展，但随着矿产资源的不断减少，逐渐出现产业结构单一、产业链短、经济效益低、工业企业发展后劲不足、生态环境破坏严重等问题。出现上述问题之后，枣庄积极调整发展模式，利用发达的交通干线、煤炭产业发展奠定的基础及悠久历史文化造就的丰富文化旅游资源，转变发展，打造新兴旅游城市，步入了城市发展的“第二春”。

2.“火车带动城市发展”探究

学生利用口头报告的形式，汇报滕州发展的交通条件：滕州有着便利的交通条件，104 国道、京沪铁路、京福高速均贯穿滕州。由此看来，交通对于推动城市发展发挥着重要作用。发达的铁路交通能够促进人流量和货运量的提升，能够为城市发展带来一定的经济效益，其无论是对滕州的农业、工业还是第三产业的发展都发挥着不可替代的作用。

3.运河兴衰与城市发展

除铁路交通对城市发展产生巨大影响外，运河对于城市发展也发挥着重要作用。运河作为古代重要的运输方式，不仅能够促进区际经济、文化的交流与合作，而且对于沿岸城市的形成与发展具有重要意义。隋朝时期，京杭大运河的开通大大促进了南北的贸易往来，扬州作为运河沿岸水路运输的重要港口，繁盛一时。但之后由于运河堵塞及全国经济重心逐渐南移等原因，运河开始衰败，扬州发展受限，失去了往日的蓬勃生机。

四、研学旅行培养学生地理实践力的评价

基于地理实践力的研学旅行评价，坚持科学性、过程性、多元性的评价原则，采取思维结构评价、表现性评价的评价方法，综合考虑知识与技能、过程与方法、情感态度与价值观三维目标，根据地理课程标准中地理实践力培养的水平等级和评价标准，从研学旅行的准备、实施、成果三个过程进行评价量规设计。水平等级分为基本水平、中等水平、高等水平三个等级。

研学旅行的准备是整个研学旅行顺利开展的基础与保证，评价内容主要包括研学旅行主题确定、研学任务制定、研学路线与内容等方面。针对以上因素，结合该中学研学旅行的具体情况，选取研学主题、研学任务、研学路线与内容三个方面对研学旅行准备进行评价。研学旅行的实施是整个研学过程的核心环节，为了全面把握学生研学旅行过程中地理实践力的培养，从知识与技能、过程与方法、情感态度与价值观三个方面进行评价。知识与技能重点关注学生对于课堂知识的掌握及地理工具实地操作的能力，过程与方法则重点把握学生的行动能力、小组合作的紧密度、学生的参与度等因素，情感态度与价值观则重点关注学生研学旅行实施过程中的集体意识、学习积极性、学习态度、学习兴趣等方面。在研学旅行准备、实施、成果三个过程评价量规的基础上，针对该中学的研学旅行进行具体评价。

（一）评价原则、评价方法、评价量规及评价指标

1.评价原则

（1）科学性和客观性。在进行研学旅行中培养地理实践力的案例评价时，要坚持科学性和客观性。基于地理实践力培养的中学地理研学旅行案例评价，要充分以高中地理课程标准为评价标准，将各个评价标准要求的各项细则具体化，在学生学习评

价建议的基础上，进行全面细致的评价。在高中地理课程标准的基础上制定评价量规时，要充分考虑到地理课程内容的多元化、学生各个学习阶段的知识水平等现实因素，确保评价结果的真实性与有效性。

（2）全面性和过程性。基于地理实践力培养的中学地理研学旅行案例评价，不仅仅关注学生某一个方面或某一个点上的知识掌握和发展情况，还要关注学生各个方面知识掌握和发展的情况，防止以点代面、以偏概全的状况发生。在对学生地理实践力的培养过程中，学生的学习过程评价是尤为重要的一部分。基于地理实践力培养的中学地理研学旅行的评价，不仅仅是对学生研学旅行之后取得成果的评价，更要关注学生在地理实践中的种种表现，如针对教师提出的问题能否作出积极准确的分析，在实践过程中遇到问题与困难能否积极寻求解决方法等。

（3）多元性。基于地理实践力培养的中学地理研学旅行案例评价，需要从不同的角度出发，确定多种评价目标，全面评价学生在研学旅行中的地理实践力水平。在进行教学评价时，首先要注意评价主体的多元性，将自我评价与他人评价相结合；其次要注意研学过程与成果的多元性，将过程评价与结果评价相结合；再次要注意评价模式的多元性，将传统评价与新型评价相结合；最后要注重评价结果的多元化展示。

2.评价方法

（1）思维结构评价。思维结构评价关注学生的思维结构，重视学生在地理学习过程中的思维发展。思维结构式评价也可避免开放式测试题单纯以“知识点”为评判标准的现象。在传统的课堂授课中，教师对学生的了解集中在课堂提问与随堂检测上，师生交流较少，学生难以厘清知识点之间的关联性。研学旅行将学生学习地点由教室延伸到自然环境或经济社会中，学生能够在实践中生成知识或将课堂理论直接应用到实践中。而思维结构评价从学生的思维结构出发，针对学生各自的思维发展情况展开评价，从而有助于教师全面把握学生的地理思维水平，进行有针对性的指导。

（2）表现性评价。表现性评价是直接评价学生能力的行为表现，以学生在表现性任务中的反应为标准，评价学生在知识掌握、能力培养等方面的发展状况。表现性评价的运用，先要确定学生在表现性任务中的目标与课题，在实施评价时充分参照确定好的评分量规，针对学生的表现情况对照量规给予学生以客观公正的评价。在具体实施时，根据学生在研学旅行中关于教师所设置问题与引导思考中的表现，可以掌握学生的基础知识掌握程度、读图识图能力、思考与分析能力等多方面的能力。

3.评价量规

根据地理课程标准中地理实践力培养的水平等级和评价标准，结合该中学研学旅行的实际具体安排，划分基本水平、中等水平、高等水平三个水平等级，并制定相应水平等级的水平表现。在打分过程中，由指导教师、学生本人及小组成员共同参与，同时为体现团队合作的重要性，规定小组成员评分占 40%，指导教师与学生自评的分数各占 30%，最终得分为指导教师、学生本人与小组成员评分之和。

研学旅行的地点一般选择远离学校的野外或其他城市，而且研学旅行过程中行程安排较满、进程较快。研学旅行的准备评价内容主要包括研学城市选择、研学旅行主题确定、研学任务制定与研学旅行方案可行性等内容。通过对以上问题的评价，及时发现研学旅行存在的潜在问题，教师也能够在实施过程中有的放矢，从而推动研学旅行课程的发展。针对研学旅行准备过程中需要考虑的因素，结合该中学研学旅行的具体情况，选取研学主题、研学任务、研学路线与内容三个方面对研学旅行准备进行评价。

研学旅行的实施是整个研学过程的核心环节，要关注学生收集和处理各种地理信息的能力、独立或合作设计实践活动方案的能力及设计活动目标并运用适当工具和材料实现目标的能力，关注学生研学旅行实施过程中在知识掌握、地理素养、情感态度与价值观等方面发生的变化，并将这些信息作为评价学生的依据。结合该中学研学旅行的具体案例，基于地理实践力的培养，从新课程标准的三维目标，即知识与技能、过程与方法、情感态度与价值观三个方面，参照《普通高中地理课程标准》关于地理实践力的水平划分，对研学旅行实施过程中学生的表现进行评价。

4.评价指标

（1）知识与技能。该中学选择北京、南京与枣庄三座研学城市，研学旅行过程中涉及的知识点涵盖高中地理必修一、必修二、必修三及选修课本多本教材，研学任务旨在培养学生的读图识图能力、实地使用地理器材的能力等。在各个城市的研学过程中，参观游览的多处地点均涉及地理教材知识点，如在北京天安门广场，引导学生通过川流不息的人流联系到北京数量巨大的流动人口及其产生的积极与消极影响，从而进一步迁移到城市化进程中流动人口出现的“推力”与“拉力”；又如以枣庄的转型升级之路为模板，探究德国鲁尔区与中国辽中南工业基地的转型升级问题。

在明确该中学基于地理实践力研学旅行“知识与技能”培养方案的基础上，以南京研学之行中的秦淮河为例，重点考查学生的知识掌握能力、读图识图能力及实践能力，制定评价标准。标准共分为基本水平、中等水平、高等水平三个水平等级，并于每条水平等级制定了相应的水平表现，便于教师评价、学生自评与小组成员互评。在基本水平中，学生具备一定的读图能力，并能够借助其他同学的帮助完成地理工具的操作，具备观察地理事物的能力；在中等水平中，学生能够独立操作地理工具，并根据测量的信息完成地理信息的处理与总结，具备一定的信息处理能力；在高等水平中，学生能够根据地理事物表面信息分析其原因，具备知识迁移的能力及良好的地理素养。

研学旅行中地理实践力的培养，不仅要注重学生掌握知识的程度与知识运用的实践能力，还要注意学生在研学过程中地理工具的实际操作能力、读图识图能力、小组合作紧密度等多方面内容。读图识图能力是地理学习的基本能力之一，也是考试考查的重点内容，高中地理命题有“逢题必图”的说法，研学旅行中地图的使用是培养、提高学生读图识图能力的重要途径。地理工具作为获取一手地理信息的重要媒介，在传统课堂教学中学生锻炼得较少，借助研学旅行能够迅速提高学生地理工具的操作能力。研学旅行中学生地理工具的使用，不仅为获取一手信息奠定了基础，而且提高了学生的地理实践力。小组合作学习是本次研学旅行的主要学习方式之一，学生通过小组合作，不仅提高了学习积极性，而且组员彼此的思想通过小组合作碰撞产生“火花”，达到“1+1>2”的效果。

（2）过程与方法。中学地理研学旅行评价指标中过程与方法的确立对于全面衡量学生在研学旅行活动中的表现至关重要。在地理研学旅行的过程与方法评价中，实践操作是关键部分。首先是地理工具的使用，从基本水平来看，学生要能够识别基本的地理工具，如罗盘、测高仪等，并在指导下完成简单操作，如用罗盘确定方向，这体现了他们对地理实践的初步接触；中等水平的学生则能熟练运用这些工具进行多种测量，如使用测高仪测量地形高差，且操作准确规范；高等水平的学生不仅应操作娴熟，还能根据不同地理环境灵活调整工具的使用方法，并能对工具的局限性提出改进建议。

其次，信息收集与分析方法也是重要考量因素。在基本水平时，学生可以从给定的地理场景（如研究当地的河流地貌）中获取一些明显的信息，如河流的宽窄变化，并能用简单方式记录；中等水平的学生不仅能够运用多种途径收集信息，包括实地观察、访谈当地居民、查阅资料等，而且能对收集到的信息进行初步整理和简单分析，如通过对比不同年份的水位数据了解河流的水量变化趋势；高等水平的学生可以从海量信息中筛选出有价值的部分，建立信息之间的复杂联系，利用地理信息技术等手段进行深度分析，进而揭示地理现象背后的规律。

再次，小组协作方法在过程与方法评价中也不容忽视。基本水平的学生在小组中能参与讨论，听从安排完成自己的小任务，如在研究山地植被垂直分布时负责记录某一海拔段的植被类型；中等水平的学生积极参与小组讨论，主动承担任务，与小组成员分工合理，能协调小组内的不同意见，共同完成小组的地理研究报告；高等水平的学生则能领导小组活动，激发成员的创新思维，根据成员特点合理分配任务，使小组成员协作高效且和谐，促进整个研学任务高质量完成。

最后，学生的参与度也是过程与方法评价中的重要内容，学生只有在研学过程中积极参与学习与讨论，有较高的参与度，才会有较好的学习效果。

基于此，针对该中学基于地理实践力培养的研学旅行，选取学生的读图识图能力、使用地理工具能力、小组合作紧密度、过程参与度等要素，划分基本水平、中等水平、高等水平三个水平等级，对基于地理实践力的研学旅行过程与方法进行评价。

（3）情感态度与价值观。情感态度与价值观是新课程标准中课程实施的重要内容，也是研学旅行中学生地理实践力培养评价的重要参考。学生的学习积极性、学习态度、学习价值观及学习兴趣等情感因素直接影响到学生的自我认知，进而影响到学生研学过程中研学目标的实现。

在基于地理实践力培养的研学旅行过程中，研学队伍作为一个整体，需要每个教师与学生共同参与、配合完成研学任务，且小组合作的学习形式贯穿整个学习过程，这就对学生的集体意识有一定的要求。此外，考虑到研学旅行队伍学生人数较多，带队教师人数有限，难以有充沛的精力与体力管理每一位学生，这就要求学生有较好的组织纪律意识。在学习过程中，无论是学生“知识与技能”的掌握，还是“情感态度与价值观”的提高，都需要学生有充足的学习兴趣参与其中。因此，基于地理实践力的研学旅行选取学生的集体意识、组织纪律意识及学习兴趣等方面对“情感态度与价值观”进行评价。

研学旅行作为学校教学计划的一部分，应做到活动前有设计，活动中有探究，活动后有评价反思，研学旅行之后的成果评价也是整个研学旅行的重要组成部分。该中学研学旅行的成果多种多样，有海报、文章、座谈会、调研报告等多种形式。就其评价而言，考虑到研学旅行中地理课程实践性较强，地理实践力是理论和实际的结合点和黏合剂，选取知识掌握、行动能力、情感态度三个方面对基于地理实践力的研学旅行成果进行评价。在此基础上，把握学生在知识与技能目标及情感态度与价值观目标等方面的发展状况，为下一步的教学计划奠定基础。

知识掌握作为学生行动能力的基础，不仅要求学生掌握研学过程中展现出来的课本知识点，并主动及时处理地理事物信息，而且要求学生将掌握的知识点运用到成果展示中去。在知识掌握评价的基础上，还要评价学生的行动能力。一方面，学生将自己在研学旅行中取得的成果以各种形式展现出来，这本身便是学生行动能力的体现；另一方面，学生经过研学旅行的学习与实践，其地理实践能力如读图识图能力、地理工具操作能力是否提高也值得关注。除此之外，学生的地理意识，即学生成果完成速度及成果与主题的契合，也应作为评价的重要内容。

（二）本次研学旅行培养学生地理实践力教学案例评价

1.对准备工作的评价

在制定评价标准的基础上，基于该中学研学旅行的具体情况，针对研学旅行选择的城市、确定的主题、内容与任务进行评价。

（1）研学城市选择评价。该中学选择北京、南京、枣庄三座城市作为研学城市，一是考虑到三座城市的地理位置：枣庄为省内城市，北京与南京为省外城市；枣庄与北京为北方城市，南京为南方城市。不同的地理位置，各个城市的自然景观与人文文化也会大相径庭，学生能够在一次研学旅行中感受南北文化差异及表现出来的不同景观文化，也是本次研学旅行的意义所在。二是就城市定位而言，三座城市也有很大不同：北京为国家首都、一线城市中的核心城市、全国的中心城市；南京为江苏省的省会城市、新一线城市、区域中心城市；枣庄为山东省地级市、全国四线城市。不同的城市定位，城市发展必然会大不一样，让学生感受各个城市发展的差距，深刻体会城市经济发展的重要意义。三是三座城市的城市规模也不一样：2017 年年末，北京常住人口达 2170.7 万人，为超大城市；南京常住人口为 833.5 万人，为特大城市；枣庄常住人口 392.03 万人，为中等城市。在研学过程中，不同的城市可以让学生感受我国的南北差异，地理环境对人类生产、生活的影响等多方面地理知识点，具有可行性与实践性。

（2）对研学主题评价。雄伟的城墙、庄严的紫禁城、充满生活气息的胡同与四合院无不诉说着北京数百年来的沉浮。北京作为中国的首都，历史文化底蕴深厚，是中国的政治中心、文化中心。学生在此感受到浓厚的政治文化氛围，更应牢记自己身上肩负的实现中华民族伟大复兴的历史使命。北京之行确定的主题为“缅怀历史，牢记使命，砥砺前行”。其主题体现了培养学生正确的世界观、人生观、价值观的意义所在，红色教育意味浓厚，地理学的人文情怀与研学城市联系紧密。

南京之行确定的主题为“金陵之韵四日研学之旅”。金陵为南京旧称，用金陵作为主题中南京的代称，体现了南京悠久的历史文化。“金陵之韵”则体现了南京这一江南都市独具特色的魅力所在。与北方的北京不同，南京的自然人文美景更加细腻、委婉，建筑风格也与北方有着很大区别。南京境内的秦淮河、玄武湖、雨花台等风景名胜，不仅景色迷人，更是绝佳的室外地理课堂，其形成过程、外在特点都是一部部活生生的地理教科书。此外，主题中体现了南京之行的时间为四天，但题目过于笼统简单，并未体现出南京之行的特色。

与上述两座城市相比，枣庄在经济发展、城市规模、区域地位等方面均处于劣势，但枣庄同样有着悠久璀璨的文化，且其近年来的转型升级更是成为诸多资源型城市发展的典范。枣庄之行的主题为“产业转型升级，走可持续发展之路”，体现了浓厚的地理色彩，这也是枣庄产业转型升级道路的生动写照：枣庄最早作为依靠煤炭资源发展的资源型城市，在面临产业结构单一、发展后劲不足的情况下，凭借雄厚的工业基础、便捷的交通运输及丰富的文化旅游资源，实现了新的发展。此外，这个主题更加契合学生地理实践力培养的课程目标，能够将地理知识点与考点体现于主题之中，引人注目，贴近生活。

（3）研学内容与任务评价。北京研学之行包括名校+讲座、寻访历史文化、北京民俗文化、北京代表性博物馆、红色教育五个部分，其研学任务是利用高铁或地铁的乘车机会让学生体会北京发达的交通运输条件及其对北京产生的积极影响，在天安门广场川流不息的人群中理解北京流动人口带来的利弊及城镇化进程中流动人口产生的“推力”与“拉力”，参观胡同与四合院时体会地理环境对人类生产与生活造成的影响及人地协调的重要意义。研学内容与任务和教学目标紧密相关，知识点主要集中于人文地理部分，突出了北京研学之行浓厚的人文色彩。但学生实践力培养方面的内容较为淡薄，尤其是参观名校与讲座等与地理知识的联系并不是很密切。

南京研学之行为期四天，既有夫子庙、乌衣巷、阅江楼、静海寺等名胜古迹及秦淮河、玄武湖等自然风光，又有侵华日军南京大屠杀遇难同胞纪念馆、国家安全教育馆等充满人文情怀的纪念馆。其研学任务是让学生实地测量河流的水文特征，理解河流对城市发展的影响，体会“内、外力因素对地表形态变化的影响”及湖泊对城市的积极作用，理解三类岩石的转换过程。研学内容能够将自然地理知识点与人文地理知识点紧密结合，凸显了地理学科两大分支的交叉与融合，内容丰富。

枣庄研学之行主要包括台儿庄大战纪念馆、微山湖湿地红荷旅游风景区、台儿庄古城等风景区，其研学任务是让学生理解分析枣庄的转型发展之路、铁路运输对城市发展的意义及运河兴衰和城市发展的关系。研学内容特色突出，以枣庄的转型升级之路加强学生对相关知识的理解与把握，同时利用相关城市的发展探究交通运输对于城市发展的意义，内容探究性强，紧扣主题。

综上所述，根据准备评价量规，北京之行研学主题明确，能够突出研学城市特色，研学内容与任务和教学目标紧密相关，但某些内容选择与地理知识不能密切联系，因此探究性较弱；南京之行以“金陵之韵四日研学之旅”为主题过于笼统，但研学内容与任务和教学目标有很强关联性，路线选择也比较清晰、明确，内容探究性强；枣庄之行以“产业转型升级，走可持续发展之路”为主题，突出枣庄特色，研学内容与任务也有一定的探究性，能够紧扣主题。

2.对研学旅行具体实施的评价

北京研学之行实施过程中，大多数学生都能在教师的指导下通过参观游览相关名胜古迹，体会独特的北京文化，深入思考其中的地理知识。在乘坐高铁与地铁的过程中，学生通过阅读地图、实地考察等形式，切实感受到了北京发达的交通系统，思考了交通运输对城市发展的重要意义；在天安门广场上，学生通过对川流不息的人流的观察，体会到了北京庞大的流动人口，为下一步理解北京流动人口的利弊与产生原因奠定了基础；在后海胡同中，学生通过对四合院的实地观察与思考及与北京当地的气候相联系，更加深刻理解了地理环境对于人类生活的影响，体会到了人地协调的重要意义。但相对而言，在北京之行中，诸如参观清华大学、开设讲座等活动与学生地理实践力的培养关联度不高；在天安门广场考察北京流动人口的影响，地点的选择代表性不强，教师可以在这一部分的考察过程中适时向学生提供北京户籍人口和常住人口数据，学生结合在北京的所见所闻来理解流动人口对北京的积极作用以及消极作用等问题。

南京研学之行实施过程中，学生在秦淮河能够实地操作地理工具完成河流水文特征的测量，在玄武湖畔能够根据观察到的信息判断玄武湖的地貌类型，能根据雨花石的表面特征探究其形成过程，体现了学生户外考察、实际操作的地理实践力。对于秦淮河水文特征的测量，像结冰期、汛期、水位季节变化的大小，学生可以根据当地的气候条件进行判断，但是对于流量、含沙量、流速的测量，无论是对测量仪器的需求，还是对学生的研究水平来说，都具有一定的难度，测量可能无法有效实施。

枣庄研学之行实施过程中，学生切实感受到了枣庄的转型发展变化，深度理解了资源型城市的可持续发展之路，在阅读地图的基础上，掌握了交通运输条件对城市发展的重要意义。但在此次研学旅行中，学生只参观了台儿庄大战纪念馆、微山湖湿地红荷旅游风景区及台儿庄古城等地，虽领略了枣庄向旅游城市的转变，却忽略了枣庄作为资源型城市是如何发展起来的。可以在研学路线设计中适当添加一些对枣庄市煤炭企业的参观，例如，参观枣矿集团柴里煤矿，带领学生分析现阶段企业发展模式与转型升级前的模式有何区别。

综合而言，经过北京、南京、枣庄三座城市的研学之行，针对新课程标准的三维目标知识与技能、过程与方法、情感态度与价值观，学生均有了较为显著的提高与进步。在实地考察掌握知识点的同时，学生能够与小组成员积极参与教师布置的任务中，参与度较高。此外，学生的集体意识、组织纪律、学习兴趣都有了大幅提高。

3.对研学旅行成果的评价

在北京研学之行的成果展示中，学生以视频的形式展示了北京发达的交通网络系统，以座谈会的形式对北京流动人口带来的积极影响与消极影响展开了激烈讨论，以图片展的形式展现了北京四合院的建筑特点。在南京研学之行的成果展示中，学生以研学报告的形式介绍了长江的基本情况，利用实物模拟了玄武湖的形成过程，利用海报展示了“一带一路”的基本概况，以视频动画的形式模拟了雨花石的形成过程。在枣庄研学之行的成果展示中，学生以座谈会的形式讨论了枣庄的转型升级之路，以口头报告的形式汇报了滕州优越的交通条件及运河对城市发展的重要作用。总体而言，相关成果丰硕，学生基本上都能按照教师的指示完成研学任务，其知识掌握、行动能力、地理意识均有了较大提高。在实际评价中，综合组内成员互评、教师评价、学生自评三部分评价，多数同学都能达到中等及以上水平。

五、研学旅行中培养学生地理实践力存在的问题与优化策略

（一）存在的问题

1.部分研学主题、路线设置不合理

研学主题是研学旅行的灵魂，研学旅行的所有路线设置、任务安排都是围绕着研学主题来展开的。我国中小学研学旅行普遍存在研学主题设计较为粗糙、内容设置不合理的现象。在北京、南京、枣庄三座研学城市中，南京的研学主题为“金陵之韵四日研学之旅”，主题设计极为笼统。什么样的景观或事物才能称得上是“金陵之韵”，又如何能体现出金陵的“韵”，这些问题都是不明确的。而在枣庄研学旅行路线安排上也存在不合理的地方，“产业转型升级，走可持续发展之路”的主题虽然十分明确，但是研学路线安排中只体现了产业转型升级后旅游业的发展概况，并未带领学生参观转型前即煤炭产业的一些老厂区或者一些机器设备，使学生并没有获得对“产业转型”具体的情境认知，因此可能会导致学生在将理论知识与实际相结合的过程中出现偏差。从以上分析来看，研学主题、路线的设置关系到学生研学过程中是否能把“学”与“行”相结合，是学生研学旅行的重要基础。

2.部分研学内容过于形式化

当前不少中学的研学旅行课程正如火如荼地进行，但部分中学的研学旅行存在“形式大于内容”的问题。在研学旅行实施过程中，学生将更多的精力放在了游玩过程里，整个研学旅行更像是集体出游，“研”与“学”的结合远远不够。在该中学的地理研学旅行活动中，由于北京、南京是省外城市，大多数学生在研学之前并未去过，再加上北京之行、南京之行研学行程安排紧密，学生初次到达研学地点时感觉非常新奇，充满兴趣，因此在研学初期学生热情高涨，也能够听从教师安排自主或小组合作研究探讨地理问题。但是在研学中后期，因为此前学生一直处于对研学地点的新奇当中，容易导致审美疲劳、兴趣下降，再加上几天的奔波劳累，学习积极性大大降低，最终导致研学旅行只重“游玩”而不顾“研”与“行”相结合。

3.学生动手能力培养不够

基于地理实践力培养的研学旅行，不仅要培养学生收集处理地理信息、设计实践活动方案的能力，还要注重学生实地动手能力的培养。在研学旅行实地考察过程中，要注意培养学生运用适当的地理工具完成实践活动目标的能力。在该中学的研学旅行

实施过程中，更多的是培养学生读图识图能力及学生在教师的引导下发现问题、解决问题的综合思维能力，但对学生动手实践能力的培养较少，仅在南京之行考察秦淮河时要求学生利用测量工具完成对秦淮河水文特征的测量。此外，囿于研学路线主要以研学城市的人文景观为主，野外考察内容较少，学生仅仅在教师的引导下完成地理知识的感知、观察与学习，涉及需要学生实地动手操作的地方有限。

（二）优化策略

1.针对研学主题，设置合理的内容

研学主题明确合理，研学内容丰富充实，能够极大地吸引学生和家长的目光。基于地理实践力培养的研学主题和内容的确定应当特别考虑教育价值、体验与实践过程、趣味性、真实场景、认知能力等要素。其中研学旅行的主题要依据课程目标来确定，表述明确，但该中学南京之行的主题“金陵之韵四日研学之旅”表述较为笼统，可以将其更改为“探金陵古韵，品历史浮沉”，这样既符合南京的特点，又能极大地引起了学生的好奇心和兴趣。

2.参照研学路线，落实制定研学内容

研学旅行是行走的课堂，不仅仅是旅游，更重要的是“研”与“学”。研学旅行出现“形式大于内容”的问题，很大一部分原因在于对制定的研学内容落实得不够，这主要由于教师的引领作用不到位和学生思想上不够重视。因此，在研学旅行前期，学校要组织教师进行研学旅行方面的知识培训，提高地理教师的地理实践力；在研学过程当中，教师要善于抓住教学契机，随时启动地理实践力培养的户外课堂，针对真实情境中体现出的地理问题对学生进行现场指导，引起学生的高度注意；另外，研学旅行的安排要遵循学生的身心发展状况，切莫因为行程过于紧凑而使学生第二天精力不足现象发生。最终要真正做到研学是目的，旅行是载体。

3.结合研学内容，加强学生动手能力的培养

研学旅行过程中加强学生动手能力的培养，一是要在研学旅行准备中制订相应的教学方案与教学目标。把学生动手实践能力的培养细化到教案里去，这不仅有利于研学旅行实施过程中课程的推进，还有利于教师对学生动手能力的把握。二是要准备相关地理仪器与设备。学生动手能力的培养，多数情况需要借助地理仪器与设备，如测量降水量用的雨量器、进行岩石采样用的地质锤、测量温度需要的温度计、判断观察点位于特定地物或地形用到的罗盘都是研学旅行过程中必备的仪器与设备。三是以小

组合作的形式加强对学生动手能力的培养。学生对于地理仪器或设备的操作，一般先由教师进行演示教学，随后学生在教师指导下实际动手操作。教师不可能对每个学生都进行面面俱到的指导，学生通过小组合作，可以互通有无、相互指导，能够较快掌握操作方法，提高动手能力。

除上述对策之外，教师在确定研学旅行主题、任务、内容等方面的水平也存在着参差不齐的情况，甚至个别教师没有认识到培养学生地理实践力的重要性，因此在今后需要深化教育改革，造就适应新课程改革的新型地理教师，加强在职教师在研学旅行方面的培训，提高地理教师的地理实践力，使其在研学旅行过程中注重理论知识与实践的有机结合，切实提高教师自身思想认识和实践教学能力。

（三）研究结论

研学旅行作为全国中小学教育领域的热点，正处于蓬勃发展的态势。研学旅行在培养学生的地理实践力方面意义非凡，基于地理实践力培养的中学地理研学旅行的研究有利于在研学旅行过程中对学生地理实践力的培养及研学旅行的发展与完善。具体结论如下。

第一，基于地理实践力培养的中学地理研学旅行，从宏观上看可以促进国家教育改革政策的推行；从微观上看有利于培养学生地理实践力及改变教师教学观念，从而有利于进一步推动中学地理教学改革。

第二，本章以该中学研学旅行活动为例，从研学旅行主题的确立及前期准备、研学旅行的具体内容、研学旅行成果展示三个方面分别对北京、南京、枣庄三座城市的研学之行进行了详细分析，三个城市的研学旅行的任务不同，相应地，学生的收获也各不相同。

第三，在对北京、南京、枣庄的研学旅行活动分析的基础上，基于地理实践力培养的研学旅行评价，坚持科学性、过程性、多元性的评价原则，采取思维结构评价、表现性评价的评价方法，综合考虑知识与技能、过程与方法、情感态度与价值观三维目标，根据地理课程标准中地理实践力培养的水平等级和评价标准，从研学旅行的准备、实施、成果三个过程进行了评价量规设计，从而形成一个具体的评价标准。

第四，该中学研学旅行取得诸多成果，但在实施过程中仍然出现学生动手能力培养不够、地理信息技术运用仍需加强等问题，这也是当前研学旅行普遍存在的一些问题。针对以上问题提出加强学生动手能力的培养、深化地理信息技术或其他技术的应用等具体措施，以期为日后其他学校研学旅行的实施提供借鉴。

总的来说，该中学的研学旅行活动还是非常成功的，除了南京的研学主题有一定的局限性，北京和枣庄的主题设计得都很贴切。在前期准备当中，该中学的工作做的也很充分。研学内容与路线也深受学生的喜爱，学生表现出极大的兴趣和积极性。在教师的带领下，对不同的游学地点进行观察，学生也能够积极主动地参与问题的发现与解决过程，在实践的过程中不断提高自己的地理知识与技能，培养地理实践力，使研学旅行真正能做到“研”与“学”相结合。从成果上来看，在研学旅行活动结束之后，学生通过座谈会、报告等各种形式展现在研学旅行活动过程中的收获。从学生的表现来看，研学旅行活动对学生来说还是受益匪浅的，相信在今后的地理学习过程中，学生的表现会更加优秀。

核心素养的培养是培育新时代全面发展人才的重要内容，基于地理实践力培养的中学地理研学旅行，在研学过程中注重培养学生的行动能力、实践能力，是培养学生地理实践力的重要途径。笔者希望通过对该中学案例的分析与评价，能够有更多的专家与学者关注研学旅行中学生地理实践力的培养，并且通过发现该中学研学旅行活动中的优点及不足之处，能够引以为戒、取长补短，完善研学旅行中地理实践力教学方案、内容、路线等方面的内容，促进研学旅行课程的发展。

第二节　项目式学习培养学生地理实践力案例分析

在本节案例研究中，以广州市某中学学生为活动对象，组织学生以小组为单位，利用地理特色课程及周末开展课内外相结合的项目式学习活动，以达到落实学生地理实践力的培养的目的。

一、确立项目主题

在地理课程标准的导向下，联系学生的生活实际，本次项目式学习活动聚焦“地域文化与城乡景观”中“城镇景观与地域文化”的教学要求，挖掘广州市的地方性地理课程资源以构建项目主题。

广州是一座拥有悠久历史的城市，保留了许多富有地域特色建筑的历史文化街区。其中，荔湾区是广州传统历史文化风貌保存最集中、最完整的片区之一，充分展示了老广州的历史文化底蕴，如恩宁路骑楼建筑、陈家祠、荔枝湾西关大屋等建筑，生动展现了广州富有特色的地域文化及城市发展对历史文化的影响。因此，广州市荔湾区乡土地理资源能够较好地融合“地域文化与城乡景观”教学内容，在学生了解探究关于地域文化与城市景观、文化景观的保护与开发等内容的项目主题上具有一定优势。

本次项目式学习依托乡土地理资源，确立了“广州市荔湾区特色文化景观及其保护”项目主题。依据项目主题，开发了 3 个子项目，供学生自由选择，当然学生也可以提出自己感兴趣的文化景观开展调查。学生主要通过实地考察、社会调查等实践形式来获取信息和数据，深入了解荔湾区文化景观的特色，充分挖掘其中蕴藏的地域文化，在此基础上进一步分析文化景观保护现状，最终形成调查报告。

（一）基于培养学生地理实践力，制定项目目标

地理教材上提供的城乡景观，虽为具象景观，但学生看不见、摸不着，在学生的头脑中实则如文化一般抽象，加之高一学生多以形象思维为主，学生难以从感性认知上升为理性分析。以乡土地理景观为载体开展研究，选取学生身边具象的景观解释抽象的文化，通过实地探究和考察，有助于学生掌握文化景观调查分析的一般方法，从而实现知识的内化和迁移。在保证学生完成学习目标的基础上对教学内容进行延伸与深化，引导学生思考、探究文化景观保护现状，可提升学生的历史文化景观的保护意识和参与度。基于上述分析，制作如下项目学习活动目标。

（1）能够与他人合作，设计实地考察方案，使用工具获取照片、视频、数据等资料，了解文化景观的特点，梳理其历史沿革，形成一份考察报告。

（2）通过实地考察及查阅相关资料，分析建筑文化景观特点与其体现的地域文化。

（3）通过实地考察及访谈当地居民，了解建筑景观目前的保护情况（采取的措施等），针对保护现状提出相应的建议与看法。

（二）聚焦培养学生地理实践力，规划项目活动

基于项目主题“广州市荔湾区特色文化景观及其保护”，结合项目学习目标，设计驱动性问题，并为每个驱动性问题提供相应的须知问题，明确项目活动的探究方向。

在制定项目规划表确定项目主题后，教师应对项目活动有一个整体的规划，具体到项目式学习日程安排、开展形式与地点、相应的任务、所需的资源和工具、教师为学生搭建的学习支架以及项目评估方案。本次项目学习活动开展时间为 4 周，共计花费 4 个课时。

（三）设计项目评估方案

项目式学习评价倡导评价主体多元化、过程性评价和总结性评价有机结合，评价内容指向项目学习目标，可以采用 PTA 评价量表法对学生进行项目学习评估。

PTA 评价量表的指标来源依据项目式学习过程性评价内容的提炼总结，采用经验法确定各二级指标权重。为了更准确地了解每个学生的能力和素养水平，体现不同学生的差异，使评价结果更加直观，采用分级折算成绩的方法，即对每个指标的每个级别给予不同的分数。在计算分数时，将每个指标级别的相应分数乘以相应的权重，成绩按百分制考核，形成项目活动评价量表，最后教师根据学生在项目学习过程中的具体表现写出评语。各小组根据教师提供的评价量表及评价标准，客观公正地展开自评和互评，并将评价结果进行汇总。根据师评、学生自评及互评结果，最终评选出较为优秀的个人和小组。

二、创设情境，引入项目主题

教师借助多媒体，以视频、图片等多种媒介形式呈现问题情境。走在恩宁路历史文化街区，你会惊讶地发现，在狭窄的街道上，一栋栋房屋就像是有腿一样，悬在空中。仔细一看，一楼的建筑往里掏空了两三米深的空间，在街道的两侧各形成了一条宽阔的人行走廊，这走廊有的长达数百米，有的甚至达到上千米。这些由柱子支撑起来架在半空的“长脚”房屋，就是广州独具特色的近代建筑之一——骑楼。水磨青砖加花岗岩石脚、全屋砖木结构、人字坡屋顶、趟栊门、满洲窗、三开间格局，再加上走道回廊、天台和天井一应俱全，则是西关大屋的特色。西关大屋既是对传统多进天井院落式民居的继承，同时也汲取了西方建筑工艺精华，具有鲜明的地方特色，是广府民居近代转型的典型案例。而陈家祠是广州规模最大、雕刻精美、完整保存的传统岭南祠堂式建筑，凝聚了广东民间建筑雕刻工艺之大成，被誉为“岭南地区最具文化艺术特色的博物馆”。

真实的情境吸引了学生的注意力，激发起学生的学习兴趣，教师进而提出问题，引导学生思考和探索：“荔湾区传统风貌建筑——西关大屋、骑楼及陈家祠各具特色，它们都体现了怎样的地域文化，目前这些文化景观是否得到了妥善的保护？”

（一）解读项目主题，明确项目任务

教师在情境导入后，引出并详细介绍本次项目式学习活动的主题“广州市荔湾区特色文化景观及其保护”。荔湾区是广州传统历史文化风貌保存最集中、最完整的片区之一，它不仅是岭南文化的核心区域，亦是广府文化的发祥地，蕴藏着十分丰厚的历史文化资源，如以恩宁路西关骑楼、西关大屋为代表的岭南传统建筑文化，展现了深厚的历史文化底蕴、浓厚的地域风情、独特的地域文化。

在学生深入了解项目活动主题后，教师引导学生聚焦“西关大屋、骑楼及陈家祠建筑都体现了怎样的地域文化”“这些文化景观是否得到了妥善的保护”“地域文化与景观的联系”“如何去认识建筑”等问题，明确项目学习活动的方向和任务。在此基础上，与学生共同确定需要完成的项目学习成果为“文化景观及其保护”调查报告。

（二）协助指导、制订项目方案

1.学生分组

教师遵循“组间同质、组内异质”的原则，根据学生的意愿，对学生进行分组，将全班同学分为 3 组，每 8 人为一组，以学生自荐和小组推荐的方式确定小组长。第 1 小组选择“子项目一：广州骑楼文化景观及其保护”；第 2 小组选择“子项目二：广州西关大屋文化景观及其保护”；第 3 小组选择“子项目三：广州陈家祠文化景观及其保护”。

2.制订项目方案

根据所选的子项目，以小组为单位制订项目活动计划，计划包括项目进度、任务、需要的工具和研究方法等，形成相应的项目计划书，明确分工，初步确定成果展示的形式。小组通过讨论交流确定调查问卷和访谈内容，完善地理调查方案。教师作为辅助者，在此过程中要对小组设计的方案内容进行指导修正，讲解实践过程中的安全问题。

三、以学生为项目主导，实施活动探究

教师在活动探究过程中扮演管理者和指导者的角色，在学生项目探究过程中，提供方法、技术的指导，帮助学生收集资料、完成项目任务。此外，教师利用空余时间了解各小组的进度，根据不同小组项目的完成情况给予个性化的指导。以选择“广州骑楼文化景观及其保护”子项目的第 1 小组为例，详细阐述学生在活动探究阶段的学

习过程。

从地理实践力的现状调查中了解到实习学校绝大部分学生是没有参加过地理实践活动的，学生整体地理实践力水平较差。因此，设计野外考察方案、调查问卷和访谈提纲对学生来说是存在一定难度的，需要教师的启发和引导。教师事先录制专题学习视频，提供设计模板等资料，打包成文件夹上传到班级QQ群，供学生学习借鉴。学生通过学习，掌握考察方案、问卷调查及访谈提纲设计的一般思路，逐步学会独立设计，进而开展考察调查活动。此外，引导学生利用网络如公众号、网站查阅资料，拓宽学生收集资料的方式。针对检索信息能力较弱的同学，可为其提供资料查询的网站，如中国知网、百度地图、百度文库等，以此提高学生搜索资料的效率和质量。通过多途径阶段成果、多方式的学习和研讨，在前期准备阶段，学生完成的阶段性成果如下。

（1）荔湾区骑楼建筑考察方案一份，具体内容包括考察时间、考察线路、考察目标、具体的考察内容、注意事项等。

（2）骑楼建筑保护、旅游开发现状调查问卷。

（3）骑楼建筑对当地居民的影响访谈提纲。

（4）考察工具清单。

随后，各小组利用周末前往恩宁路骑楼街进行实地调研。小组成员分工合作，兵分两路：一部分同学拍照记录建筑景观特色、形态特征，手绘建筑外观图；另一部分同学对居住在骑楼及周边区域的居民和游客进行走访调研，收集问卷数据，并做好相关的记录，作为调查报告的材料支撑。在实地考察阶段，学生完成的阶段性成果如下。

（1）骑楼建筑景观特色等实地考察资料汇总。

（2）骑楼建筑保护、旅游开发现状问卷数据等调研资料汇总。

（3）骑楼对当地居民的影响等访谈资料汇总。

各小组通过资料收集和调查考察，对建筑景观的特色、反映的地域文化及其保护开发现状都有了一定了解。在此基础上，对收集到的照片、数据进行处理，共同完成项目作品——调查报告。教师适时向学生提出调查报告的要求，调查报告不仅要突出主题、图文并茂，在内容上应当完整地呈现调查结果。

四、进行项目评价，检验地理实践力培育效果

（一）公开展示，综合评价

利用课堂时间，以小组为单位展示项目作品。每组的时间控制在10分钟。教师注意在学生展示的同时做好记录，便于形成对各小组的评价。同时，引导学生在这个过程中要认真学习其他小组的优秀项目作品，并积极思考其他小组的汇报中是否存在问题，能够提出自己的观点。

项目式学习评价是对学生在项目活动中的学习态度、能力水平和学科核心素养等的综合性评价，是对学生学习成果和能力素养的综合考虑。项目式学习评价倡导评价主体多元化、过程性评价和总结性评价有机结合，评价内容指向项目学习目标。根据项目式学习过程的评价内容，采用项目设计阶段准备的评估方案对学生开展综合评价。

（二）学生地理实践力培养的项目式学习实施效果分析

本节以教师评价和学生自我评价的形式，评价指向学生地理实践力培养的项目式学习的实施效果。

1.教师评价

本次有两名地理教师全程参与项目学习活动。为更加全面、客观地评价学生项目学习活动的效果，在项目活动结束后对这两位教师进行了访谈。从两位地理教师的访谈中了解到，项目学习活动结束后，选修特色课程的学生的地理学习兴趣和积极性更强。一方面，学生更积极地参与课堂活动，积极回答教师提出的问题，主动提问，高度参与课堂互动；另一方面，学生在课后找教师提问的频率有所增加，对课堂上或生活中遇到的地理问题表现出强烈的好奇心和探究欲。

项目式学习是一种以学生为中心的教学方式，实践环节丰富多样，学生在项目活动过程中能够将所学的学科知识应用于实践，真正做到学以致用。此外，学生在参与项目活动过程中提升了合作能力、动手实践能力、批判性思维、问题解决等素养。教师A表示在项目式学习活动结束后，部分学生地理学习的兴趣和积极性得到了显著提升，大多数学生期望教师开展更多的地理实践活动，表现出进行地理实践活动探究的强烈兴趣和积极性；学生在面对问题和困难时，能够主动反思和寻求合作解决。教师B表示部分学生开始留心观察身边的事物，寻找生活中与地理有关的现象，如“观

云识天”“识别校园植物”“月相观测”等，表现出浓厚的考察兴趣，考察能力得到明显提升。在教学中发现，学生对教材“问题探究”栏目的关注度有所提高。教师B常常将“问题探究”栏目的材料和案例融入课堂教学中，她表示与其他同学相比，有项目式学习活动经历的学生对该栏目的内容较熟悉，思考问题的角度多样，具备一定的背景知识，说明学生在课前做了预习工作。同时，其课堂参与度有所提高，思维发散，课堂氛围活跃。此外，学生自主学习能力和发现问题、解决问题的能力得到明显提升。与传统的学习方法相比，两位教师一致认为项目式学习方法能够有效提升学生的地理实践力。

目前来看，项目式学习活动中存在的最大问题就是时间问题，项目活动耗时长、地理课程课时紧张、学生学业负担重、课余时间少。项目式学习活动是持续性的探究活动，需要充足的时间，最好利用假期时间。此外，学生探究学习能力较弱，教师提供的指导和帮助较多，这不利于学生学习自主性和创造性的发挥。

2.学生评价

为更好地了解项目式学习活动的实施效果，设计了项目式学习实施效果自评量表。在所有项目活动结束后发放给学生，要求学生根据自己的情况如实填写，客观评价自身的地理学习兴趣、态度和各方面的能力。学生自评量表的内容是根据新课程标准中地理实践力的概念和内涵设计的。在查阅大量文献的基础上，笔者将地理实践力概括细化为以下10项意志品质和能力表现：对地理实践活动的兴趣和积极性，收集和处理地理信息的能力，策划与组织地理实践活动的能力，地理观察能力，地理调查能力，地理实地考察能力，地理工具使用能力，与他人协作交流能力，问题探究意识和解决问题的能力，求真务实、不断创新的精神。

学生项目式学习实施效果自评数据统计分析：在经过项目式学习活动后，认为对地理实践活动的兴趣和积极性，收集和处理地理信息的能力，策划与组织地理实践活动的能力，地理观察能力，地理调查能力，地理实地考察能力，地理工具使用能力，与他人协作交流能力，问题探究意识和解决问题的能力，求真务实、不断创新的精神得到明显提升的学生人数超过总人数的2/3。尤其是在地理实践活动的兴趣和积极性上，41.67%的学生认为得到了大幅提升，45.85%的学生认为得到了明显提升，可见项目式学习活动能够充分调动学生参与地理实践活动的兴趣和积极性，为地理实践力的培养创造了原动力。在协作交流能力上，29.17%的学生认为得到了大幅提升，62.50%

的学生认为得到了明显提升。总体而言，90%以上的学生通过项目式学习后显著提高了他们的协作交流能力。在问题探究意识和解决问题的能力上，29.17%的学生认为得到了大幅提升，50%的学生认为得到了明显提升。将近20%的学生认为其地理观察能力、地理调查能力和地理考察能力得到了大幅度的提高，认为得到明显提高的学生均超过总人数的40%。16.67%的学生认为收集和处理地理信息的能力、地理工具使用能力均得到了大幅度提升，45.83%的学生认为得到了明显的提升。认为策划与组织地理实践活动的能力得到大幅度提升的学生不足10%，认为明显提升和稍有提升的对半平分。这反映出学生的策划与组织能力弱，提升难度大，在日常教学中教师要多创造机会，如开展角色扮演、辩论赛等活动可放手交由学生负责，循序渐进地培养学生的策划与组织能力。在地理实践意识方面，12.5%的学生认为通过项目式学习活动，求真务实、不断创新的精神得到了大幅度的提升，58.33%的学生认为得到了明显提升。总体而言，超过70%的学生显著增强了他们求真务实、勇于创新的精神。

3.评价小结

从教师的访谈结果来看，在第二课堂中开展项目式学习活动不仅能够将学生所学知识和实际应用结合起来，做到学以致用，还有利于提高学生参与地理实践活动的兴趣和积极性，培养问题意识，提升学生合作交流能力、自主学习能力、问题解决能力、地理考察能力，锻炼地理意志品质。结合学生的自评分析，通过项目式学习活动后，绝大多数学生的地理实践活动的兴趣和积极性、收集和处理地理信息的能力，策划和组织地理实践活动的能力，地理观察能力、调查能力、实地考察能力、工具使用能力等地理实践能力和求真务实、不断创新的地理意志品质总体上得到了显著的提升和发展。由此可见，基于项目式学习的实践活动能够落实学生地理实践力的培养。

五、开展项目学习培养地理实践力的注意事项

（一）需要注重提升教师专业素养

教师在项目式学习中扮演着设计者、组织者和指导者的角色，因此提升教师的专业能力和素养是落实学生地理实践力培养的关键条件。根据对项目学习应用现状的调查数据，目前还有一部分教师没有接触过项目式学习，不了解项目学习的理念和操作流程。因此，他们难以设计优秀的项目学习主题，难以为学生提供有效的学习指导及进行高质量的项目评价。首先，教师要善于接受新的教学方式，深刻领悟项目式学习

的理念，全面掌握项目式学习的操作流程，明确自身角色定位，能够将项目式学习与地理教学融会贯通，设计教学方案，达到培育学生地理实践力的目的。其次，项目式学习强调学生在真实情景中开展完整的实践活动，往往涉及多学科知识的交叉运用，教师要拓展知识的广度和深度，建立不同学科之间的联系，为学生提供科学的知识和帮助。例如，本次项目学习活动的任务之一是了解荔湾区特色文化景观的历史沿革，这与历史学科密不可分。再次，地理观测、考察、调查等实践形式涉及野外环境和真实生活，教师作为项目活动的组织者和引导者，肩负着课堂顺利开展的重任，需要教师有健康的体魄和缜密的思维。最后，教育信息化进入2.0时代，大力倡导将信息技术和智能技术深度融入教育全过程，构建“互联网+教育平台”。教师应适应信息社会发展的要求，提高现代信息技术的应用能力，利用信息技术收集数据，远程指导学生实施活动探究，开展项目活动，以期更好地推进项目活动的进行。

教育行政部门和学校应制定相应的培训和教研制度。例如，定期邀请高校项目式学习理论专家开展专题讲座和专业培训，向教师传授有关项目式学习新动态、新理念、新方法，提高一线教师的理论知识。组织教师开展项目式学习活动技能培训，在实践中提升教师的专业能力。还要加强不同地区、不同学校之间的地理教研活动。如教师可以通过网络平台参加北京师范大学组织的地理项目式学习系列工作坊，共同研讨、交流想法、互学互鉴，设计出更优质的项目式教学案例和范式，助力学生地理实践力的提升。此外，教师自身要加强学习。例如，通过查阅文献资料、利用网络学习资源等途径来加强项目式学习的理论知识。关注国外和国内项目式学习的官方网站和工作坊，如巴克研究所的官方网站、上海耀中浦西项目式学习工作坊、三有PBL开源实验室，获取高质量的项目化学习案例，汲取教学经验。总之，通过各种行之有效的培训、研讨、实践总结、自主学习，达到提高教师项目式学习专业素养和能力，推动项目式学习普及和发展的目的。

（二）需要弹性安排项目学习时间

项目式学习是一个持续性的探究活动，时间历程长。目前，学生学习任务繁重，考试压力大，学习时间紧，再加之地理教学内容多，课时不足，单独抽出一定的课时开展指向学生地理实践力培养的项目式学习活动存在一定的难度。此外，项目式学习是以学生为中心的活动，学习环境开放，课堂教学时间难以把控，容易导致一些流程未按预期的计划完成。

因此，教师要弹性、合理地安排活动时间，如利用第二课堂、研学旅行、校本课程等课时开展活动或将其穿插到常规课堂教学中。这样，教师不仅完成了计划内的教学任务，还可以促进项目活动的进程。由于项目式学习的开放性很强，学生活动中存在许多不确定性因素。在规划项目时，教师应预留超出20%以上的时间，以确保活动顺利进行。在项目实施阶段，教师要统筹课内和课外时间，既要保证课上开展核心活动的时间，如技能学习、小组讨论、汇报展示等，又要给予学生充足的时间在校内外进行调查、走访、考察等实践活动。总之，教师应根据所在学校的实际情况，“因时制宜”地安排，有序推进项目活动。

（三）项目式学习需要各界的广泛支持

项目式学习不同于传统的教学模式，是课堂教学的深度改革。它是为解决真实存在的问题而开展的探究活动，其教学需要学生走出课堂，走进社会完成自主学习和活动探究，学生的发展领域从单一的学校转变为学校+家庭+社会，因此项目式学习的顺利开展需要各界的广泛支持。

首先，学校要转变教育理念，鼓励教师大胆创新教育教学方法，为教师开展项目式学习活动提供各种支持。例如，安排陪同教师协助开展实践活动，为教师购置活动工具和装备提供资金支持。其次，学生开展项目式学习活动需要收集大量的信息与资源，运用信息技术整理实地收集的数据和资料等，这要求学校完善现代化设备，为学生提供多媒体设备、计算机、互联网等硬件资源，同时加强信息技术与网络教育，帮助学生更好地进行信息检索、收集、共享，提高学习效率。再次，学生在校外实施活动探究过程中可能会面临资金、场所、技术等方面的困难，需要寻求社会力量的帮助。社会各界应真诚地接纳学校的项目式学习小组，根据自己具备的条件尽力给予学生所需的支持和帮助，共同保障学生课外实践活动的开展。最后，学生的探究活动多安排在课后和周末，家长可以申请担任小组活动安全员，陪同学生开展活动，确保学生的人身安全。只有学校、家庭、社会多方协作，共同发力，才能确保项目式学习活动有条不紊地推进。

（四）培养学生学习的主动性

项目式学习理念强调学生主动学习，通过小组合作开展探究性活动。由于长期受到传统的“灌输式”教学方式影响，学生形成了被动接受学习的习惯，并对教师有强烈的依赖心理。在实践过程中发现，学生合作探究、主动学习、自主思考等能力相对薄弱，对项目式学习实施效果产生一定的影响。

学生学习主动性的培养是一个循序渐进的过程，离不开教师先进的教育理念和思想的支撑，离不开教师在常规课堂教学中教学方法、学习形式、评价方式的浸入式影响。首先，教师要不断地转变教育观念，从知识的传递者转变为学习的引导者，注重创设问题情境，为学生提供学习环境和资料，淡化教师权威色彩，引导学生主动参与学习过程。其次，教师应积极探索多种教学形式，如小组讨论、角色扮演、辩论赛等学生喜欢的活动，激发学生学习的主动性，变被动学习为能动学习，提升学生的协作交流能力。再次，在对学生的评价中，不应以分数论成败，而应采用多元评价的方法，从中挖掘学生的闪光点，增强学生学习自信心，进而提升学生主动学习的动力。复次，在项目式学习过程中，教师要注重对学生进行学习方法的指导，比如如何检索信息、怎样设计问卷、怎样运用访谈法进行调查、如何写一篇小论文等，帮助学生重拾信心，提高学生学习主动性。最后，教师应鼓励学生大胆质疑，遇到问题主动学习、深度思考。

第八章　中学地理实践力培养的挑战与对策

第一节　中学地理实践力培养面临的挑战

一、中学地理实践力的培养受传统教育观念的束缚

（一）知识至上的传统教育观念根深蒂固

在中学教育中，地理学科的地位常常被忽视。许多中学将地理学科视为副科，课程安排被大幅压缩，导致原本丰富的地理知识体系因教学时间不足而变得支离破碎。教师多采用照本宣科的方式教学，要求学生死记硬背知识点以应对考试，学生对地理的认知局限于书本文字和图片，缺乏对真实地理环境的感知体验，地理知识变得枯燥抽象，失去生命力。

重知识、轻实践的教育理念使地理教学陷入困境。教师主要讲解地理概念、原理和规律，学生被动记笔记、背知识点，目的似乎只是在考试中取得高分。以“水循环”教学为例，仅靠文字和图片讲解，学生虽能记住过程环节，但难以深刻理解其在实际自然环境中的表现和意义。实地考察能让学生直观深刻地认识水循环，但在重知识、轻实践的观念下，实地考察常被视为可有可无而被搁置。这种教学方式忽视学生实践操作和实地探究，学生的动手、观察和问题解决能力得不到锻炼提高，无法感受大自然和人文地理的魅力，对地理的理解只停留在表面。

（二）学校领导对地理实践力培养的认识不足

在激烈的教育竞争环境下，学校领导往往将重点放在提升升学率和知名度上。他们认为地理实践活动耗时费力且短期内难见明显成果，更倾向于将资源投入语文、数学、英语等主科教学。这导致课程安排和资源分配对地理实践活动的支持严重不足。为提高升学率，学校领导将大部分资金和精力投入主科，地理学科被边缘化。地理实验室设备陈旧、缺乏更新，无法满足学生的实验探究需求，学生只能面对过时简陋的设备，对地理知识的理解难以深入。校外实践基地建设滞后，学生缺乏真实地理实践环境，难以将理论知识与实际相结合，地理学习局限于教室，无法体验自然和社会的复杂地理现象。例如，某中学为了中考取得好成绩，将大部分教学资源分配给中考科

目，地理实验室多年未更新设备，重要实验无法进行。当有地理教师提议组织学生去自然保护区实地考察时，学校领导以安全和教学进度为由拒绝，学生只能通过书本和图片了解自然保护区，学习兴趣降低，对地理的认识更加抽象空洞。

（三）学生和家长的应试倾向也束缚了地理实践力的培养

在应试教育压力下，学生和家长高度关注考试成绩，认为地理实践活动与升学关系不大，参与积极性不高。学生担心参加实践活动占用学习时间，影响理论知识学习和复习，怕在考试中落后，更愿意背诵地理知识点和做练习题。比如，学校组织野外考察，很多学生因担心影响学习而不参加，认为在教室学习书本知识更重要，野外考察是浪费时间。家长则更关心孩子的考试成绩和升学前景，担心实践活动分散孩子学习精力，阻碍孩子取得好成绩。有些家长认为地理实践活动可有可无，孩子在课堂认真听讲掌握书本知识就行。还有家长对实践活动的安全性有疑虑，担心孩子发生意外。这些观念限制了学生参与地理实践活动的可能性，使学生在传统观念束缚下越陷越深。

传统教育观念对中学地理实践力培养的束缚带来的诸多问题，影响了学生对地理学科的兴趣和理解，限制了学生综合素质的提升，使地理学科的魅力难以充分展现，学生难以领略其博大精深和实际价值。从长远看，若状况不改，将对学生的未来发展不利。当今社会，具备实践能力和创新精神的人才受到重视，仅靠死记硬背理论知识培养的学生难以适应社会发展需求。地理学科与实际生活密切相关，实践力培养对学生的未来发展至关重要。中学阶段缺乏地理实践机会，学生在未来可能缺乏解决实际地理问题的能力和创新思维。此外，这种观念也不利于地理学科的发展。地理学科发展需要实践探索和创新，缺乏实践力培养的地理教育难以推动学科进步。若地理学科一直被忽视，地理教育质量也难以提高。

二、教学资源不足影响中学地理实践力的培养

中学地理实践力的培养对于学生深入理解地理知识、提升综合素养至关重要。然而，当前教学资源不足的现状严重影响中学地理实践力的培养，成为制约地理教育发展的瓶颈。如地理实验室设备陈旧短缺、校外实践基地建设滞后、实践场地和设备缺乏及经费限制等问题，导致中学地理实践力的培养困难重重。

（一）地理实验室设备陈旧短缺

地理实验室作为地理实践力教学的关键场所，本应配备先进的仪器设备，为学生提供探索地理奥秘的平台。然而，现实情况令人担忧，许多学校缺乏专门的地理实验室，学生无法进行系统的地理实验，学生只能通过书本上的图片和文字对所学知识进行想象，难以形成深刻的认识。还有的地理实验室存在着设备陈旧短缺的严重问题。例如，一些用于测量气象要素的仪器，由于使用年限过长，测量结果不准确，无法为学生提供可靠的数据支持；在进行地形地貌模拟实验时，陈旧的模型无法准确展现真实的地理形态，学生难以直观地理解地形的形成过程和特点。设备短缺也限制了学生的实践探究范围。譬如，缺乏先进的地理信息系统设备，学生无法进行地理数据的分析和处理，难以深入了解地理现象的空间分布和变化规律，而没有专业的地质标本和岩石矿物鉴定仪器，学生无法对地质现象进行深入研究，对地球的内部结构和地壳运动的认识也只能停留在书本知识层面。

地理实验室设备陈旧短缺的状况，极大地阻碍了学生进行地理实验和探究的积极性，学生在面对简陋的实验条件时，往往感到无从下手，对地理实验的兴趣逐渐降低。他们无法通过亲身体验地理实验来加深对知识的理解，实践能力的培养也因此受到严重限制。

（二）校外实践基地建设滞后导致学生缺少实践机会

校外实践基地对于中学地理实践力的培养具有不可替代的作用。它能够为学生提供真实的地理环境和丰富的实践机会，让学生在实际情境中学习和应用地理知识。然而，目前校外实践基地建设滞后的问题十分突出。部分学校领导对校外实践基地建设的重视不够，是导致其建设滞后的重要原因之一。在一些学校，学校领导将主要精力放在提高学生的考试成绩和学校的升学率上，认为校外实践活动耗时费力，且难以在短期内看到明显的教学成果，因此对校外实践基地建设的投入不足，缺乏积极推进的动力。资金、场地等方面的限制也严重制约了校外实践基地的建设。建设校外实践基地需要大量的资金投入，包括场地租赁、设施建设、人员培训等方面的费用，由于学校的教育经费有限，难以承担这些费用。同时，合适的场地也难以寻找，特别是在城市地区，土地资源紧张，很难找到适合建设校外实践基地的地方。

由于校外实践基地建设滞后，许多学校只能偶尔组织学生到一些临时的地点进行实践活动。这些临时地点往往缺乏系统性的地理资源和完善的教学设施，无法为学生提供深入的实践体验，而且临时组织的实践活动缺乏规划和连贯性，难以达到预期的教学效果。学生在这种情况下，参与的积极性也会受到很大影响，他们可能会觉得实践活动只是一种形式，无法真正从中获得知识和技能的提升。

（三）经费限制制约了地理实践力活动的开展

开展地理实践活动需要一定的经费支持，然而学校的教育经费有限，往往无法为地理实践活动提供充足的资金保障。首先，交通费用是地理实践活动的一项重要开支。如果要组织学生到较远的地方进行实地考察，交通费用可能会很高，如去山区考察地质地貌、去海边观察海洋生态等，都需要支付一定的交通费用。由于经费紧张，很多学校只能选择在学校附近进行实践活动或者减少实践活动的次数，这无疑影响了实践活动的范围和效果。其次，实验材料费用也是不可忽视的一部分开支。进行地理实验需要购买各种实验材料，如土壤样本、水样、岩石标本等，这些材料的价格可能不低，而且有些材料还需要定期更新。由于经费不足，学校可能无法购买足够的实验材料或者只能购买质量较差的材料，这会影响实验的准确性和可靠性。最后，场地租赁费用也是一个问题。如果学校没有自己的校外实践基地，需要租赁场地进行实践活动，那么场地租赁费用就会成为一项不小的开支。例如，租赁一个自然保护区进行生态考察、租赁一个科技馆进行地理科普活动等，都需要支付一定的费用。由于经费有限，学校可能无法承担这些费用，从而影响实践活动的开展。

三、教师实践能力欠缺对中学地理实践力培养的影响

教师实践能力的欠缺对中学地理实践力的培养会产生严重的影响。譬如，教师实践经验匮乏、专业培训不足、教学任务繁重等问题会制约教师组织学生开展地理实践活动，进而影响学习效果。

（一）教师实践经验匮乏会影响地理实践力活动的开展

地理学科具有极强的实践性，涵盖了自然地理、人文地理等多个领域，需要教师具备丰富的实地考察、调研等实践经验，才能更好地引导学生探索地理世界。部分地理教师自身缺乏丰富的地理实践经验，这在很大程度上限制了他们组织和指导学生进行实践活动的能力。例如，在自然地理方面，对于地质地貌的研究、气候气象的观测等内容，如果教师没有亲自参与过实地考察，就很难生动地向学生描述各种地貌的形成过程、气候现象的实际表现。当学生提出一些具体的问题时，教师可能无法给予准

确、深入的解答，会降低学生对实践活动的兴趣和参与度。而在人文地理领域，如城市规划、产业布局等方面的实践活动，教师如果缺乏实际的调研经验，就难以引导学生分析现实中的地理问题。学生在进行实地考察时，可能会感到迷惘，不知道从哪些角度去观察和思考，最终导致实践活动的效果大打折扣。另外，缺乏实践经验的教师在选择实践地点和设计实践方案时也可能会出现偏差，他们可能会选择一些不具有代表性或者难以让学生获得深刻体验的地点，实践方案也可能过于简单或者缺乏针对性，无法满足学生的学习需求。

（二）教师专业培训不足会影响地理实践力的教学水平

教师在职培训中关于地理实践教学的内容相对较少，这使教师难以有效提高自己的实践教学水平。地理实践教学需要教师掌握一定的专业技能和教学方法，如地理信息系统的应用、野外考察的安全保障、实践活动的组织与管理等。然而，由于部分教师在职培训不足，很多教师在这些方面的能力得不到有效的提升。以地理信息系统为例，这是一种非常重要的地理实践工具，可以帮助学生分析地理数据、制作地理图表等，但如果教师没有接受过相关的培训，就很难将其有效地应用到教学中。在野外考察方面，教师需要了解各种安全注意事项、应急处理方法等，如果缺乏培训，就可能在实践活动中出现安全问题，影响学生的身心健康。

另外，实践活动的组织与管理也是教师需要具备的重要能力。一个成功的地理实践活动需要教师精心策划、合理安排，包括确定实践目的、选择实践地点、组织学生分组、指导学生进行观察和记录等。如果教师没有接受过相关的培训，就可能在组织和管理实践活动时出现混乱，影响实践活动的效果。

（三）教学任务繁重会导致教师无暇顾及实践活动的设计与实施

教师的教学任务繁重，也是影响地理实践活动开展的一个重要因素。在很多中学，地理教师不仅要承担多个班级的教学任务，还要批改作业、备课、参加各种会议等。在如此繁重的工作压力下，教师很难抽出足够的时间和精力去精心设计和实施地理实践活动。一方面，教师没有时间去深入研究实践活动的主题和内容，无法根据学生的实际情况和教学目标设计出具有针对性和趣味性的实践方案。这就使实践活动可能变得枯燥乏味，学生的参与积极性不高。另一方面，教师在实践活动的实施过程中也可能因为精力不足而无法给予学生充分的指导和关注。例如，在野外考察中，教师可能无法及时发现学生的问题并给予解答，也无法有效地管理学生的行为，确保实践活动的安全和有序进行。此外，教学任务繁重还可能导致教师对实践活动的准备工作不充分。例如，没有时间去联系实践地点、准备实践材料、组织学生进行前期培训等。这些都会影响实践活动的质量和效果。

教师实践能力的欠缺最终会对学生的学习产生负面影响，阻碍中学地理实践力的培养。学生在地理学习中需要通过实践活动来加深对知识的理解、提高实际问题解决能力和创新思维。但如果教师无法有效地组织和指导实践活动，或者实践活动缺乏吸引力和挑战性，学生可能会对地理学科失去兴趣，降低学习的积极性，学生的实践能力和创新思维就得不到锻炼，学生对地理知识的理解可能会停留在表面，只能通过书本知识来理解地理现象和规律，难以形成深刻的认识和理解。

四、个体差异与参与度的不同影响中学地理实践力的培养

（一）学生地理学习基础的参差不齐给地理实践活动的组织带来挑战

学生在地理学习基础方面存在着显著的个体差异，这种差异给中学地理实践力培养的开展带来了许多挑战。一部分学生在进入中学之前，已经通过课外阅读、旅行等方式积累了一定的地理知识，对地理现象有着较为直观的认识，他们在地理学习中往往表现出较强的接受能力和探索欲望，对于地理实践活动也充满热情。这些学生在进行野外地质考察时，能够迅速理解教师讲解的地质构造知识，并积极观察周围的岩石、地层等地质现象，提出自己的见解和疑问。他们能够主动运用所学的地理知识进行分析和思考，在实践活动中不断提升自己的实践力。然而，另一部分学生由于缺乏相关的学习经历和知识积累，在地理学习基础上较为薄弱。对于他们来说，地理学科的一些概念和原理显得抽象难懂，在课堂学习中就已经感到吃力，更不用说参与地理实践活动了。这种学习基础的差异给统一组织和开展地理实践教学活动带来了很大的困难。教师在设计实践活动时，需要兼顾不同基础水平的学生，既要保证基础较好的学生能够在活动中得到进一步的提升，又要确保基础薄弱的学生能够跟上进度，不至于产生挫败感。在实际教学中，这往往是一项极具挑战性的任务。

（二）学生学习兴趣的差异影响地理实践活动的效果

学生在对地理的兴趣方面也存在着明显的个体差异，有些学生对地理学科充满热爱，对地理实践活动有着浓厚的兴趣和高度的积极性。这些学生通常对自然地理现象如山川河流、气象变化等充满好奇，或者对人文地理方面的城市规划、文化景观等有

着强烈的探索欲望。他们会主动关注地理新闻、阅读地理书籍，积极参与地理社团活动，在地理实践活动中积极与同学和教师交流互动。譬如，在进行地理野外考察时，他们会认真观察各种地理景观、记录自己的发现，积极思考地理现象背后的原因。他们会把地理实践活动视为一次难得的学习和成长机会，通过实践活动不断拓宽自己的地理视野，提升自己的实践能力。然而，也有不少学生对地理实践活动积极性不高，参与度有限。这些学生可能认为地理学科与自己的未来发展关系不大，或者觉得地理学习枯燥乏味。在地理课堂上，他们只是被动地接受知识；在地理实践活动中，他们往往表现得较为冷漠，不愿意积极参与各项任务，甚至可能会找各种借口逃避活动。

这种兴趣差异使地理实践活动难以达到预期的效果。一方面，积极参与的学生可能会因为缺乏足够的同伴互动和挑战而感到不尽兴；另一方面，不积极参与的学生则可能会错过提升自己实践力的机会，进一步拉大与其他同学的差距。

（三）学生在地理学习能力上的差异给地理实践活动的组织带来很大困难

学生在地理学习能力方面同样存在着个体差异，这种能力差异在地理实践活动中表现得尤为明显。一些学生具有较强的观察能力、分析能力和综合思维能力，在地理实践活动中，他们能够敏锐地观察到各种地理现象，准确地分析现象背后的原因，并能够将所学的地理知识进行综合运用。然而，另一些学生可能在这些方面的能力相对较弱。他们在观察地理现象时可能不够细致，分析问题时可能缺乏深度，综合运用知识的能力也较为有限。在实践活动中，他们可能需要更多的指导和帮助才能完成任务。

这种能力差异给地理实践活动的组织和评价带来了很大的困难。教师在设计实践任务时，需要考虑到不同能力水平的学生，确保任务既具有一定的挑战性，又不至于让能力较弱的学生感到无从下手。在评价学生的实践成果时，也需要采用多元化的评价标准，充分考虑学生的个体差异，避免单纯以结果为导向进行评价。

（四）学生参与度的不同制约了实践活动的整体效果

学生的参与度问题也是影响中学地理实践力培养的一个重要因素。由于个体差异的存在，学生在地理实践活动中的参与度参差不齐。一些学生积极参与地理实践活动，不仅认真完成各项任务，还会主动拓宽自己的学习范围，深入探究地理问题。他们会在活动中积极与同学合作，分享自己的观点和经验，共同提高实践能力。这些学生的高参与度为地理实践活动的成功开展奠定了良好的基础，也为其他学生树立了榜样。但也有部分学生参与度不高，甚至完全不参与地理实践活动。他们可能因为对地理缺乏兴趣、担心影响学习成绩、害怕吃苦等原因而选择逃避活动。这些学生的低参与度不仅影响了他们自己的实践力培养，也会对整个班级的实践氛围产生负面影响。

五、安全保障问题对中学地理实践力培养的影响

（一）对学校方面的影响

1.组织活动持谨慎态度

学校和教师在组织地理实践活动时，由于需要承担较大的安全责任，往往会对开展活动持谨慎态度，这种谨慎态度在一定程度上限制了地理实践活动的开展。首先，为了避免安全事故的发生，学校和教师可能会减少实践活动的次数。地理实践活动通常需要在户外进行，涉及自然环境中的各种不确定因素，如天气变化、地形复杂等，这些因素增加了活动的安全风险，使学校和教师在组织活动时不得不更加小心谨慎。为了确保学生的安全，他们可能会减少活动的次数，以降低风险。其次，学校和教师可能会缩小实践活动的规模。在组织地理实践活动时，参与的学生人数越多，安全管理的难度就越大。为了降低安全风险，学校和教师可能会限制参与活动的学生人数，缩小活动的规模。这样一来，只有部分学生能够参与实践活动，而其他学生则失去了锻炼的机会。最后，学校和教师可能会取消一些具有一定风险的活动。有些地理实践活动如登山、探险等，虽然能够极大地锻炼学生的地理实践力，但也存在较高的安全风险。为了确保学生的安全，学校和教师可能会取消这些活动，转而选择一些相对安全的活动，如室内实验、观看视频等。这样一来，学生就失去了亲身体验地理现象的机会，地理实践力的培养也受到了限制。

2.选择相对安全的教学方法

安全保障问题也会影响教师的教学方法选择。为了确保学生的安全，教师可能会选择一些相对安全的教学方法，而放弃一些更具实践性和创新性的方法。在地理实验教学中，教师可能会选择一些简单、安全的实验，而避免使用一些需要使用危险化学品或复杂仪器设备的实验。例如，在讲解土壤的性质时，教师可能会选择让学生观察土壤的颜色、质地等简单的实验，而不会选择让学生进行土壤酸碱度测试等需要使用化学试剂的实验。这样虽然降低了安全风险，但也减少了学生的实践机会，不利于学生对地理知识的深入理解和掌握。而在实地考察教学中，教师可能会选择一些较为安全的地点进行考察，而避免选择一些地形复杂、交通不便的地点。例如，在讲解河流

地貌时，教师可能会选择在城市公园中的河流边进行考察，而不会选择在山区的河流中进行考察。虽然降低了安全风险，但也使学生无法观察到更加丰富和典型的地理现象，影响了学生对地理知识的学习效果。

（二）对学生方面的影响

1.参与积极性降低

安全保障问题可能会导致学生对地理实践活动的参与积极性降低。学生和家长可能会因为担心安全问题而不愿意参加实践活动。对于学生来说，他们可能会对地理实践活动中的安全风险感到担忧，尤其是在一些新闻报道中出现了学生在实践活动中发生安全事故的情况后，学生可能会更加害怕参加实践活动。而对于家长来说，他们往往更加关注孩子的安全问题，一些家长可能会认为地理实践活动存在较大的安全风险，不愿意让孩子参加。他们可能会担心孩子在活动中受伤、生病或者遇到其他意外情况，从而影响孩子的学习和生活。学生参与人数减少，实践活动的效果则会大打折扣。同时，由于学生的参与积极性降低，他们在活动中的表现也会受到影响，无法充分发挥自己的潜力和能力。

2.实践能力的发展受限

由于安全保障问题的影响，学生参加地理实践活动的机会减少，实践能力的发展受到限制。学生只有在实践活动中才能真正锻炼自己的观察能力、信息收集与处理能力、问题解决能力和团队合作能力等。例如，在野外考察中，学生需要观察自然环境中的各种地理现象，收集相关的地理信息，并对这些信息进行分析和处理，以解决实际问题。同时，学生还需要与同学合作，共同完成考察任务。这些能力的培养对于学生的未来发展具有重要意义，如果学生缺乏实践机会，这些能力的培养就会受到阻碍。

第二节　突破中学地理实践力培养困境的对策

一、解决中学地理实践力培养受传统教育观念束缚的问题

（一）转变教育观念，提升地理学科地位

1.学校层面

首先，学校领导应认识到地理学科的重要性，摒弃将地理学科视为副科的观念。地理学科不仅包含丰富的自然科学知识，还涉及人文社会科学领域，对学生综合素质

的培养至关重要。学校可以组织领导班子参加地理学科教育研讨会，了解地理学科在现代教育中的地位和作用及地理实践力培养对学生未来发展的积极影响。其次，要合理安排课程，确保地理教学时间充足。根据国家课程标准，科学分配地理课程的课时，避免因过度压缩课程时间而导致知识体系支离破碎；同时，鼓励地理教师创新教学方法，提高课堂教学效率，让学生在有限的时间内更好地掌握地理知识。再次，要加大对地理学科的资源投入，更新地理实验室设备，购置先进的地理教学仪器和模型，为学生提供良好的实验探究条件。例如，引进地理信息系统设备，让学生通过实际操作了解地理数据的处理和分析方法。最后，积极建设校外实践基地，与自然保护区、地质公园等单位合作，为学生提供真实的地理实践环境。

2.教师层面

转变教学方式，摆脱照本宣科的传统模式。首先，教师应采用多样化的教学方法，如案例教学、问题导向教学、小组合作学习等，激发学生的学习兴趣和主动性。例如，在讲解 “水循环” 时，可以通过具体的案例，如某个地区的水资源问题，引导学生分析水循环的各个环节及人类活动对水循环的影响。其次，注重实践教学，将理论知识与实践活动相结合。教师可以组织学生进行实地考察、野外调查、地理实验等活动，让学生在实践中感受地理知识的魅力。例如，带领学生到附近的河流进行实地考察，观察河流的水文特征、河岸地貌等，让学生亲身体验水循环的过程。最后，要注重培养学生的地理思维和实践能力。教师在教学过程中，要注重引导学生思考地理问题，培养学生的分析、综合、评价等地理思维能力；同时，通过实践活动，锻炼学生的动手操作、观察记录、问题解决等实践能力。

（二）加强宣传引导，提高学生和家长对地理实践力培养的认识

1.学校层面

首先，举办地理实践活动成果展示会。学校可以定期举办地理实践活动成果展示会，向学生和家长展示学生在地理实践活动中的作品、报告、照片等，让他们直观地感受地理实践活动的意义和价值。其次，邀请专家举办地理学科讲座。学校可以邀请地理专家、学者到校举办讲座，向学生和家长介绍地理学科的发展趋势、地理实践力培养的重要性及地理学科在实际生活中的应用等，通过专家的讲解，提高学生和家长对地理学科的认识和重视程度。最后，开展地理实践活动主题家长会。学校可以组织召开地理实践活动主题家长会，向家长介绍地理实践活动的目的、内容、安全保障等

方面的情况，消除家长的疑虑；同时，鼓励家长积极支持孩子参加地理实践活动，为孩子的成长提供更多的机会和平台。

2.教师层面

首先，与学生和家长进行沟通交流。教师可以利用家长会、家访等机会，与学生和家长进行沟通交流，了解他们对地理实践力培养的看法和建议；同时，向他们介绍地理实践活动对学生学习和成长的积极影响，鼓励他们支持孩子参加地理实践活动。其次，引导学生认识地理实践活动的重要性。教师可以在课堂上向学生介绍地理实践活动的意义和价值，激发学生的参与热情。

（三）建立健全地理实践力培养的评价机制

1.学校层面

首先，制定科学合理的地理实践力评价标准。学校应根据地理学科的特点和学生的实际情况，制定科学合理的地理实践力评价标准。评价标准应包括学生在实践活动中的参与度、表现、成果等方面的内容，全面客观地评价学生的地理实践能力。其次，将地理实践力纳入学生综合素质评价体系。学校应将地理实践力纳入学生综合素质评价体系，作为评价学生综合素质的重要指标之一。通过评价机制的引导，促使学生和教师更加重视地理实践力的培养。最后，对教师的地理实践教学进行评价。学校应建立对教师地理实践教学的评价机制，评价内容包括教师的实践教学计划、组织实施、教学效果等方面。通过评价，激励教师积极开展地理实践教学，提高教学质量。

2.教师层面

首先，及时对学生的实践活动进行评价反馈。教师应在学生完成实践活动后，及时对学生的表现进行评价反馈，评价反馈应具体、客观、有针对性，指出学生的优点和不足之处，为学生的进一步提高提供指导。其次，鼓励学生进行自我评价和相互评价。教师可以引导学生进行自我评价和相互评价，让学生在评价过程中发现自己的问题和不足，学习他人的优点和经验，并通过自我评价和相互评价，提高学生的自我认知和团队合作能力。

通过以上措施，可以逐步转变传统教育观念，提高地理学科地位，加强学生和家长对地理实践力培养的认识，建立健全地理实践力培养的评价机制，从而有效解决中学地理实践力培养受传统教育观念束缚的问题，为学生的全面发展和地理学科的进步奠定坚实的基础。

二、突破教学资源不足的瓶颈

（一）切实解决地理实验室设备陈旧短缺问题

1.争取学校支持

首先，地理教师应积极向学校领导阐述地理实验室在地理实践力培养中的重要性。通过数据分析和案例展示，说明先进的地理实验室能够提高学生的学习兴趣、实践能力和综合素质，对学校的整体发展具有积极意义。其次，要制订详细的地理实验室建设规划和预算方案。明确列出所需的仪器设备、更新升级的项目及预计的费用，让学校领导能够清晰地了解建设地理实验室的必要性和可行性；同时，规划中应包括实验室的使用计划和预期效果，如每周安排多少节实验课、学生能够通过实验掌握哪些地理知识和技能等。

2.多渠道筹集资金

首先，向教育部门申请专项资金。地理教师可以联合学校相关部门，撰写详细的项目申请书，阐述地理实验室建设对学生培养和学校发展的重要性及目前面临的困难和需求。积极与教育部门沟通协调，争取获得专项资金支持。其次，寻求企业赞助和社会捐赠。和与地理相关的企业如测绘公司、环保企业等进行合作洽谈，争取它们的资金和设备支持；同时，通过学校官网、社交媒体等渠道向社会发布地理实验室建设的需求和捐赠倡议，吸引社会各界的关注和捐赠。最后，组织学生开展筹款活动。如举办地理知识竞赛、地理摄影展等活动，将活动收入用于地理实验室的建设和设备更新；同时，鼓励学生向家长、亲友宣传地理实验室的重要性，争取他们的支持和捐赠。

3.优化设备管理和使用

首先，建立健全地理实验室设备管理制度。明确设备的采购、验收、使用、维护和报废等环节的责任和流程，确保设备的安全、有效使用。例如，制定设备使用登记制度，记录设备的使用时间、使用者、使用目的等信息，以便及时掌握设备的使用情况和进行维护保养。其次，加强设备的维护和保养。定期对设备进行检查、清洁和校准，及时维修损坏的设备，延长设备的使用寿命。同时，组织教师和学生参加设备维护培训，提高他们的设备维护意识和技能。例如，可以邀请设备厂家的技术人员到校进行设备维护培训，讲解设备的使用方法和维护技巧。最后，提高设备的利用率。合理安排实验课程，充分利用现有设备开展多样化的地理实验活动。同时，鼓励教师和学生开展自主探究实验，提高设备的使用频率和效益。例如，可以组织学生成立地理实验兴趣小组，利用课余时间开展自主探究实验，培养他们的创新精神和实践能力。

（二）加强校外实践基地建设

1.提高学校领导重视程度

首先，组织学校领导参加地理实践力培养研讨会和实地考察活动。邀请地理教育专家和成功建设校外实践基地的学校领导进行经验分享和交流，让学校领导亲身感受校外实践基地对学生培养的重要作用。其次，向学校领导汇报校外实践基地建设的重要性和紧迫性。通过数据分析和案例展示，说明校外实践基地能够提高学生的学习兴趣、实践能力和综合素质，对学校的发展具有积极意义。最后，向学校领导汇报建设校外实践基地的可行性和具体方案，包括建设目标、选址、合作单位、资金预算等方面的内容。

2.多渠道解决资金和场地问题

首先，争取政府部门支持。向教育部门、国土资源部门、环保部门等相关部门申请专项资金和政策支持，用于校外实践基地的建设和发展。其次，与企业、社会组织合作。和与地理相关的企业、环保组织、科研机构等进行合作，共同建设校外实践基地，企业和社会组织可以提供资金、技术和人力资源支持，学校则提供教育资源和学生实践机会，实现互利共赢。最后，利用学校周边资源。充分利用学校周边的自然景观、历史文化遗迹、科技馆、博物馆等资源，建立校外实践基地。与这些单位签订合作协议，共同开展地理实践活动。

3.加强基地的师资队伍建设

选拔和培养一批具有丰富地理知识和实践经验的教师担任校外实践基地的指导教师，同时邀请相关领域的专家和学者担任兼职教师，为学生提供专业的指导和培训。

4.优化基地的实践活动设计

根据学生的年龄特点和知识水平，设计多样化的基地地理实践活动，如实地考察、调研、实验、制作等，让学生在基地实践中学习和应用地理知识，同时，注重活动的趣味性和挑战性，激发学生的学习兴趣和积极性。

（三）解决经费限制问题

1.合理规划经费使用

首先，制订详细的地理实践活动经费预算方案。根据活动的规模、内容和地点等因素，合理估算交通费用、实验材料费用、场地租赁费用等各项开支，确保经费的合理分配和使用。其次，优先保障重点实践活动的经费需求。根据学校的教学计划和学生的发展需求，确定重点地理实践活动，如野外地质考察、生态环保调研等，优先保障这些活动的经费需求。对于一些非重点活动，可以适当减少经费投入或者采用其他方式进行，如利用学校周边资源进行实践活动、组织学生开展自主探究活动等。最后，加强经费的管理和监督。建立健全经费管理制度，明确经费的使用范围、审批流程和报销标准等，确保经费的安全、合理使用；同时，加强对经费使用情况的监督和审计，及时发现和纠正经费使用中的问题。

2.降低实践活动成本

首先，优化交通安排。选择经济实惠的交通方式，如公共交通、包车等；同时，合理安排行程，减少交通费用。其次，自制实验材料。鼓励教师和学生利用身边的材料自制实验材料，如用矿泉水瓶制作雨量器、用橡皮泥制作地形模型等，降低实验材料费用；同时，也可以通过与其他学校共享实验材料、向相关单位借用实验材料等方式，减少实验材料的购买量。最后，寻找免费或低成本的实践场地。充分利用学校周边的公园、广场、社区等免费场地进行地理实践活动，或者与相关单位协商，争取以较低的成本租赁场地。例如，可以与社区合作，组织学生在社区内进行地理调查和环保宣传活动，既降低了成本，又提高了学生的社会实践能力。

三、提升教师地理实践教学能力

（一）丰富教师地理实践教学经验

1.鼓励教师参与实地考察和调研

学校应积极支持地理教师参与各类实地考察和调研活动，可以与相关的科研机构、地理学会等组织合作，为教师提供参与实地考察的机会。学校可以设立教师实地考察专项基金，为教师参与实地考察提供资金支持。教师可以根据自己的教学需求和兴趣，申请该基金用于支付考察费用。还可以建立教师实地考察成果分享机制。教师在参与实地考察后，应将自己的考察成果与其他教师进行分享，可以通过举办讲座、撰写考察报告等方式，让更多的教师受益。

2.组织教师参加地理实践教学交流活动

学校可以定期组织地理教师参加实践教学交流活动，邀请有丰富实践经验的教师分享他们的教学案例和经验，鼓励教师积极参加地理教育学术会议和培训课程，了解最新的地理实践教学理念和方法。学校还可以建立教师实践教学交流平台，如在线论坛、微信群等，方便教师随时交流实践教学经验和问题。

3.开展地理教师实践教学竞赛

学校可以定期举办地理教师实践教学竞赛，鼓励教师设计和实施具有创新性和实效性的地理实践活动，邀请专家和学生对教师的实践教学进行评价，提高评价的客观性和公正性。专家可以从教学方法、教学效果等方面进行评价，学生则可以从参与度、收获感等方面进行评价。学校对在实践教学竞赛中表现优秀的教师进行表彰和奖励，并将他们的实践教学经验进行推广，供其他教师学习和参考。

（二）加强教师地理实践教学专业培训

1.增加地理实践教学培训内容

首先，教育部门和学校应在教师在职培训中增加地理实践教学的内容，包括地理信息系统的应用、野外考察的安全保障、实践活动的组织与管理等方面的培训。例如，可以邀请地理信息系统专家为教师进行地理信息系统培训，让教师掌握地理信息系统的基本操作和在地理教学中的应用方法。其次，培训内容应具有针对性和实用性，结合中学地理教学实际，为教师提供具体的教学案例和操作指导。最后，培训方式应多样化，包括集中培训、在线培训、实地培训等，满足不同教师的学习需求。例如，对于地理信息系统的培训，可以采用集中培训和在线培训相结合的方式，让教师在集中培训中掌握基本理论和操作方法，然后通过在线培训进行巩固和提高。

2.建立教师专业发展共同体

学校可以组织地理教师成立专业发展共同体，共同探讨地理实践教学中的问题和解决方案。共同体成员可以相互听课、评课，共同提高实践教学水平。还可以邀请专家学者进行指导和讲座，为教师提供专业支持和发展机会。

3.鼓励教师自主学习和研究

教师应树立自主学习和研究的意识，积极主动地学习地理实践教学的相关知识和技能。学校可以为教师提供自主学习和研究的支持，如购买专业书籍和期刊、提供研究经费等。教师可以结合自己的教学实际，开展地理实践教学研究，探索适合本校学生的实践教学方法和模式。

4.整合教学资源，提高教学效率

学校可以整合地理教学资源，实现资源共享，提高教学效率，利用现代信息技术开展在线教学和混合式教学，减少教师的课堂教学时间；还可以加强学科之间的合作与交流，整合不同学科的教学资源，开展综合性的实践活动。

四、应对学生个体差异，提升中学地理实践力培养

（一）应对学生地理学习基础参差不齐的问题

1.开展分层教学，满足不同基础学生的需求

在地理实践活动前，教师通过问卷调查、小测试等方式了解学生的地理学习基础。根据学生的基础情况将学生分为不同层次，为每个层次的学生制定相应的实践活动目标和任务。在实践活动过程中，教师根据学生的层次进行有针对性的指导。对于基础较好的学生，给予更多的自主探索空间，鼓励他们提出自己的观点和见解，并引导他们进行深入思考和创新；对于基础薄弱的学生，教师要更加耐心地进行讲解和示范，帮助他们逐步理解地理概念和现象，提高他们的实践能力。实践活动结束后，针对不同层次的学生进行分层评价。评价内容不仅包括实践活动的成果，还包括学生在活动中的进步和努力程度。对于基础薄弱的学生，只要他们在活动中表现出积极的态度和一定的进步，就应该给予充分的肯定和鼓励。

2.进行个性化辅导，弥补基础差异

教师可以利用课余时间为基础薄弱的学生进行个性化辅导。辅导内容可以根据学生的具体情况进行定制，包括复习地理基础知识、讲解地理实践活动中的难点问题等。教师可以建立学习小组，让基础较好的学生帮助基础薄弱的学生。在小组中，基础较好的学生可以分享自己的学习经验和方法，帮助基础薄弱的学生解决学习中遇到的问题；同时，基础较好的学生在帮助他人的过程中也可以巩固自己的知识，提高自己的表达和沟通能力。

（二）应对学生学习兴趣差异的问题

1.采用多样化的教学手段，激发学生兴趣

首先，采用多样化的教学方法，可满足不同学生的兴趣需求。例如，对于对自然地理现象感兴趣的学生，可以采用实地考察、实验演示等教学方法，让他们亲身体验自然地理现象的魅力；对于对人文地理方面感兴趣的学生，可以采用案例分析、社会

调查等教学方法，让他们深入了解人文地理现象背后的社会经济因素。其次，结合时事热点和生活实际，激发学生的学习兴趣。教师可以将地理知识与当前的时事热点、生活实际相结合，让学生感受到地理学科的实用性和趣味性。最后，开展地理兴趣小组活动，满足学生的个性化兴趣需求。学校可以组织地理兴趣小组，让学生根据自己的兴趣选择加入不同的小组。例如，设立自然地理兴趣小组、人文地理兴趣小组、地理摄影兴趣小组等。在兴趣小组中，学生可以开展丰富多彩的活动，如野外考察、地理摄影比赛、地理知识竞赛等，进一步激发他们的学习兴趣。

2.鼓励学生自主探究，培养学习兴趣

教师在地理实践活动中要鼓励学生自主探究，让学生在探究过程中发现地理的乐趣。例如，在野外考察活动中，教师可以提出一些开放性的问题，让学生自己去观察、思考和探索。学生在自主探究的过程中，会逐渐发现地理现象的奥秘，从而培养对地理学科的兴趣。教师要及时肯定和鼓励学生的自主探究成果，让学生感受到自己的努力得到了认可，增强学生的学习信心。例如，学生在地理摄影比赛中获得奖项、在地理知识竞赛中取得好成绩等，教师都要及时进行表扬和奖励，增强学生的学习信心和兴趣。

（三）应对学生地理学习能力差异的问题

1.设计差异化任务，适应不同能力的学生

在地理实践活动中，教师要根据学生的学习能力差异设计不同难度的任务。对于学习能力较强的学生，可以设计一些具有挑战性的任务，如独立完成地理研究项目、进行地理数据分析和处理等；对于学习能力较弱的学生，则可以设计一些较为简单的任务，如协助其他同学完成任务、进行地理现象的观察和记录等。这些任务设计还要具有层次性和递进性，让学生在完成任务的过程中逐步提高自己的学习能力。例如，在进行地理野外考察活动时，可以先让学生进行简单的地理景观观察和描述，然后逐步引导他们分析地理现象的成因和影响，最后让学生尝试提出自己的观点和建议。

2.给予个性化指导，提升学生学习能力

教师要关注每个学生的学习情况，及时给予个性化的指导。对于学习能力较强的学生，教师可以提出更高的要求和建议，引导他们进行深入思考和创新；对于学习能力较弱的学生，教师要更加耐心地进行指导，帮助他们掌握基本的地理知识和技能。教师要利用在线学习平台，为学生提供个性化的学习资源和指导。教师可以根据学生的学习情况，在在线学习平台上为学生推荐适合他们的学习资源和练习题，并及时给予反馈和指导。

（四）应对学生参与度不同的问题

1.营造积极的实践氛围，提高学生参与度

首先，教师要在班级中营造积极的地理实践氛围，激发学生的参与热情。例如，教师可以在班级中展示学生的地理实践成果、分享学生的实践经验和感受，让其他学生感受到地理实践活动的乐趣和意义。其次，组织丰富多彩的地理实践活动，满足不同学生的兴趣需求。学校可以组织各种形式的地理实践活动，如野外考察、地理实验、地理竞赛等。活动内容要丰富多样，涵盖自然地理、人文地理等多个领域，让学生有更多的选择和参与机会。最后，建立激励机制，鼓励学生积极参与地理实践活动。学校可以设立地理实践活动奖项，如 “地理实践之星”“优秀地理实践小组” 等，对在地理实践活动中表现突出的学生和小组进行表彰和奖励。同时，将学生的地理实践表现纳入综合素质评价体系，激励学生积极参与地理实践活动。

2.关注低参与度学生，提高整体参与水平

首先，教师要关注低参与度的学生，了解他们不参与地理实践活动的原因。对于因为对地理缺乏兴趣而不参与活动的学生，教师可以通过个性化辅导、多样化教学方法等方式激发他们的学习兴趣；对于因为担心影响学习成绩而不参与活动的学生，教师可以向他们说明地理实践活动对学习成绩的积极影响，并合理安排实践活动时间，避免与其他学科的学习时间冲突；对于因为害怕吃苦而不参与活动的学生，教师可以通过鼓励和引导，让他们认识到地理实践活动的重要性和意义，克服困难，积极参与活动。其次，为低参与度的学生提供专门的辅导和支持。教师可以为这些学生安排一些简单的实践任务，让他们逐步适应地理实践活动的节奏和要求。同时，教师要给予他们更多的关注和鼓励，帮助他们树立信心，提高参与度。最后，建立家校合作机制，共同提高学生的参与度。教师可以与家长沟通，让家长了解地理实践活动的重要性和意义，鼓励家长支持学生参与地理实践活动。同时，家长也可以在家中为学生提供一些地理学习的机会和资源，如带学生参观博物馆、旅游等，提高学生的地理学习兴趣和参与度。

五、破解安全保障难题，提升中学地理实践力培养

中学地理实践力的培养对于学生的全面发展至关重要，然而安全保障问题却成为制约其发展的重要因素。为了有效解决这一问题，我们需要从学校、教师、学生和家长等多个方面入手，采取一系列切实可行的措施。

（一）学校方面

1.建立健全安全管理制度

首先，学校应制定完善的地理实践活动安全管理制度，明确各部门和人员的安全职责。例如，成立由校长、教导主任、地理教师、校医等组成的安全管理领导小组，负责制订活动方案、审核活动地点、检查安全措施等工作。同时，明确每位教师在实践活动中的安全责任，确保活动过程中有专人负责学生的安全。其次，建立安全应急预案，针对可能出现的各种安全事故制定相应的应急措施。应急预案应包括应急组织机构、应急响应程序、应急救援措施等内容，确保在发生安全事故时能够迅速、有效地进行处置。最后，加强对安全管理制度的宣传和培训，提高师生的安全意识和应急处置能力。学校可以通过举办安全知识讲座、开展安全演练等方式，向师生宣传安全管理制度和应急预案，让师生熟悉各种安全事故的应急处置方法；同时，对参与地理实践活动的教师进行专项培训，提高他们的安全管理水平和应急处置能力。

2.加强对实践活动的组织和管理

首先，合理选择实践活动地点和时间，确保活动的安全性。在选择活动地点时，应充分考虑地形、气候、交通等因素，选择安全可靠、适合学生开展实践活动的地点。例如，在进行野外考察时，应选择地势较为平坦、交通便利、有明显标志的地点，避免选择悬崖峭壁、河流湍急、森林茂密等危险区域。同时，要根据天气情况合理安排活动时间，避免在恶劣天气条件下开展活动。其次，严格控制活动规模和参与人数，确保活动的可管理性。学校应根据活动的性质和安全要求，合理确定活动的规模和参与人数。对于一些风险较高的活动，如登山、探险等，应严格控制参与人数，确保有足够的教师和安全保障人员进行管理。同时，要对参与活动的学生进行分组管理，每组安排一名教师或志愿者负责学生的安全。最后，加强对活动过程的监督和管理，确保活动的规范性。学校应安排专人对地理实践活动进行全程监督和管理，及时发现和解决活动中出现的安全问题。例如，在活动前要对学生进行安全教育，检查学生的装

备和物品是否符合安全要求；在活动中要密切关注学生的行为和身体状况，及时提醒学生注意安全；在活动结束后要对活动进行总结和评估，为今后的活动提供经验教训。

3.提供必要的安全保障设施和设备

首先，学校应配备必要的安全保障设施和设备，为地理实践活动提供物质保障。例如，配备急救箱、灭火器、安全绳、安全帽等安全设备及卫星电话、对讲机等通信设备，并要定期对安全保障设施和设备进行检查和维护，确保其处于良好的状态。其次，加强与社会机构的合作，为地理实践活动提供专业的安全保障服务。学校可以与专业的户外拓展机构、救援机构等合作，邀请他们为地理实践活动提供安全保障服务。例如，在进行登山、探险等活动时，可以邀请专业的登山教练和救援人员进行指导和保障，确保学生的安全。

（二）教师方面

1.提高安全意识和应急处置能力

教师应加强自身的安全意识，充分认识到地理实践活动中的安全风险。在组织活动前，要对活动地点进行实地考察，了解当地的地形、气候、交通等情况，制订详细的活动方案和安全措施。同时，要对学生进行安全教育，让学生了解活动中的安全注意事项和应急处置方法。教师还应提高自己的应急处置能力，在发生安全事故时能够迅速、有效地进行处置。学校可以组织教师参加应急救援培训，让教师掌握基本的急救知识和技能，如心肺复苏、止血包扎等。同时，要定期组织教师进行安全演练，提高教师的应急处置能力和团队协作能力。

2.创新教学方法，确保活动安全

教师应创新教学方法，在确保安全的前提下提高地理实践活动的效率。例如，在地理实验教学中，可以采用虚拟实验、模拟实验等方法，让学生在安全的环境中进行实验操作，提高学生的实践能力。教师还应根据学生的实际情况和活动的安全要求，合理调整教学内容和难度。对于一些安全风险较高的教学内容，可以采用图片、视频等方式进行教学，让学生了解地理现象的特点和规律；对于一些难度较大的教学内容，可以采用分步教学、小组合作等方法，降低学生的学习难度和风险。

（三）学生方面

1.增强安全意识，提高自我保护能力

首先，学校要增强自身的安全意识，充分认识到地理实践活动中的安全风险。在参加活动前，要认真听取教师的安全教育，了解活动中的安全注意事项和应急处置方法；同时，要自觉遵守活动纪律，不擅自离队，不进行危险行为。其次，学生要提高自己的自我保护能力，发生安全事故时能够采取有效的自我保护措施。例如，在野外考察中，要学会识别危险区域，避免靠近悬崖峭壁、河流湍急处等危险区域；同时，要学会使用安全设备，如安全带、安全帽等，提高自己的安全保障水平。

2.积极参与活动，提高实践能力

首先，学生应积极参与地理实践活动，克服对安全问题的担忧。在参加活动前，要充分了解活动的内容和意义，认识到地理实践活动对于自己成长和发展的重要性；同时，要相信学校和教师的安全保障能力，积极配合教师的管理和指导。其次，学生要在活动中充分发挥自己的主观能动性，提高自己的实践能力。在地理实践活动中，要认真观察地理现象、收集地理信息、分析地理问题，提高自己的观察能力、信息收集与处理能力、问题解决能力和团队合作能力。

（四）家长方面

1.正确认识地理实践活动的意义和价值

首先，家长应正确认识地理实践活动对于学生成长和发展的重要意义和价值。地理实践活动不仅可以提高学生的地理实践能力，还可以培养学生的创新精神、团队合作能力和社会责任感等综合素质。家长应支持学生参加地理实践活动，为学生的成长和发展提供更多的机会和平台。其次，家长应积极与学校和教师沟通，了解地理实践活动的内容和安全保障措施。在学生参加活动前，家长可以与学校和教师进行沟通，了解活动的具体安排和安全保障措施，消除自己的疑虑和担忧。同时，家长也可以为学生提供必要的支持和帮助，如为学生准备必要的装备和物品等。

2.加强对学生的安全教育和监管

首先，家长应加强对学生的安全教育，提高学生的安全意识和自我保护能力。在日常生活中，家长向学生传授安全知识和技能，让学生了解各种安全事故的危害和预防方法；同时，家长也要对学生进行行为规范教育，让学生养成良好的行为习惯，避免进行危险行为。其次，家长应加强对学生的监管，确保学生在参加地理实践活动期间的安全。在学生参加活动期间，家长可以通过电话、短信等方式与学生保持联系，了解学生的活动情况和身体状况。同时，家长也要与学校和教师保持沟通，及时了解活动的进展和安全情况，为学生的安全提供保障。

参考文献

[1]陈澄. 地理教学论[M]. 上海：上海教育出版社，1999.

[2]曹琦. 中学地理教学法[M]. 北京：高等教育出版社，1989.

[3]刁传芳. 中学地理教材教法[M]. 北京：北京师范大学出版社，1990.

[4]高文，徐斌艳. 建构主义教育研究[M]. 北京：教育科学出版社，2008.

[5]李家清. 新理念地理教学论[M]. 北京：北京大学出版社，2009.

[6]林培英. 陈澄. 走进课堂：初中地理新课程案例与评析[M]. 北京：高等教育出版社，2003.

[7]林宪生. 地理教育研究方法[M]. 长春：吉林人民出版社，2007.

[8]刘儒德，陈琦. 当代教育心理学[M]. 北京：北京师范大学出版社，2008.

[9]璩鑫圭，唐良炎. 学制演变[M]. 上海：上海教育出版社，1991.

[10]宋宁娜. 活动教学论[M]. 南京：江苏教育出版社，1998.

[11]陶行知. 陶行知文集[M]. 南京：江苏教育出版社，2008.

[12]王道俊. 教育学[M]. 北京：人民教育出版社，2016.

[13]袁书琪. 地理教育学[M]. 北京：高等教育出版社，2001.

[14]袁孝亭. 地理课程与教学论[M]. 长春：东北师范大学出版社，2020.

[15]周藏. 有效的地理课堂教学[M]. 广州：暨南大学出版社，2010.

[16]孙俊三. 教育原理[M]. 长沙：中南大学出版社，2001.

[17]姜永华. 地理实践力培养的具体实施途径探讨[J]. 中学地理教学参考，2019 (22)：51-52.

[18]龙永忠. 基于地理实践力培养的“主题引领课外探究”教学模式研究[J]. 中学地理教学参考，2019(12)：34-36.

[19]刘广利，汤慧园. 杜威的“从做中学”教学理论及对我国基础教育的启示[J]. 继续教育研究，2008(5)：84-86.

[20]邱雅楠，徐焰华. 德国全国性地理教育标准简介[J]. 地理教育，2015(1)：57-59.

[21]韦志榕. 与老师们谈谈地理核心素养[J]. 地理教育，2016 (4)：46.

[22]王民，蔚东英. 卢塞恩可持续发展地理教育宣言[J]. 地理学报，2008(2)：219-223.

[23]王修鲁. 对“高分低能”现状的分析及对策[J]. 天津师范大学学报（基础教育版），

2009(3)：63-65.

[24]蔚东英，董雪，张萌萌. 美国 2012 年版地理课标中地理技能的分析[J]. 中学地理教学参考，2015 (7)：66-68.

[25]赵亚夫，张方鼎. 日本最新高中地理学习指导要领[J]. 中学地理教学参考，2009(12)：58-60.

[26]张建珍，段玉山，龚倩. 2016 地理教育国际宪章[J]. 地理教学，2017(19)：46.

[27]周海瑛. 漫谈地理实践力[J]. 地理教育，2016 (11)：1.

[29]黄榕青，陈杰. 高中生地理实践力培养及评价方案[J]. 中学地理教学参考，2018(5)：37-40.

[29]李晴，地理科学（教师教育）专业实践教学改革探究[J]. 辽宁师范大学学报（自然科学版），2007(4)：516-519.